교실로 ON 제미나이

교실에서 바로 쓰는 제미나이 수업 가이드

바이브코딩, 라이브, 가이드학습,
스토리북, Gems, Opal, NotebookLM,
나노바나나, Vids, Veo, 구글 도구, 유튜브까지 한 권에

저자: 박찬, 김병석, 전수연, 구현희, 김지용, 전채원, 홍찬우, 임채원

KB272816

교실로 온 ON 제미나이

1판 1쇄 인쇄　2026년 2월 13일
1판 1쇄 발행　2026년 3월　1일

저　　　　자　박찬, 김병석, 전수연, 구현희, 김지용, 전채원, 홍찬우, 임채원
기 획 총 괄　변문경
디　자　인　오지윤, 이시은
인　　　쇄　영신사
종　　　이　세종페이퍼
제　　　작　박종훈
제작/IP 투자　㈜메타유니버스 www.metauniverse.net
펴　낸　곳　다빈치books
출 판 등 록 일　2011년 10월 6일
주　　　소　서울특별시마포구월드컵북로 375
팩　　　스　0504-393-5042
출판 콘텐츠 및 저자 강연 관련 문의　p2chan1003@naver.com

©다빈치books, 2026
ISBN 979-11-92775-97-5

* 파본은 구입처에서 교환해 드립니다.

* 저자의 강연 요청은 앞표지에 표기된 저자의 이메일을 통해서 가능합니다.

* 본 책의 본문 일부를 인용하는 경우 반드시 참고도서로 본 책의 제목과 출판사를 기재해 주시기를
바랍니다. 본 출판물을 무단으로 도용하는 행위는 저작권법 위반으로, 법적 책임을 질 수 있습니다.

* 본 책에는 교실 수업과 업무에 도움이 될 수 있는 생성형 AI와 API 활용 방법이 소개되어 있습니다.
수업에서 사용하는 경우 서비스별 약관과 정책을 확인하고 준수하여 사용하시기를 바라며, 학생들
이 앱을 안전하게 활용할 수 있도록 인공지능 윤리교육을 반드시 병행해 주시기를 부탁드립니다.

* 아울러 본 도서의 예시와 안내는 어디까지나 참고 자료이며, 실제 활용 여부의 선택과 사용 결과에
대한 책임은 독자 여러분께 있습니다. 저자와 출판사는 서비스 약관 위반이나 교육 현장에서 활용
결과에 대한 법적·행정적 책임을 지지 않습니다. 독자 여러분께서는 학생의 상황과 수업 맥락을 충
분히 고려하시어 신중하게 활용해 주시기를 부탁드립니다.

목차

9. 제미나이 바이브 코딩

교실로 ON 제미나이: AI와 함께 교실의 문을 열다.

"선생님, 게임을 하는 것보다 만드는 게 더 재밌어요!"

평소 저는 학생들의 학습에 도움이 될 만한 웹 앱을 제미나이로 간단하게 만들어 수업 시간에 종종 활용했습니다. 어느 날, 코딩에 관심이 많던 윤오가 제게 다가와 물었습니다.

"선생님, 코딩 잘하세요?" 저는 솔직하게 답했습니다. "아니, 코딩 하나도 모르는데?" 윤오는 고개를 갸우뚱하며 다시 물었습니다. "그럼 수업 시간에 쓰신 앱들은 어떻게 만드셨어요?" "몰라도 돼."

간단히 답했지만, 윤오는 며칠 동안 귀찮게 계속 물어보아 결국 어떻게 하는지 보여주기로 했습니다. 제미나이에 "숫자 야구 게임을 HTML 코드로 만들어줘"라는 딱 한 줄의 프롬프트만 입력했습니다. 그리고 나온 결과를 메모장에 붙여넣어 HTML 파일로 저장하고 실행하였습니다. 그런데도 5분이 채 걸리지 않아 윤오의 눈이 휘둥그레졌습니다.

다음 날, 윤오는 자랑스럽게 달려왔습니다. "선생님! 제가 만들었어요!" 옛날 갤러그 형식의 슈팅 게임이었습니다. 그리고 또 다음 날에는 포트리스처럼 대포를 쏘아 목표물을 맞추는 게임을, 며칠 후에는 아예 3차원으로 움직이는 사격 게임을 만들어 왔습니다.

계속 기능을 추가하더니 총을 교체할 수도 있고, 에너지 막대와 적의 공격을 추가해 스릴 넘치는 게임으로 발전시켰습니다. 그 외에도 비행기

시뮬레이터, 술래잡기, MBTI 테스트, 2048 게임 등 다양한 작품을 만들어 냈습니다.

12월, 학기말이었습니다. 아침 활동 시간에 학예회 준비로 잠시 교무실에 다녀왔는데, 교실 분위기가 심상치 않았습니다. 학급 회장에게 무슨 일이냐고 물으니, 부회장이 떠든 학생들의 이름을 적었는데 몇몇 학생이 불만을 제기했다는 것입니다.

"여자 애들도 떠들었는데 저희들 이름만 적잖아요? 억울해요!" 이름 적힌 남학생들이 억울함을 호소합니다. 종종 있던 일이라 대수롭지 않게 넘기려던 순간, 윤오가 손을 들었습니다.

"선생님, 제가 앱을 만들어볼게요. 쉬는 시간에 노트북 좀 써도 될까요?" 1교시가 끝나고 10분의 쉬는 시간. 윤오는 '데시벨 측정기' 앱을 만들어 왔습니다. 마이크의 민감도를 조절해 기준 데시벨을 설정하면, 그 수치를 초과하는 소리가 날 때마다 자동으로 녹음이 되는 프로그램이었습니다.

윤오에게 물었습니다. "게임 만드는 거, 재미있니?" 윤오는 환하게 웃으며 답했습니다. "네! 게임을 하는 것보다 만드는 게 훨씬 더 재밌어요!"

이 책은 윤오 같은 학생들이 더 많아지기를, 그리고 선생님들이 제미나이를 비롯한 AI 도구를 두려워하지 않고 교실에서 자유롭게 활용할 수 있기를 바라며 만들었습니다.

12월
여자 애들도 떠들었는데 저희들 이름만 적잖아요? 억울해요!
선생님, 제가 앱을 만들어볼게요. 쉬는 시간에 노트북 좀 써도 될까요?
…
1교시 끝. 10분의 쉬는 시간.
10:10
DECIBEL METER
기준 초과 녹음 중

← 홈으로
실시간 측정 중
기준: 60dB
91 dB
REC
No
시간
길이
듣기
12   21:35:02   2.1s
11   21:34:55   4.3s
10   21:34:43   3.9s
9   21:34:38   3.1s
8   21:34:27   2.6s
7   21:34:13   4.6s
6   21:34:05   4.1s
일시정지
종료
마이크 민감도 조절
3.2 배

1. 제미나이, 교실로 초대하기

새로운 도구를 수업에 도입할 때 선생님들이 가장 먼저 부딪히는 벽은 '사용법'이 아니라 '접근법'입니다. "아이들이 써도 안전한가요?", "기존에 쓰던 것과 뭐가 다른가요?"라는 질문에 대한 명쾌한 해답을 안고 시작해 봅시다.

1) 계정 준비: 학교 계정 vs 개인 계정, 무엇을 써야 할까?

제미나이를 교실 수업에서 학생들이 사용할 때 가장 먼저 결정해야 할 것은 '어떤 구글 계정으로 로그인할 것인가'입니다. 결론부터 말씀드리면, 수업 시간에는 반드시 'Google Workspace for Education (학교 계정)'을 사용하는 것을 권장합니다.

개인 구글 계정(gmail.com)은 만 13세 이상부터 사용 가능합니다. 또한 개인 계정으로 제미나이를 사용할 경우, 기본적으로 대화 내용이 구글의 AI 모델 학습에 활용될 수 있습니다. 하지만 학교 계정(Education Fundamentals 등)을 통해 제미나이에 접속하면, 선생님과 학생들이 입력한 데이터는 AI 모델 학습에 사용되지 않습니다. 이는 학교 현장에서 가장 민감한 개인정보 보호와 보안 문제를 해결해 주는 핵심적인 차이점입니다. 다만 학교 계정으로 제미나이를 활용할 경우 보안 정책상 학생이나 교사의 활동 기록을 임의로 삭제하지 못하도록 설정해 두어 개인이 삭제하는 것은 불가능합니다.

구글은 만 18세 미만 사용자에 대해 엄격한 연령 제한 정책을 적용하고 있습니다. 학생들이 학교 계정으로 제미나이를 사용하려면, 학교나 교육

청의 구글 관리자(Admin)가 관리 콘솔에서 '제미나이(Gemini)' 서비스를 '사용함(ON)'으로 설정해 주어야 합니다. 또한, 연령 기반 액세스 설정에서 학생들의 조직 단위를 '만 18세 미만'으로 정확히 설정해야 유해 콘텐츠 필터링 등 학생용 안전 정책이 올바르게 적용됩니다.

2) 제미나이 vs 챗GPT: 왜 교실에선 제미나이인가?

2022년 11월에 출시된 챗GPT는 정보 습득과 창작의 방식을 근본적으로 변화시키며 우리의 일상을 혁신했습니다. 단순히 검색 결과를 나열하던 기존의 인터넷 탐색 방식을 넘어, 대화형 AI가 맥락을 이해하고 필요한 정보를 요약하거나 새로운 아이디어를 제시해 주는 '생성형 검색'의 시대를 열었기 때문입니다. 이로 인해 보고서 작성부터 여행 계획 수립까지, 복잡한 과업을 수행하는 시간이 획기적으로 단축되었으며 누구나 쉽게 AI를 비서처럼 활용하는 것이 일상이 되었습니다.

이처럼 챗GPT가 검색과 지식 공유의 패러다임을 바꾼 것은 분명하지만, 교육 현장인 교실에서는 '제미나이(Gemini)'의 활용도가 더 높습니다. 먼저 제미나이의 가장 큰 무기는 구글 워크스페이스(Google Workspace)와도 연동 된다는 것입니다. 학교 현장은 이미 구글 클래스룸, 문서(Docs), 프레젠테이션(Slides), 설문지(Forms) 등을 기반으로 운영되는 경우가 많습니다. 챗GPT에서는 생성된 텍스트를 복사해서 다른 프로그램에 붙여 넣어야 하지만, 제미나이에서는 답변에서 [Google Docs로 내보내기] 또는 [Gmail 초안 작성] 버튼을 눌러 즉시 수업 지도안이나 가정통신문으로 변환할 수 있습니다.

또한 별도의 플러그인 설치 없이, 유튜브 영상 링크를 제미나이에 붙여 넣고 "이 영상의 핵심 내용을 3줄로 요약하고, 학생들과 토론할 만한 질문 3가지를 만들어줘"라고 요청하면 내용을 분석해 답변합니다. 긴 다큐멘터리나 교육 영상을 선생님이 처음부터 끝까지 다 보지 않아도, 제미나이를 통해 내용의 적합성을 빠르게 검토하고 퀴즈를 생성할 수 있습니다.

그 외에도 구글 검색 엔진과 실시간으로 연동되어 최신 뉴스와 정보를 반영하며, 제미나이가 생성한 답변이 인터넷상의 정보와 일치하는지 스스로 검증합니다. 신뢰할 수 있는 정보는 초록색, 확인이 필요한 정보는 주황색으로 표시되어 선생님이 학생들에게 정보를 제공하기 전 검증하기에 용이합니다. 제미나이는 텍스트뿐만 아니라 이미지를 이해하는 능력이 뛰어나 과학 도표나 수학 도형 문제가 있는 학습지 사진을 찍어 올리면, 제미나이가 해당 문제를 인식하고 풀이 과정을 설명하거나 유사한 문제를 만들어 줄 수 있어 교사의 부담을 덜어주거나 학생들의 자기주도학습 능력을 높이는데 도움을 줍니다.

2. 제미나이의 '숨겨진 무기' 200% 활용하기

많은 선생님들이 제미나이를 인공지능 채팅로봇으로만 활용합니다. 물론 제미나이는 Google에서 개발한 LLM(대형 언어 모델) 기반의 인공지능이지만 텍스트만으로 정보를 주고 받지 않습니다. 제미나이는 눈으로 보고, 귀로 듣고, 심지어 선생님의 자료실(Google Drive)까지 뒤져서 필요한 것을 찾아내는 만능 비서의 역할도 합니다.

1) 멀티모달(Multimodal): 읽고, 보고, 듣는 AI

최근 멀티모달(Multi-modal)의 개념은 'Any-to-Any'로 AI가 텍스트, 이미지, 음성, 영상, 센서 데이터 등 서로 다른 형태의 데이터(모달리티)를 동시에 입력받고 처리하여, 인간처럼 복합적인 맥락을 이해하고, 이를 다시 다양한 형태의 데이터로 출력하는 기술을 의미합니다. 제미나이는 텍스트뿐만 아니라 이미지, PDF 문서, 오디오, 비디오까지 이해하고 분석할 수 있습니다. 기존에는 수업 자료를 만들기 위해 프롬프트를 작성하고 수정했지만, 제미나이에서는 교과서나 기존 자료의 PPT나 PDF 문서를 업로드하여 다양한 형태의 자료를 쉽게 제작할 수 있습니다.

5학년 사회 '역사' 단원을 예로 들어봅시다. 교과서 PDF를 제미나이에 업로드하고 "이 단원의 핵심 개념을 초등학생이 이해하기 쉬운 동화로 만들어줘"라고 요청하면, 몇 초 만에 이야기가 완성됩니다. 학생이 그린 미술 작품 사진을 찍어 올리면 "이 그림의 구도와 색감을 분석하고 칭찬 포인트 3가지를 알려줘"라고 물어볼 수도 있습니다. 다양한 방법은 이 책의 제미나이 라이브 챕터를 보시면 도움이 될 것입니다. 또한 이 책에 포함된 인포그래픽, 네컷만화, 포스터 등의 이미지는 모두 제미나이의 멀티모달 기술로 만들어진 것입니다.

이처럼 제미나이의 멀티모달 능력은 교사가 자료를 만드는 방식뿐만 아니라 학생이 배우는 방식 자체를 바꿉니다. 텍스트로만 소통하던 챗GPT와 달리, 제미나이는 교실에서 실제로 일어나는 다양한 형태의 학습활동 (사진 찍기, 영상 보기, 문서 읽기)을 그대로 지원하기 때문에, 진짜 교실 언어를 구사하는 AI라고 할 수 있기 때문입니다.

2) 확장 프로그램(Extensions): 골뱅이(@) 하나로 부르는 마법

채팅창에 @를 입력하면 활성화된 확장 프로그램 목록이 나타나는 것을 볼 수 있습니다. 이러한 서비스를 활성화하려면 먼저 제미나이 화면 좌측 하단의 설정 및 도움말(톱니바퀴 아이콘)에 접속하여 연결된 앱에서 사용하고자 하는 앱의 스위치를 '켜짐(On)' 상태로 바꾸어야 합니다. Gmail이나 구글 Drive를 많이 사용하면 매우 유용한 기능입니다. 예를 들어 "@Gmail 최근에 온 3개의 메일 내용을 요약해 줘." 라고 하면 Gmail에 수신된 최근 3개의 메일 내용을 요약해서 제시해 줍니다. 또는 "구글 드라이브에서 '교실로 ON 제미나이' 목차 파일 찾아줘." 라고 하면 구글 드라이브에서 확인된 '교실로 ON 제미나이 목차 구성' 시트 및 '교실로 ON 제미나이 집필 회의록' 파일 등의 내용을 바탕으로 목차를 구성해 줍니다. 그러나 아직은 다소 불안정하여 꼭 확인이 필요합니다.

3) NotebookLM: 거짓말하지 않는 나만의 교과서

생성형 인공지능의 특징 중에 하나가 가끔 거짓말(Hallucination, 환각)을 한다는 것입니다. 제미나이를 비롯한 생성형 인공지능은 인터넷의 방대한 지식을 바탕으로 하거나 학습한 내용을 바탕으로 답변하기 때문에 일어나는 현상입니다. 그러나 NotebookLM은 업로드한 자료(PDF, 텍스트 등) 안에서만 답을 찾기 때문에 거짓말이 비교적 적게 나타납니다. 이러한 특징으로 보조교사의 역할을 하거나 수행평가 채점 기준표, 업무 매뉴얼 챗봇 등을 생성할 수 있습니다. 보다 자세한 내용은 이 책의 NotebookLM 편을 참고하시면 큰 도움이 될 것입니다.

3. 제미나이 프롬프트의 기술

맨 앞의 학생에게 뒤의 학생들까지 배부할 학습지를 줬더니 가만히 가지고 있습니다. 뒤로 넘기라고 했더니 5장 모두를 뒤로 넘깁니다. 답답해서 "네 것은 남기고 뒤로 넘겨야지" 라고 했더니 5장을 마구 뒤적입니다. 그러더니 "선생님. 어떤 게 제 건가요?" 라고 묻습니다.

제미나이에게 어떤 명령을 하였을 때 무엇인가 어설픈 결과를 내놓는 경우가 있습니다. 이런 경우 프롬프트를 살펴보면 대개 "수학 문제 만들어줘" 처럼 너무 포괄적인 경우가 많습니다. 제미나이에게 일을 잘 시키기 위해선 3가지 원칙만 기억하면 됩니다.

1) 실패하지 않는 질문 공식: P.C.O (페·맥·출)

좋은 프롬프트에는 페르소나(Persona), 맥락(Context), 출력 형식(Output), 이 세 가지 요소가 포함되어 있습니다.

먼저 페르소나는 제미나이에게 역할을 부여하는 것입니다. 같은 질문이라도 역할에 따라 답변의 톤과 깊이가 달라집니다. 예를 들어 친절한 설명이 필요할 때 "너는 초등학교 5학년 학생을 가르치는 아주 친절하고 재미있는 과외 선생님이야."라는 역할을 부여하면 초등학교 5학년 학생들의 수준에 맞게 답을 해줍니다.

다음으로 맥락은 무엇을, 왜 해야 하나? 와 같은 배경 정보를 최대한 상세히 알려주는 것입니다. 학년, 단원명, 성취기준, 학생의 특성 등이 여기에 해당합니다. 예를 들어 "초등학교 5학년 학생들이 소수의 곱셈을 학습한 후 스스로 연습하는 웹 앱을 만들 거야" 와 같이 요청하는 배경을 설명하는 것입니다.

마지막으로 출력 형식은 결과물을 어떤 형태로 받고 싶은지 명확히 지정하는 것입니다. 예를 들어 "출력은 반드시 JSON 데이터 구조를 포함한 상호작용형 퀴즈 모듈 형식을 사용해 줘.", "평가 요소와 평가 내용을 포함해서 500자 내외로 작성해 줘", "HTML 코드로 작성해 줘"와 같이 구체적인 형식을 지정해야 실수를 줄일 수 있습니다.

2) 한 번에 하나씩: 단계별 질문 (Step-by-Step)

복잡한 요구사항을 한 문장에 욱여넣으면 AI도 체합니다. 과정을 단계별로 나누어(Chain of Thought) 질문하면 훨씬 논리적이고 정확한 답변을 얻을 수 있습니다. 복잡한 구조의 앱을 만들 때에는 쉬운 것부터 차근 차근 완성해 가는 것이 오히려 시간을 줄이는 방법입니다.

3) 끝날 때까지 끝난 게 아니다: 티키타카(Iterative Refinement)

제미나이의 첫 번째 답변이 100% 마음에 들지 않을 수 있습니다. 이때 포기하지 않고 꼬리 질문을 던져 원하는 결과가 나올 때까지 다듬는 것이 진정한 프롬프트 기술입니다. 이것은 마치 학생들과 상호작용하며 수업을 만들어가는 과정과 같습니다.

4. 인공지능 윤리와 교사의 역할

상투적인 표현이지만 '강도가 든 칼은 사람을 해치지만 의사가 든 칼은 사람을 살린다'는 표현처럼, AI 역시 어떻게 사용하느냐에 따라 비판적 사고를 키우는 훌륭한 교육 도구가 될 수도, 무분별한 복사와 맹신의 습관을 만들 수도 있습니다. 그렇기에 교실에서 제미나이를 활용하기 전, 반드시 알아야 할 윤리적 원칙과 교사의 역할을 짚고 넘어가야 합니다.

1) "AI도 틀릴 수 있다"를 가르치세요

제미나이는 모르는 것도 아는 척하며 아주 그럴듯하게 거짓말을 할 때가 있습니다. 이를 '환각 현상'이라고 합니다. 따라서 학생들에게 '제미나이의 설명이 100% 정확하지 않을 수 있음'을 수업 전에 반드시 알려주어야 합니다. 제미나이의 답변을 그대로 받아적는 것이 아니라 출처를 확인하고 제시한 출처가 신뢰할 만한 것인지도 확인하는 습관을 길러야 합니다.

2) 이름은 가리고, 정보는 지키고(개인정보보호)

학교 생활기록부 작성이나 상담 자료 분석에 제미나이를 활용할 때 가장 주의해야 할 점은 학생들의 소중한 개인정보입니다. 학생의 실명, 주민등록번호, 구체적인 가족 관계 등 민감한 정보는 절대로 입력하지 말아야 합니다. 학생의 이름을 사용해야 하는 경우에는 김철수, 홍길동과 같은 가명을 사용하거나 학생A와 같은 대명사를 사용하는 것이 좋습니다.

3) 코치이자 최종 책임자

제미나이가 교실의 문을 두드린 순간, 선생님의 역할은 지식을 일방적으로 전달하는 '티칭(Teaching)'을 넘어, 학생이 AI와 함께 답을 찾아가도록 돕는 '코칭(Coaching)'으로 변화합니다. 제미나이가 아무리 방대한 지식을 가지고 있어도, 그 지식을 학생의 배움으로 연결하는 것은 결국 선생님의 몫입니다. 제미나이는 딱딱한 교과서 정의를 말랑한 비유로 바꾸거나, 복잡한 자료를 정리해 주는 유능한 조교일 뿐, 수업의 방향키를 쥔 선장은 바로 선생님이시기 때문입니다.

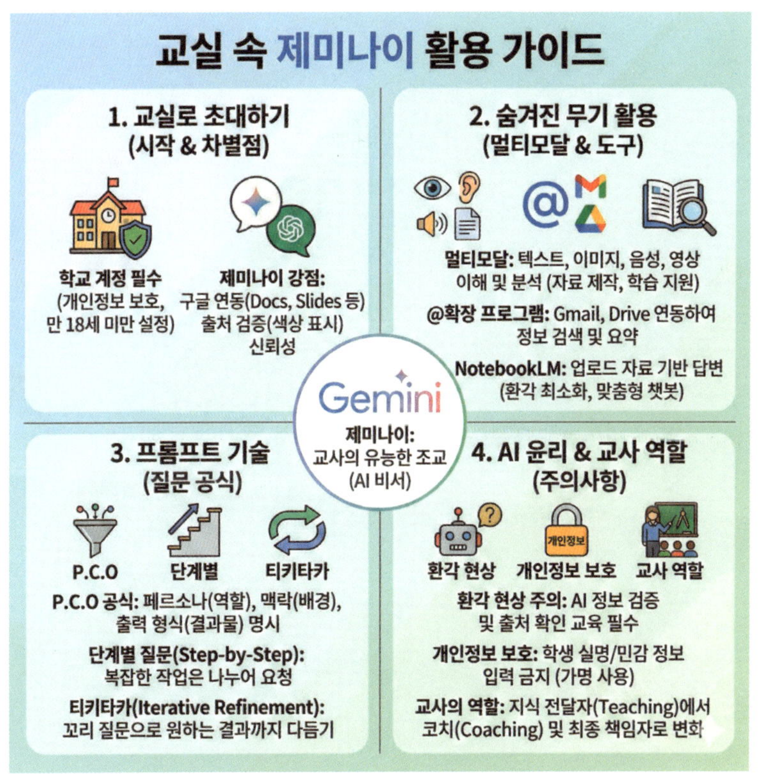

교실로 ON
제미나이

1. 제미나이 라이브

제미나이 라이브는 실시간 마이크와 카메라로 질문하고 답을 받는 기능입니다. 실시간 상황을 바탕으로 사람과 대화하듯 사용할 수 있고, 말하는 중에도 끼어들어 질문을 바꾸거나 추가 설명을 하면 흐름을 이어 대화할 수 있어서 아이디어를 주고받기 유용합니다.

나만의 도슨트와 미술 감상하기

제미나이 라이브를 활용해 도슨트와 함께 작품을 보며 질문을 주고받고, 대화하듯 감상 포인트와 느낌을 정리해 나가는 초등 고학년 미술 감상 수업을 할 수 있습니다.

 한눈에 맛보기

미술 감상 수업은 자칫 정해진 틀에 따라 관찰하고 정답처럼 해석만 따라가며 끝나는 경우가 있습니다. 이때 제미나이 라이브를 활용하면 카메라로 작품을 함께 비추며 같은 장면을 바라볼 수 있습니다. 그래서 한 지점에만 머무르지 않고 작품의 전체와 부분을 고루 오가며 감상 흐름을 자연스럽게 구성할 수 있습니다.

또한 학생의 반응에 따라 다음 질문이 이어져 대화 중심의 감상 분위기가 만들어집니다. 같은 작품이라도 학생 수준에 맞춰 질문 난이도와 표현을 조절할 수 있어 개별화 감상이 가능하여 관찰력이 한층 강화됩니다.

스마트폰이나 태블릿에서 ❶제미나이 앱을 실행합니다. 일부 스마트폰은 제미나이가 내장되어 있어 측면 버튼을 길게 눌러 바로 실행할 수 있습니다.

제미나이가 실행되면 화면 오른쪽 하단의 ❷라이브 아이콘을 눌러 라이브를 시작합니다.

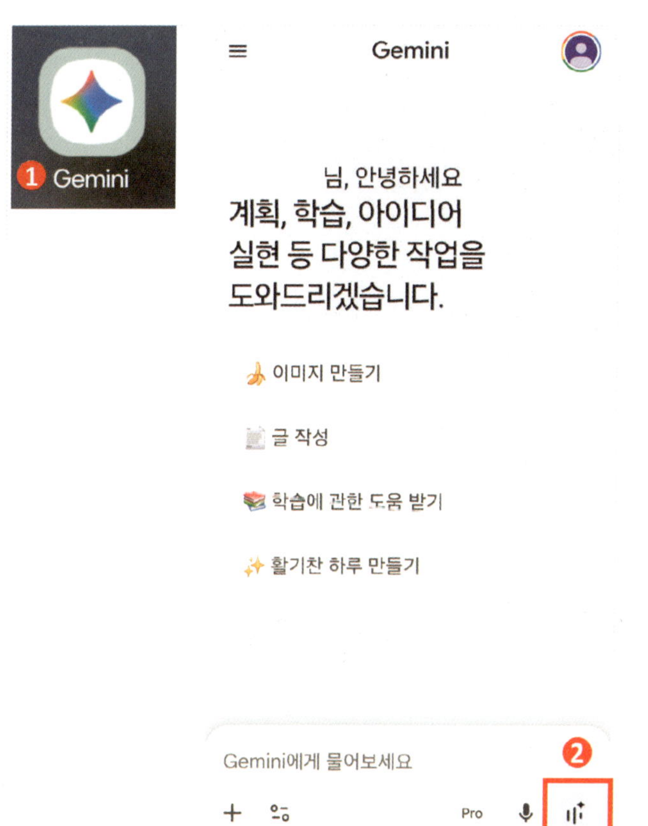

내 스마트폰이나 태블릿 속 화면을 함께 보며 도움을 받으려면 아래의 두 번째 아이콘인 ❸Share screen with Live를 선택해 화면을 공유합니다. 구글로 녹화, 전송 기능을 허용하기 위해 ❹'시작하기'를 선택해야 합니다.

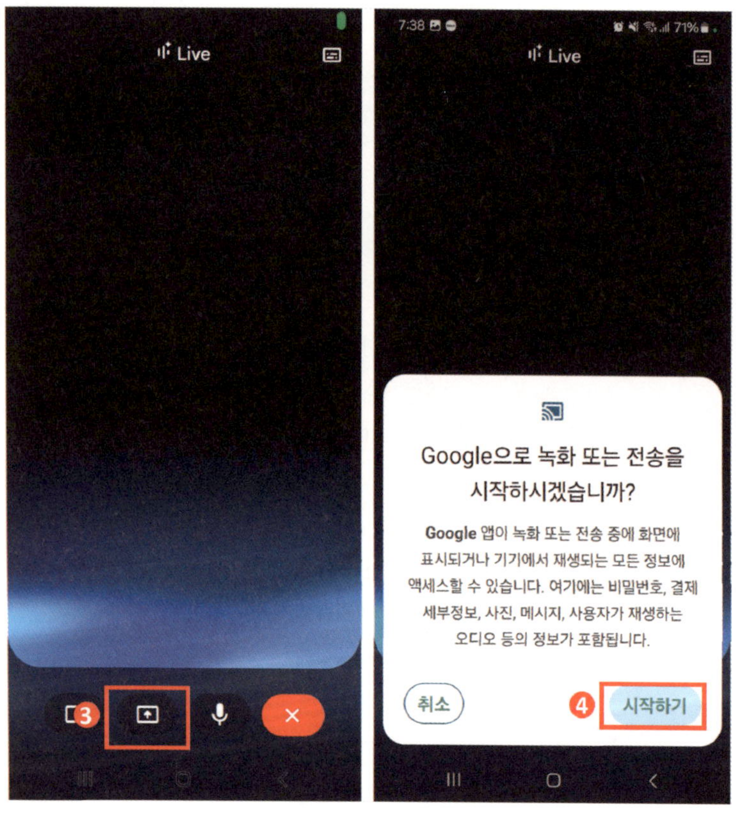

그림 감상을 위해 구글 아트앤컬쳐 앱을 실행하고 감상하고 싶은 그림을 선택했습니다. 제미나이 라이브는 실행과 동시에 마이크와 카메라로 사용자의 화면을 관찰하고 소리를 듣고 있습니다. 따라서 그림을 확대,

축소, 이동하면서 감상하며 그림에 대해 질문하면 제미나이가 도슨트가 되어 그림에 대해 설명해 주고 사용자의 감상을 돕습니다. 마치 미술관이나 박물관의 도슨트와 대화하듯 자연스럽게 질문을 주고 받으며 깊이 있는 작품 감상이 가능합니다.

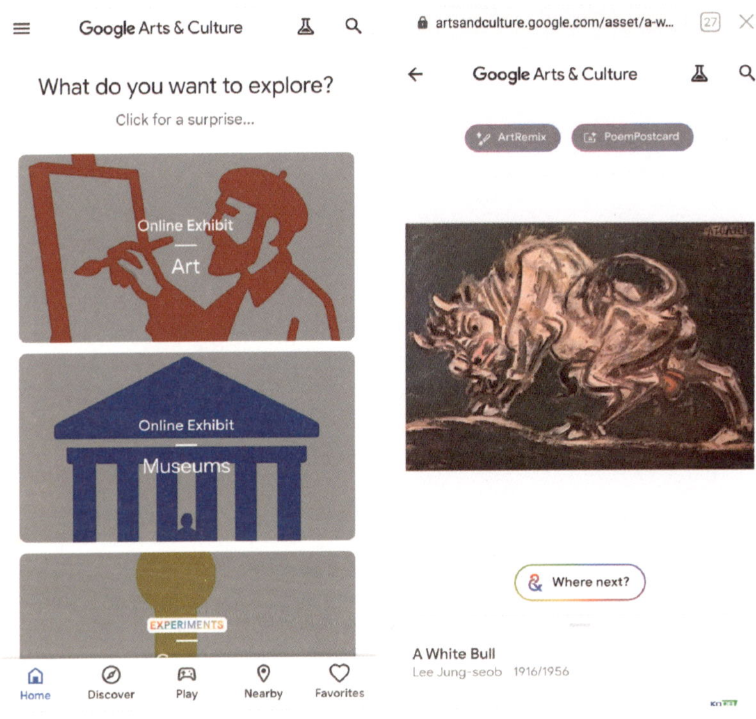

제미나이와 실시간으로 주고 받은 대화의 내용은 제미나이 라이브를 종료 후 텍스트로 확인할 수 있습니다. 따라서 감상을 마치고 내용을 정리하거나 재감상을 할 때도 유용합니다.

수업에 활용하기

　제미나이 라이브의 화면 공유 기능을 활용하면 수업 중 같은 자료를 함께 보며 핵심을 빠르게 파악하고 질문과 피드백을 주고받으며 이해를 깊게 하는 수업을 손쉽게 운영할 수 있습니다.

- 국어 읽기: 기사문이나 글을 공유하고 제목으로 내용을 예측하게 한 뒤 함께 글의 내용을 파악하고 중심 문장과 근거를 찾아 요약할 수 있습니다.

- 과학 자료 해석: 자료, 그래프를 공유하고 "확실한 사실"과 "추정 해석"을 구분하며 질문으로 확인할 수 있습니다.

- 정보 문제 해결: 코딩, 설정 화면을 공유하고 오류 지점을 함께 확인해 단계별로 디버깅하게 할 수 있습니다.

디지털 튜터링 지원하기

 한눈에 맛보기

수업 중 스마트 기기 사용을 어려워하는 학생을 교사가 계속 돕다 보면 수업 흐름이 끊기거나 시간이 부족해질 수 있습니다. 제미나이 라이브의 화면 공유 기능을 활용하면 학생은 문제 상황에 맞는 조작 방법을 단계별로 안내받아 스스로 해결할 수 있고, 교사는 궁금한 점이나 오류를 화면으로 즉시 확인해 빠르게 지원할 수 있습니다.

차근차근 따라하기

스마트폰이나 태블릿에서 제미나이 앱을 실행 후 라이브 아이콘을 눌러 라이브를 시작합니다.

화면을 공유하여 실시간으로 도움을 받기 위해서 아래의 두 번째 아이콘인 ❶Share screen with Live를 선택합니다. 구글로 녹화, 전송 기능을 허용하기 위해 ❷'시작하기'를 선택해야 합니다.

이 기능을 사용하기 전에는 화면 공유 중 화면에 표시되거나 입력되는 내용이 수집될 수 있음을 반드시 안내해야 합니다. 또한 로그인 아이디, 비밀번호, 이름 등 개인정보 입력이 필요한 상황에서는 화면 공유 기능을 사용하지 않도록 사전 교육이 필요합니다.

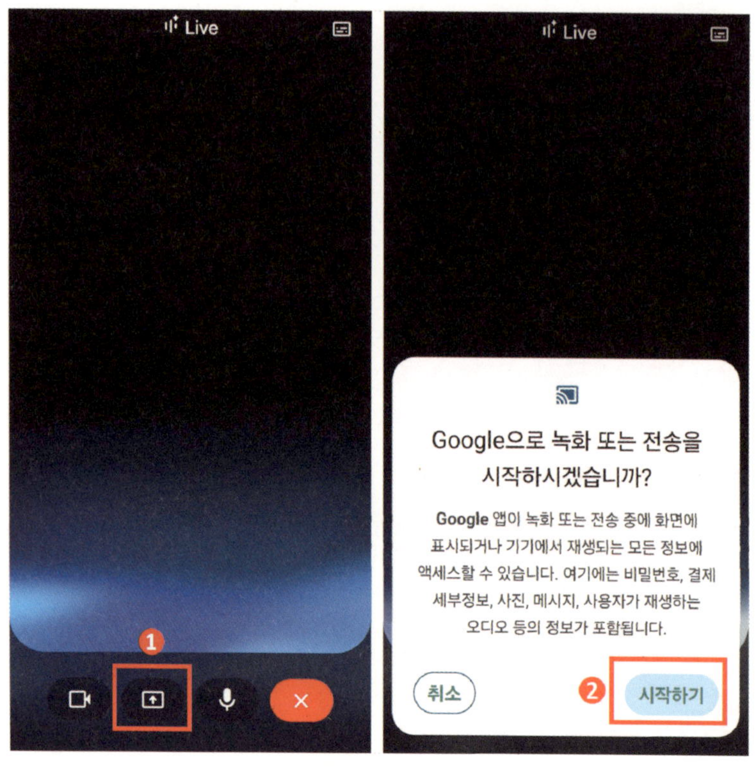

　교사가 사용법을 안내했더라도 시간이 지나면 잘 기억나지 않거나, 웹 버전과 모바일 버전의 화면 구성이 달라 추가 도움이 필요한 경우가 있습니다. 이럴 때 화면 공유 기능을 켜고 궁금한 점을 즉시 질문하면, 실시간으로 안내를 받으며 문제를 해결할 수 있습니다. 또한 답변이 충분히 정확하지 않거나 문제가 바로 해결되지 않더라도, 대화하듯 질문을 이어 가며 원인을 확인하고 스스로 해결 방법을 찾아볼 수 있습니다.

　학교 현장에서 디자인 도구로 널리 활용되는 캔바를 예로 들어 보겠습니다. 예를 들어 사진의 배경을 지우는 방법이나 사진 크기를 조절하는 방법을 질문하면, 제미나이 라이브가 화면에 보이는 아이콘의 이름과 위치를 안내하고, 단계별 사용 방법을 설명해 줍니다.

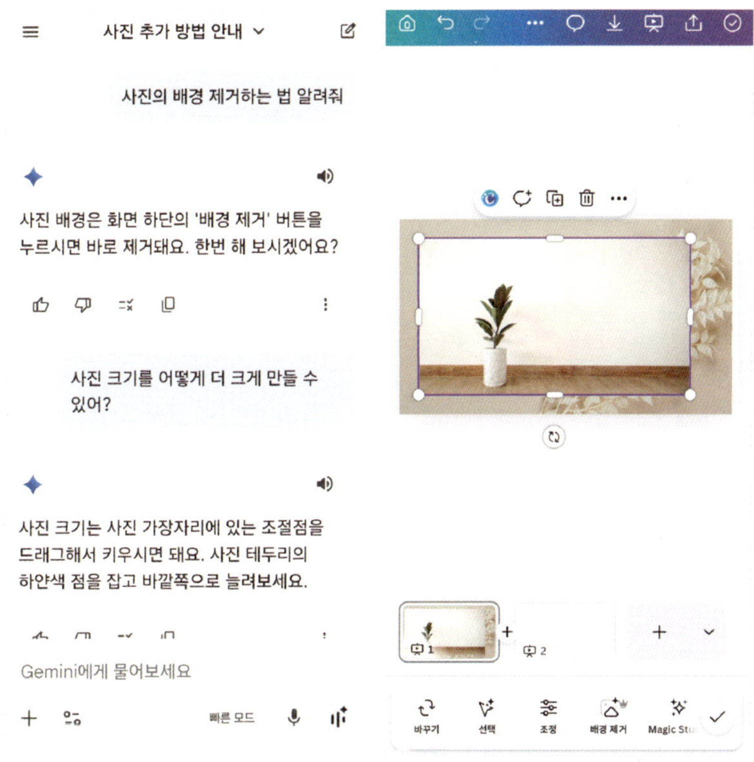

앱 사용은 익숙하지만 저장한 파일을 찾지 못하거나 공유 방법을 모르는 학생들도 있습니다. 이런 기본적인 기능 역시 제미나이의 도움을 받아 해결할 수 있습니다. 특히 저장 경로처럼 기기나 운영체제, 앱 설정에 따라 찾는 방법이 달라지는 경우, 화면을 공유해 질문하면 제미나이가 단계별로 안내해 주어 학생이 차근차근 따라 하며 함께 찾아볼 수 있다는 장점이 있습니다.

저장했는데 PDF가 어디에 들어가
있는지 모르겠어. 어디에서 찾을 수
있어?

✦   🔊

보통 다운로드된 파일은 스마트폰의 '파일
관리자' 또는 '다운로드' 폴더에 저장돼요. 한번
찾아보시겠어요?

👍 👎 =✕ ⧉   ⋮

찾았어. 이 파일을 다른 사람한테
보내고 싶어.

파일을 보내려면 오른쪽 상단에 있는 '공유'
버튼을 눌러주세요. 점 세 개가 연결된
모양이에요. 거기서 보내실 방법을 선택하시면
돼요.

👍 👎 =✕ ⧉   ⋮

점 세 개를 눌렀는데 여기서 다음에 뭘
눌러야 해

✦   🔊

'보내기'를 눌러주세요. 거기에서 파일을 공유할
수 있는 방법을 선택하시면 돼요.

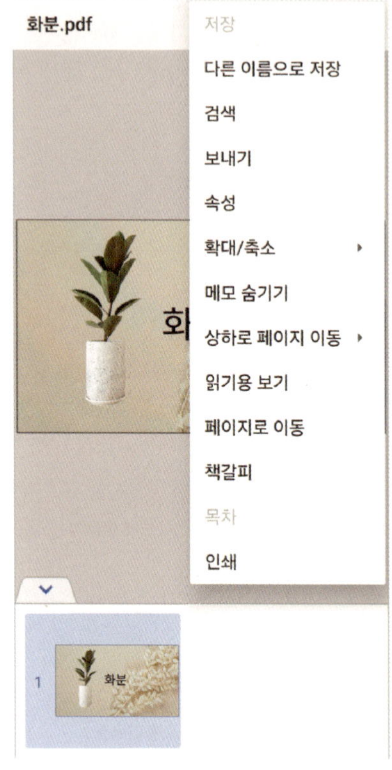

수업 중 학생들이 자주 겪는 기기, 앱 문제를 실시간으로 해결할 수 있도록 제미나이를 개인별 디지털 튜터처럼 활용할 수 있습니다. 화면 공유를 기반으로 학생이 스스로 점검하고 해결하는 절차를 만들면, 수업 흐름을 안정적으로 유지할 수 있습니다.

- 권한 설정 돕기: 마이크, 카메라, 알림, 저장, 공유 권한 문제를 화면에서 확인하고 단계별로 설정할 수 있습니다.

- 네트워크 점검하기: 와이파이 접속 오류, 로딩 지연 시 와이파이 데이터 전환, 비행기 모드, 앱 재실행 등 기본 점검을 순서대로 따라 할 수 있습니다.

- 코딩, 로봇 디버깅하기: 실행 순서, 조건, 변수를 함께 보며 오류 지점을 찾고 수정 방향을 정할 수 있습니다.

- 문의 규칙 만들기: '먼저 화면 공유로 확인→그래도 안 되면 교사에게 문의'로 규칙을 정하고 수업을 운영해 반복 질문을 줄일 수 있습니다.

- 미니 매뉴얼 정리하기: 해결 과정을 체크리스트로 남겨 학급 자료로 공유할 수 있습니다.

의약품 안전 교육하기

제미나이 라이브의 카메라 기능은 스마트폰이나 태블릿 카메라로 비추는 대상(책, 작품, 실물 자료 등)을 제미나이와 실시간으로 함께 보면서 음성으로 질문하고 도움을 받는 기능입니다. 설명이 필요한 부분을 화면에서 짚어 주기도 해서, 어떤 내용을 말하는지 바로 따라가기 쉽습니다.

제미나이 라이브의 카메라로 약의 라벨과 주의 문구를 함께 비추고, 음성 대화로 복용법과 보관 방법, 위험 신호를 확인하며 올바른 약 정보 읽기와 안전한 사용 습관을 익힐 수 있습니다.

 ## 한눈에 맛보기

제미나이 라이브로 의약품 안전교육을 하면 카메라로 실제 약통, 라벨 등을 바로 보여주고, 그 자리에서 대화로 필요한 정보를 빠르게 정리하며 안전한 행동으로 연결할 수 있습니다. 예를 들어 외국어로만 표기된 약품은 라벨을 비추고 한국어로 쉽게 설명을 들을 수 있고, 설명서를 잃어버린 경우에도 약품의 포장에 남아 있는 성분 주의 문구, 보관 방법 같은 정보를 찾아 읽는 연습을 즉시 할 수 있습니다. 또한 학생 수준에 맞게 질문 난이도를 조절하며 '왜 이 문구가 중요한지, 언제 어른에게 확인해야 하는지' 같은 안전 판단을 계속 이어서 학습할 수 있습니다.

　스마트폰이나 태블릿에서 제미나이 앱을 실행 후 라이브 아이콘을 눌러 라이브를 시작합니다. 카메라를 직접 비추어 실시간으로 도움을 받기 위해서 아래의 첫 번째 아이콘인 ❶Camera 아이콘을 눌러 카메라를 공유합니다. 그런 다음 ❷약품들을 차례로 비추며 현재 상황에서 어떤 약이 적절한지 질문하고 알맞은 약품을 판단하는 기준을 함께 정리해 봅니다.

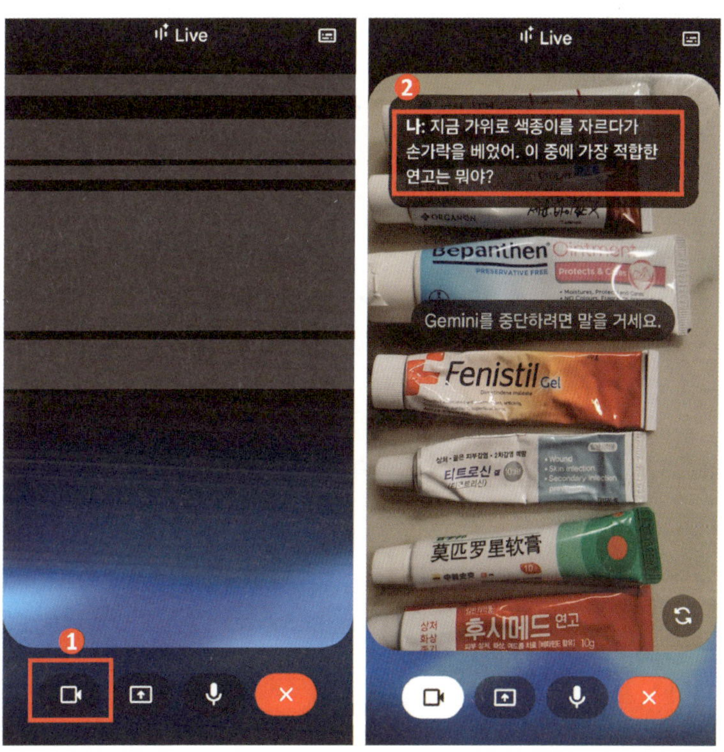

약 포장에 적힌 제품명, 성분, 복용량, 복용 간격, 대상 연령, 보관 방법 등의 정보를 함께 읽으며 의미를 이해합니다. 외국어로 표기되어 있거나 설명서가 없더라도, 문구나 용어가 어려운 부분을 제미나이와 실시간으로 질문하고 답하며 차근차근 확인할 수 있습니다. 또한 제미나이가 설명 중인 부분을 화면에서 ❸밝게 타원으로 표시하거나 ❹점으로 짚어 주기 때문에, 어떤 약품의 어느 문구를 말하는지 한눈에 파악하기 쉽습니다.

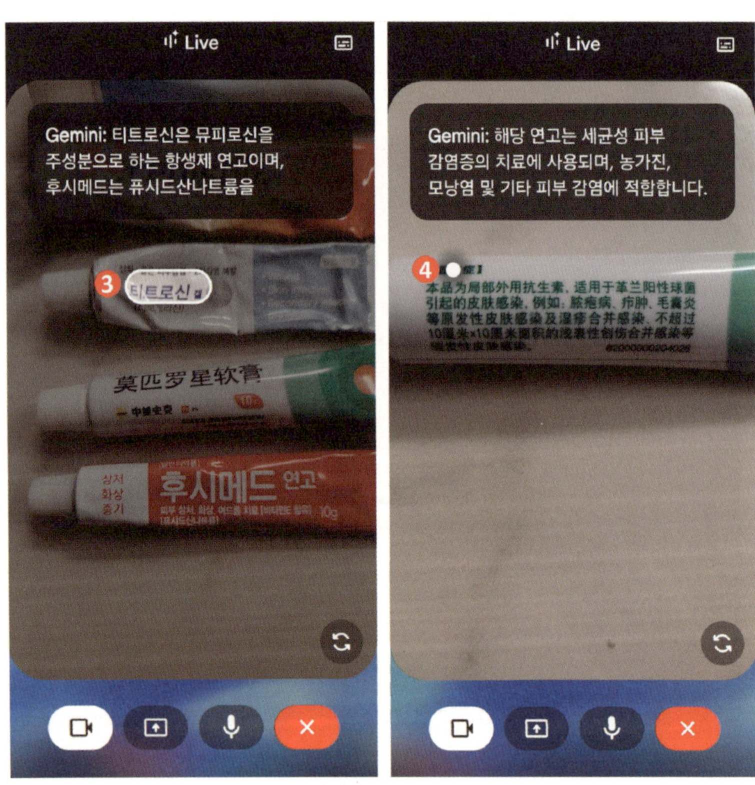

마지막으로 주의 문구와 경고 표시를 확인하면서 오남용을 예방하는
사용 원칙과 사용 전 꼭 보호자, 약사, 의사에게 확인해야 하는 경우를 점
검합니다.

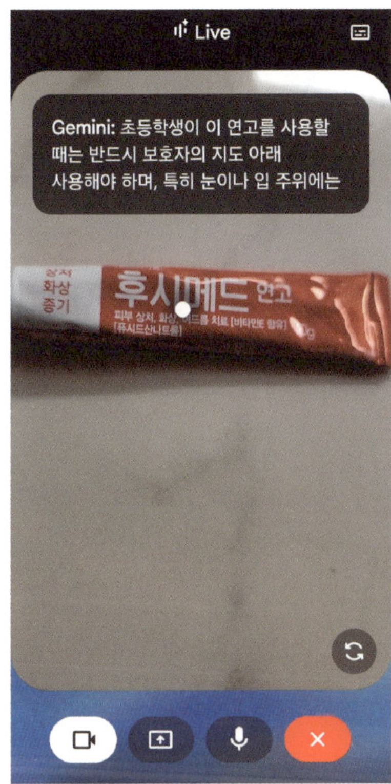

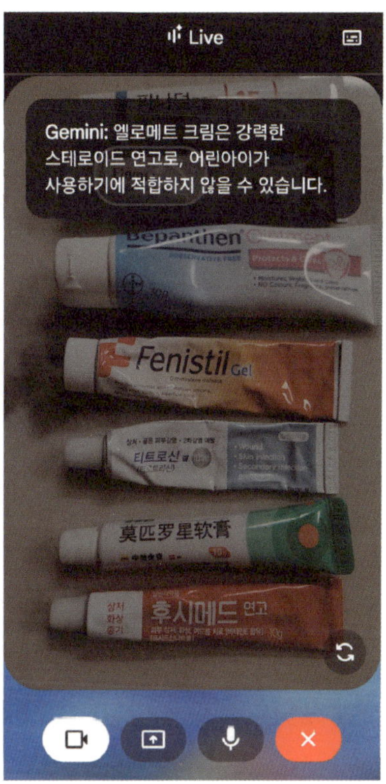

🧑‍🏫 수업에 활용하기

제미나이 라이브의 카메라 화면 공유 기능은 다양한 수업 장면에서 활
용할 수 있습니다. 자료에 제시된 표기와 문구, 수치를 근거로 내용을 읽
고 확인한 뒤, 궁금한 점을 질문하며 이해를 점검하고, 마지막으로 안전

한 행동 규칙을 정리하는 절차로 수업을 운영하면 안전 판단력, 정보 문해력, AI 활용에 대한 책임있는 태도를 기를 수 있습니다.

- 과학과 안전 탐구: 실험 도구 사용법, 화학물질 경고표지 등을 비추고 '관찰 가능한 사실'과 '해석'을 구분하며 안전 수칙을 만들 수 있습니다.

- 사회과 생활 안전: 교통표지, 재난 행동요령, 공공장소 안내문을 비추고 상황별 행동 규칙을 정리할 수 있으며 '언제 도움을 요청해야 하는지'를 함께 점검할 수 있습니다.

- 정보교육, 디지털 시민교육: 앱 권한 안내, 개인정보 동의 화면, 피싱 문자, 의심 링크 사례를 보여 주고 '확인해야 할 체크리스트'를 만들어 적용할 수 있습니다.

- 미술, 실과 제작 활동: 만들기 설명서, 도구 사용 주의사항, 재료 라벨을 비추고 작업 순서와 주의점을 확인하며 작업 계획을 세울 수 있습니다.

- 보건, 안전교육: 식품 라벨의 알레르기 정보와 유통기한, 생활용품 경고문인 및 응급처치 안내물을 비추고 '위험 신호'와 '대처 순서'를 정리할 수 있습니다.

제미나이 라이브로 의약품 안전교육을 할 때 다음 사항에 유의한다면 학생들이 AI를 적절히 활용하되 안전 기준을 지키는 태도를 익히고, 일상에서 의약품을 만났을 때 스스로 확인하고 도움을 요청하는 행동으로 이어질 수 있습니다.

- 주의 문구 확인: 제미나이 라이브로 의약품을 비추며 질문하면 정보를 분석해 답변하지만, 동시에 '의료 정보는 제공하지 않는다'는 주의 문구가 표시됩니다.

- 토의 활동: 해당 안내가 필요한 이유를 학생들과 토의하며 의약품을 올바르게 사용해야 하는 이유를 강조합니다.

- 활용 원칙 지도: 수업에서 제공되는 의약품 정보는 '참고 자료'로만 활용하도록 지도합니다.

- 최종 결정 기준: 실제 복용, 사용 여부는 반드시 의사, 약사 등 전문가 또는 보호자와 확인한 뒤 결정하도록 안내합니다.

꽃 도감 만들기

꽃 도감 만들기는 주변의 꽃을 관찰하고 기록하며 자연을 이해하는 활동입니다. 여기에 제미나이를 함께 활용하면 사진을 바탕으로 꽃의 특징을 정리하고, 비슷한 꽃과의 차이를 비교하며 무엇을 기준으로 구분해야 하는지 관찰의 기준을 세울 수 있습니다. 이 과정에서 단순히 이름을 알아내는 데서 끝나지 않고, 사진에서 보이는 단서를 근거로 설명하며 탐구가 확장됩니다. 또한 제미나이의 답이 추정일 수 있음을 이해하고, 추가 관찰과 확인을 통해 스스로 검증하는 태도를 기를 수 있습니다.

 한눈에 맛보기

제미나이로 꽃 도감 만들기 수업은 학생들이 직접 꽃을 '찍고, 비교하고, 정리하고, 설명하는' 흐름으로 진행됩니다. 먼저 꽃을 촬영한 뒤 제미나이에게 이름을 추정해 달라고 묻고, 사진에서 보이는 특징을 근거로 정리합니다. 이어서 비슷한 꽃 후보와 구별 포인트를 확인하고, 더 정확히 알기 위해 추가로 찍어야 할 부분도 안내받아 관찰을 보완합니다. 헷갈리는 꽃이 있으면 사진을 함께 올려 같은 종인지 비교하고 차이점을 정리합니다. 마지막으로 초등학생 도감용 문장으로 간단히 정리하고, 핵심 특징을 한눈에 구분할 수 있는 인포그래픽을 만들어 배운 내용을 스스로 설명할 수 있습니다. 꽃 사진을 업로드하여 대화하는 대신 제미나이 라이브

기능을 활용하여 실시간으로 카메라 화면으로 꽃을 비추며 대화할 수도 있습니다.

🐌 차근차근 따라하기

스마트폰이나 태블릿에서 제미나이 앱을 실행한 뒤 왼쪽 하단의 ❶+ 버튼을 눌러 카메라 또는 갤러리를 엽니다. ❷카메라를 선택하면 실시간으로 촬영하며 관찰할 수 있고, 갤러리를 선택하면 미리 찍어 둔 사진을 불러와 활동을 진행할 수도 있습니다.

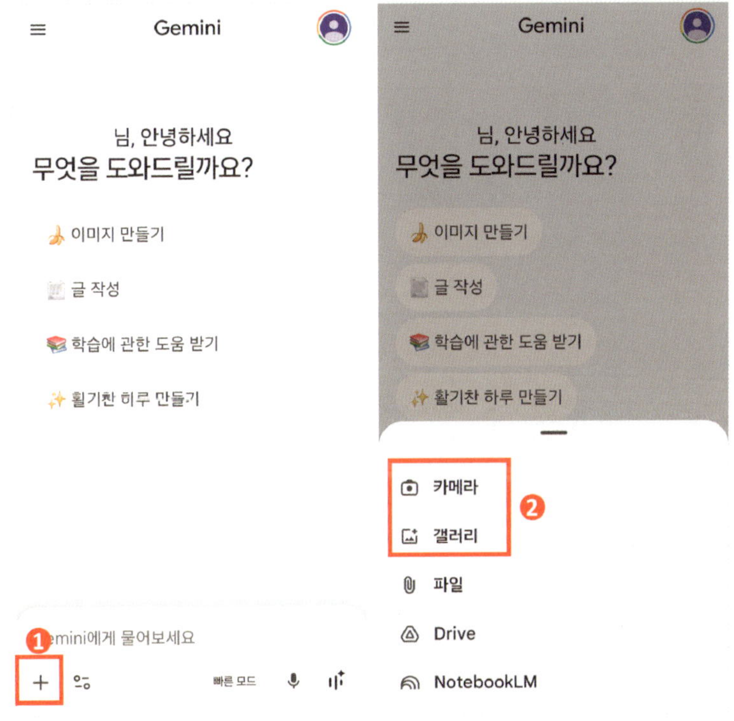

정확한 관찰 활동을 위해 사진은 3장 이상 찍도록 합니다. 먼저 전체 모습이 보이게, 다음은 꽃잎 수와 꽃 중심이 보이도록 확대해 찍으며, 마지막으로 잎 모양과 줄기 또는 꽃받침이 보이게 촬영하는 것이 좋습니다. 식물 이름은 사진만으로 헷갈릴 때가 많기 때문에 수업에서는 '정답 맞히기'보다 '근거로 확인하기'를 더 중요하게 다뤄야 합니다. 따라서 ❸사진을 선택한 뒤에는 꽃 이름을 단정적으로 알려 달라고 하기보다, ❹사진에서 보이는 특징을 근거로 추정하고 설명하도록 하는 질문 프롬프트를 입력해 활동을 진행합니다.

이러한 추정 과정을 거치면 AI의 답변을 그대로 받아들이는 것이 아니라, AI의 도움을 바탕으로 스스로 확인하고 판단하는 경험을 할 수 있습니다. 학생들은 꽃 이름을 추정한 근거를 살펴보고, 비슷한 꽃과의 구별 포인트를 비교하며, 추가로 관찰해야 할 요소까지 점검하는 과정에서 꽃을 관찰하고 분류하는 기준을 익히게 됩니다.

1. 꽃 이름 추정 및 특징 근거

사진 속 식물은 **부겐빌레아**입니다. 다음은 사진에서 찾을 수 있는 근거입니다.

- **포엽(Bracts):** 가장 눈에 띄는 진분홍색과 흰색 부분은 사실 꽃잎이 아니라 잎이 변형된 '포엽'입니다. 종이처럼 얇고 바스락거리는 질감이 사진에서도 잘 느껴집니다.
- **진짜 꽃의 형태:** 세 번째 사진을 보면 중심부에 작고 하얀 별 모양의 꽃이 피어 있습니다. 이것이 부겐빌레아의 진짜 꽃입니다. 보통 포엽 3개가 꽃 하나를 감싸는 형태를 띱니다.
- **줄기의 가시와 잎:** 두 번째 사진의 줄기를 보면 날카로운 가시가 보이며, 잎은 달걀 모양에 끝이 뾰족한 전형적인 부겐빌레아의 잎 모양을 하고 있습니다.

2. 비슷한 꽃 후보 및 구별 포인트

부겐빌레아와 혼동될 수 있는 꽃들과의 차이점은 다음과 같습니다.

후보 식물	구별 포인트 1 (꽃의 구조)	구별 포인
개병꽃나무	깔때기 모양의 진짜 꽃잎을 가짐	부드럽고 질감
능소화	포엽 없이 큰 나팔 모양의 꽃이 직접 핌	꽃잎이 크 많은 느낌

핵심 차이: 부겐빌레아는 '종이 같은 포엽' 안에 '아주 작은 흰 꽃'이 들어있다는 점이 가장 독보적입니다.

3. 정확한 확인을 위한 추가 관찰 포인트

이 식물이 부겐빌레아의 어떤 세부 품종인지, 혹은 상태가 어떤지 더 정확히 알기 위해 다음을 확인해 보세요.

1. **가시의 형태:** 줄기에 돋아난 가시가 직선인지, 약간 굽어 있는지 확인해 보세요. 품종(글라브라, 스펙타빌리스 등)에 따라 가시 모양이 다릅니다.
2. **포엽의 질감:** 만졌을 때 정말 종이처럼 바스락거리는지, 아니면 약간의 털이 느껴지는지 확인해 보세요. 털이 많다면 '스펙타빌리스' 종일 확률이 높습니다.
3. **수형(나무의 모양):** 이 식물이 스스로 서 있는 나무 형태인지, 아니면 주변 구조물을 타고 올라가는 덩굴 형태인지 관찰하면 식물의 수령과 관리 상태를 더 잘 알 수 있습니다.

혹시 이 꽃을 직접 키우고 싶으신가요? **부겐빌레아 관리법(물 주기나 햇빛 조건 등)에 대해 더 알고 싶으시면 말씀해 주세요!**

Gemini에게 물어보세요

+ 빠른 모드

꽃을 관찰하다 보면 색만 다른 같은 식물인지, 겉모습이 비슷한 다른 식물인지 헷갈리는 경우가 많습니다. 이때 비슷한 꽃의 사진을 함께 올려 ❺같은 종인지 근거를 들어 추정해 달라고 요청하는 프롬프트를 입력하면, 꽃잎의 모양과 수, 꽃이 피는 형태, 잎의 형태와 배열 등 비교에 필요한 핵심 특징을 기준으로 확인할 수 있습니다. 만약 같은 식물이 아니라면 차이점을 항목별로 정리해 주기 때문에, 학생들은 무엇을 근거로 비슷한 식물을 정확하게 구분하는지 더 분명하게 이해하게 됩니다.

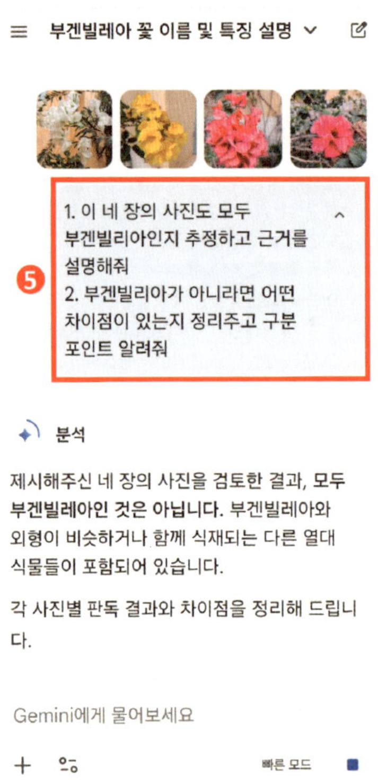
부겐빌레아 꽃 이름 및 특징 설명
5
1. 이 네 장의 사진도 모두 부겐빌리아인지 추정하고 근거를 설명해줘
2. 부겐빌리아가 아니라면 어떤 차이점이 있는지 정리주고 구분 포인트 알려줘
분석
제시해주신 네 장의 사진을 검토한 결과, 모두 부겐빌레아인 것은 아닙니다. 부겐빌레아와 외형이 비슷하거나 함께 식재되는 다른 열대 식물들이 포함되어 있습니다.
각 사진별 판독 결과와 차이점을 정리해 드립니다.
Gemini에게 물어보세요
빠른 모드

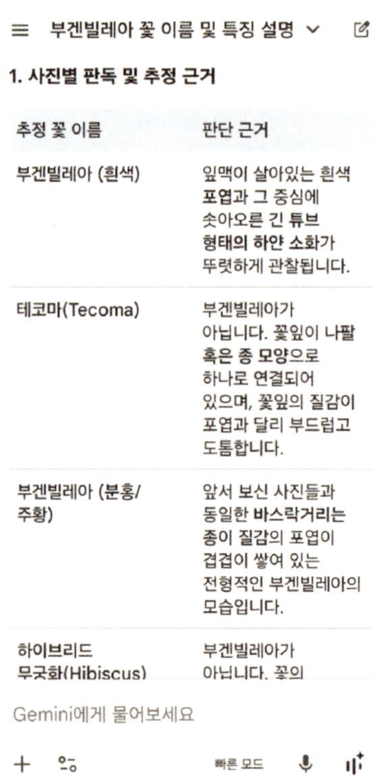
부겐빌레아 꽃 이름 및 특징 설명
1. 사진별 판독 및 추정 근거
추정 꽃 이름
판단 근거
부겐빌레아 (흰색)
잎맥이 살아있는 흰색 포엽과 그 중심에 솟아오른 긴 튜브 형태의 하얀 소화가 뚜렷하게 관찰됩니다.
테코마(Tecoma)
부겐빌레아가 아닙니다. 꽃잎이 나팔 혹은 종 모양으로 하나로 연결되어 있으며, 꽃잎의 질감이 포엽과 달리 부드럽고 도톰합니다.
부겐빌레아 (분홍/주황)
앞서 보신 사진들과 동일한 바스락거리는 종이 질감의 포엽이 겹겹이 쌓여 있는 전형적인 부겐빌레아의 모습입니다.
하이브리드 무궁화(Hibiscus)
부겐빌레아가 아닙니다. 꽃의
Gemini에게 물어보세요
빠른 모드

마지막에는 ❻초등학생 꽃 도감용으로 간단히 정리해 달라고 요청 프롬프트를 입력해 꽃의 핵심 특징과 구별 포인트를 짧은 문장으로 정리할 수 있습니다. 이렇게 정리한 내용은 구글 시트나 캔바, 패들렛 등에 옮겨 학급 식물 도감으로 제작할 수 있으며, 학생들이 각자 관찰한 내용을 모아 하나의 학급 도감을 완성하면 서로 다른 꽃 정보를 자연스럽게 교환하며, 다양한 꽃과 주변 생태에 대한 관심과 탐구 의지를 확장할 수 있습니다.

추가로, 식물 도감을 만들며 알게 된 꽃의 특징을 정확히 구분하고 있는지 확인하기 위해 ❼텍스트 없이 특징만 시각적으로 표현한 인포그래픽을 만들어 보는 활동도 가능합니다. 이후, 완성한 인포그래픽 이미지를 보며 꽃 이름과 특징을 맞추는 놀이를 해 볼 수 있습니다. 예를 들어 '종이'는 부겐빌리아, '나팔'은 테코마, '수술'은 히비스커스처럼 핵심 특징을 단서로 삼아 꽃 이름과 연결해 기억해 보는 활동도 가능합니다.

수업에 활용하기

제미나이는 관찰, 분류, 확장, 결과물 제작과 관련된 수업에서 다음과 같이 활용할 수 있습니다.

- 미술 작품 감상 카드: 작품을 보고 색, 선, 질감 같은 요소를 근거로 정리해 감상 카드와 특징 인포그래픽을 제작합니다.

- 사회, 지역 문화 탐구: 고장의 중심지, 역사 문화적 장소 및 풍경을 기록하고 특징과 의미를 정리해 지역 문화 안내서를 만듭니다.

2. 제미나이 나노바나나

나노바나나는 텍스트 명령만으로 고해상도 이미지를 생성하고 정교하게 편집할 수 있는 구글의 이미지 생성 AI 모델입니다. 기존 이미지의 스타일을 자유롭게 변환하거나 텍스트를 이미지로 정확하게 구현하여, 복잡한 디자인 작업 없이 프롬프트로 수업에 필요한 다양한 시각 자료를 완성도 있게 구현할 수 있도록 지원합니다.

3D 피규어 제작하기

나노바나나의 3D 질감 표현 능력을 활용하여 상상 속 나만의 모습이 담긴 피규어를 만들 수 있습니다. 헤어스타일, 옷차림, 취미 등 나를 상징하는 다양한 요소를 프롬프트에 입력하여 나만의 피규어를 제작할 수 있습니다.

 ## 한눈에 맛보기

나노바나나를 활용하면 텍스트 중심의 자기소개 활동에서 벗어나, AI 이미지를 활용한 새로운 방식의 '나 표현하기' 활동이 가능합니다. 텍스트 명령어만으로 고품질의 3D 피규어를 생성할 수 있어, 미술적 재능과 관계없이 누구나 자신의 개성을 시각화할 수 있습니다. 자신의 외적인 특징뿐만 아니라 성격과 취미까지 구체적인 프롬프트로 묘사하고 구현하는 과정을 통해 학생들은 스스로를 깊이 있게 탐색하고 나타내는 입체적인 자아 표현이 가능해집니다.

차근차근 따라하기

먼저 제미나이에 접속합니다. 컴퓨터 웹과 모바일 기기 어플 모두에서 나노바나나 기능을 사용할 수 있으므로 편한 방식으로 접속합니다.

❶도구 아이콘을 선택하고, 바나나 모양이 그려진 ❷이미지 생성하기 버튼을 클릭하여 나노바나나 모드로 전환합니다.

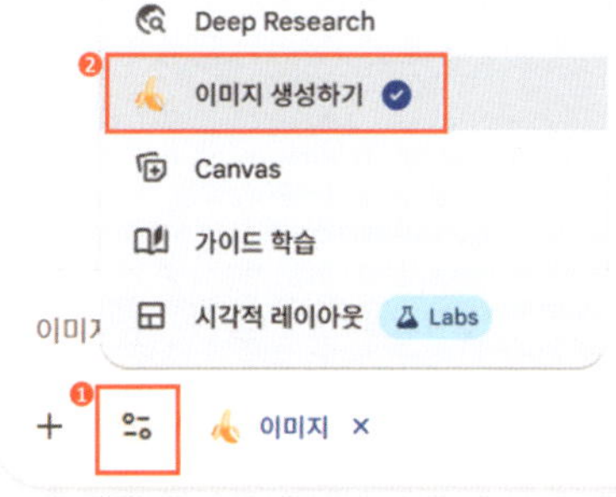

❸헤어스타일, 외모, 의상 등 자신을 나타내는 외적 특징과 나의 취미와 성격을 나타내는 상징물을 포함하여 구체적인 프롬프트를 작성합니다.

이때 추상적인 성격 등은 소품, 상징물로 바꾸어 나타내면 더욱 명확한 결과물을 얻어낼 수 있습니다. 예를 들어 '호기심이 많음'과 같은 추상적인 성격을 '돋보기로 무언가를 관찰함', '눈을 동그랗게 뜨고 신기해하는 표정' 등으로 구체화시킬 수 있습니다.

3D 수집형 장난감 피규어 제품 사진을 만들고 싶어. (헤어 스타일)을 하고 (의상)을 입은 (성별) 캐릭터가 (구체적 행동)하고 있는 피규어가 투명한 창이 있는 전용 포장 상자 옆에 놓여 있어. 상자 겉면에는 '(원하는 문구)'라는 글자와 캐릭터 일러스트가 디자인되어 있어. 배경은 (원하는 배경)으로 해줘.

❹만들어진 3D 피규어 이미지에서 추가로 프롬프트를 입력하여 변경하고 싶은 것을 변경할 수 있습니다. 이미지의 배경을 변경하거나 특정 부분의 색상 수정을 통해 피규어의 완성도를 높입니다.

✦ 생각하는 과정 표시 (Nano Banana Pro) ∨

만들어진 3D 피규어 이미지가 마음에 든다면 ❺저장 버튼을 눌러 저장합니다. 저장된 이미지는 학급 공유 게시판을 통해 공유할 수 있습니다.

 '나노바나나로 3D 피규어 제작하기'를 학급에서 다음과 같이 활용할 수 있습니다.

- 자기 이해 기반의 이색 자기소개 활동: 정형화된 학습지 대신 자신을 닮은 피규어를 직접 제작하고 공유하는 과정에서, 새 학기 초의 서먹한 벽을 허물고 학생들 간의 친밀감을 빠르게 형성할 수 있습니다.

- 개성 표현 및 상호 관심사 공유: 단순히 외모만 묘사하는 것이 아니라 자신의 취미, 장래 희망, 좋아하는 것들을 피규어에 담아 표현함으로써, 친구들의 관심사를 자연스럽게 파악하고 깊이 이해할 수 있습니다.

우리 반 맞춤형 컬러링 도안 만들기

더 이상 수업 시간에 활용할 컬러링 도안을 찾아 헤맬 필요 없습니다. 나노바나나를 활용하여 교과 주제에 딱 맞는 학습용 도안부터 학생들의 흥미를 반영한 캐릭터 도안까지 단 몇 초 만에 제작할 수 있습니다. 어디에도 없는 독창적인 그림으로 학생들의 흥미와 상상력을 자극하는 컬러링 아트 활동이 가능합니다.

 **한눈에 맛보기**

학교 현장에서는 수업 주제와 학생 수준에 딱 맞는 시각 자료나 컬러링 도안을 구하기가 쉽지 않습니다. 검색에 많은 시간을 쏟더라도 저작권 문제에 부딪히거나, 원하는 난이도의 자료를 찾지 못해 아쉬울 때가 많습니다. 하지만 나노바나나를 활용하면 이러한 고민을 단번에 해결할 수 있습니다. 단순한 캐릭터부터 정교한 패턴까지, 선생님이 원하는 이미지를 몇 번의 클릭만으로 세상에 하나뿐인 컬러링 도안으로 변환할 수 있습니다.

차근차근 따라하기

먼저 제미나이에 접속합니다. ❶도구 아이콘을 선택하고, 바나나 모양이 그려진 ❷이미지 생성하기 버튼을 클릭하여 나노바나나 모드로 전환합니다.

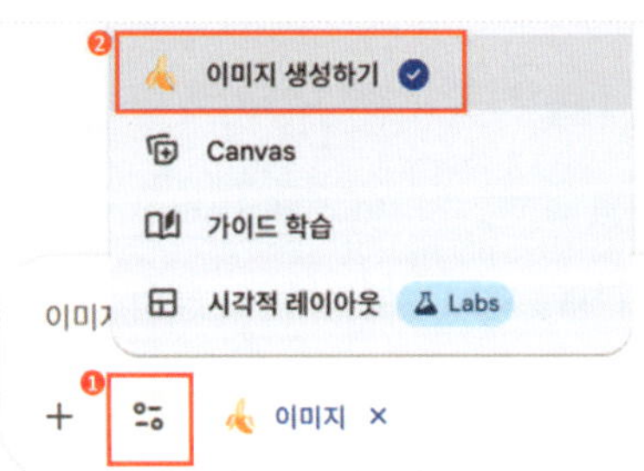

컬러링 도안을 만들 수 있는 필수 키워드를 포함하여 프롬프트를 작성합니다. 필수 키워드를 조합한 컬러링 도안 프롬프트 공식을 활용하면 이미지를 여러 번 다시 만드는 시행착오 없이 원하는 컬러링 도안을 만들 수 있습니다.

[컬러링 도안 프롬프트 공식]

어린이를 위한 컬러링 도안 + (원하는 캐릭터/디자인)

+ 단순한 흑백 라인 아트이고, 흰색 배경에 검은색 선

프롬프트를 적절하게 바꾸어 학년별 원하는 수준에 맞게 컬러링 도안을 만들어 활용할 수 있습니다. ❸저학년 수준의 컬러링 도안을 만들 때는 검은색 외곽선이 두껍게 표현되도록 프롬프트를 작성하면 좋습니다.

❸
어린이를 위한 컬러링 도안. 귀여운 아기 호랑이 캐릭터. 단순한 흑백 라인 아트이고, 흰색 배경에 두꺼운 검은색 선.

❹고학년은 적당한 디테일이나 패턴을 추가하여 섬세한 색칠 활동으로 학생들이 몰입할 수 있도록 도안을 제작하면 효과적입니다. 컬러링 도안 프롬프트 공식 뒤에 스타일 키워드를 추가하는 것만으로도 전혀 다른 느낌의 새로운 도안을 만들 수 있습니다.

❺만들어진 컬러링 도안 중 수정하고 싶은 부분이 있다면 추가로 프롬
프트를 입력하여 수정할 수 있습니다.

제작된 컬러링 도안이 마음에 든다면 ❻저장 버튼을 눌러 저장합니다. 저장된 도안을 인쇄하여 학급 컬러링 활동에 활용할 수 있습니다.

수업에 활용하기

 '나노바나나 컬러링 도안 만들기'를 학급에서 다음과 같이 활용할 수 있습니다.

- 교과 연계 학습 자료 직접 제작: 사회(국가유산), 과학(곤충 구조) 능 교과서 속 사진을 도안으로 변환해 제공하면, 학생들이 색칠하는 과정에서 학습 대상을 깊이 관찰하고 내용을 자연스럽게 기억할 수 있습니다.

- 자투리 시간 활용 및 정서 안정 지원: 아침 자습, 점심시간, 과제 완료 후 남는 시간을 위한 힐링 자료로 활용하여, 학생들이 차분하게 마음을 가라앉히고 집중력을 기르는 의미 있는 시간을 보낼 수 있습니다.

수업 맞춤형 이미지 자료 만들기

수업하고 싶은 주제나 핵심 낱말만 있다면 수업 도움 자료로 활용할 수 있는 다양한 형태의 시각 자료를 제작할 수 있습니다. 나노 바나나는 말로 설명하기 어려운 추상적인 개념도 복잡한 검색 과정이나 전문적인 그림 실력이 없이 4컷 만화, 실사 인포그래픽 등 학생들의 눈높이에 딱 맞는 이미지로 만들어 줍니다.

 ## 한눈에 맛보기

수업 시간에 말이나 글만으로는 설명하기 힘든 추상적인 개념이나 복잡한 원리를 가르칠 때, 학생들의 이해를 돕는 적절한 시각 자료를 찾기란 쉽지 않습니다. 나노바나나를 활용하면 이러한 고민을 말끔히 해결할 수 있습니다. 텍스트로 된 설명을 입력하기만 하면, 상황을 재미있게 풀어낸 4컷 만화부터 개념을 명확히 시각화한 실사 인포그래픽까지, 수업에 꼭 필요한 맞춤형 자료를 즉시 만들어낼 수 있기 때문입니다. 백 마디 말보다 강력한 이미지 한 장으로 학생들의 흥미를 붙잡고 직관적인 이해를 돕는 나노바나나는 선생님의 수업을 더욱 생생하게 만들어 줄 것입니다.

차근차근 따라하기

먼저 제미나이에 접속합니다. ❶도구 아이콘을 선택하고, 바나나 모양이 그려진 ❷이미지 생성하기 버튼을 클릭하여 나노바나나 모드로 전환합니다.

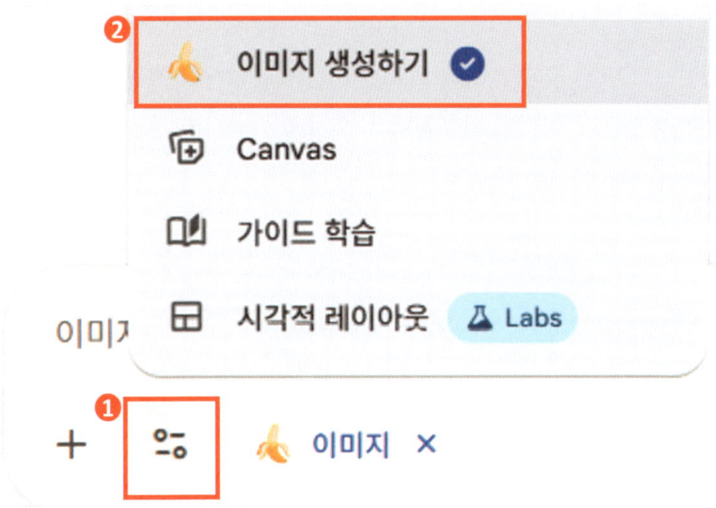

❸프롬프트를 작성합니다. 시각 자료로 만들고자 하는 핵심 개념과 원하는 형식(4컷 만화, 실사 인포그래픽, 포스터 등)이 명확하게 드러나도록 작성하는 것이 중요합니다.

이때 제미나이의 응답 모드를 복잡한 문제 해결에 적합한 ❹사고 모드로 바꾸는 것이 좋습니다. 기본 설정인 빠른 모드보다 사고 모드를 사용했을 때 실패 없이 원하는 이미지를 생성할 확률이 훨씬 높습니다.

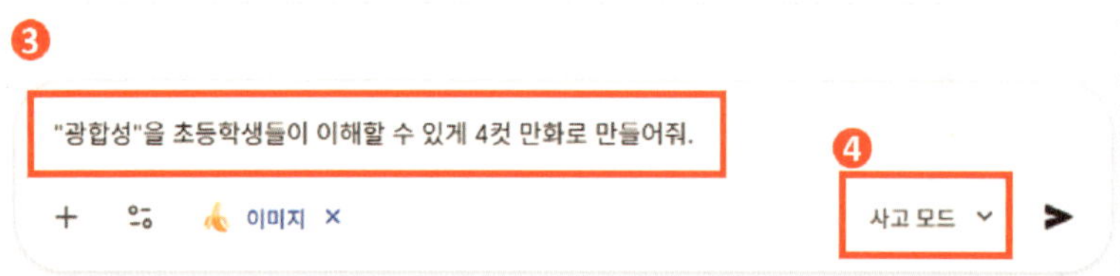

생성된 이미지 중 수업 도움 자료로 가장 적합한 이미지가 있으면 ❺저장 버튼을 눌러 이미지를 저장합니다. 저장된 이미지를 수업 PPT나 활동지에 삽입하여 활용할 수 있습니다.

'나노바나나로 다양한 수업 도움 자료 만들기'를 학급에서 다음과 같이 활용할 수 있습니다.

- 추상적 개념의 직관적 시각화: '광합성'이나 '배려'처럼 말로 설명하기 힘든 개념을 이미지로 구현하여, 학습 내용에 대한 심리적 장벽을 낮추고 핵심 원리를 쉽게 이해하도록 돕습니다.

- 유사 개념의 명확한 비교·대조: '차이와 차별', '법과 도덕' 등 혼동하기 쉬운 개념을 특징이 드러난 이미지로 나란히 제시하여, 긴 설명 없이도 미묘한 뉘앙스 차이를 직관적으로 구분하게 합니다.

과감한 초기화로 이미지 생성 완성도 향상: 나노바나나를 사용하다 보면 결과물이 조금 아쉬워 수정 프롬프트를 계속 입력할 때가 있습니다. 그런데 수정을 거듭할수록 처음 의도와 멀어지거나, 오히려 글자가 뭉개지고 기괴한 형태로 변하는 경우를 종종 경험하게 됩니다. 왜 이런 현상이 발생할까요? 대화가 길어질수록 AI가 처리해야 할 정보량이 과도하게 늘어나, 초기 핵심 요청과 새로운 수정 사항 사이에서 혼란을 겪습니다. 또한 이미 생성된 이미지 위에 계속 덧칠하듯 수정을 가하다 보면 부자연스러운 오류가 누적되어 전체적인 균형이 무너지기도 합니다. 이럴 때는 초기화가 답입니다. 서너 번의 수정에도 원하는 결과물이 나오지 않는다면, 같은 채팅창 내에서 억지로 고치려 하기보다 과감하게 새 채팅을 열어 처음부터 다시 완벽한 프롬프트를 작성하면 훨씬 고품질의 이미지를 얻을 수 있습니다.

클릭 한 번으로
창의적 이미지 합성하기

합성하고 싶은 사진 두 장만 준비하면 상상 속 장면을 바로 제작할 수 있습니다. 복잡한 편집 프로그램이나 기술 없이도 학생들의 창의력을 자극하는 수준 높은 합성 자료를 손쉽게 만들 수 있습니다.

 ## 한눈에 맛보기

수업 자료를 구상하다 보면 서로 다른 두 대상을 하나로 합쳐서 새로운 상황을 보여주고 싶을 때가 많습니다. 하지만 전문 그래픽 툴을 다루기는 어렵고, 단순 편집으로는 어색한 결과물이 나옵니다. 나노바나나를 활용하면 서로 다른 두 사진을 가상 공간, 역사 합성 사진 등 창의적인 형식의 수업자료를 손쉽게 구성할 수 있습니다. 전문적인 디자인 감각 없이도 고품질의 융합 이미지를 간편하게 제작하여 교사의 자료 제작 부담을 줄이고 학생들의 학습 동기를 유발할 수 있습니다.

생각하는 과정 표시 (Nano Banana Pro) ⌄

차근차근 따라하기

먼저 제미나이에 접속합니다. ❶도구 아이콘을 선택하고, 바나나 모양이
그려진 ❷이미지 생성하기 버튼을 클릭하여 나노바나나 모드로 전환합니다.

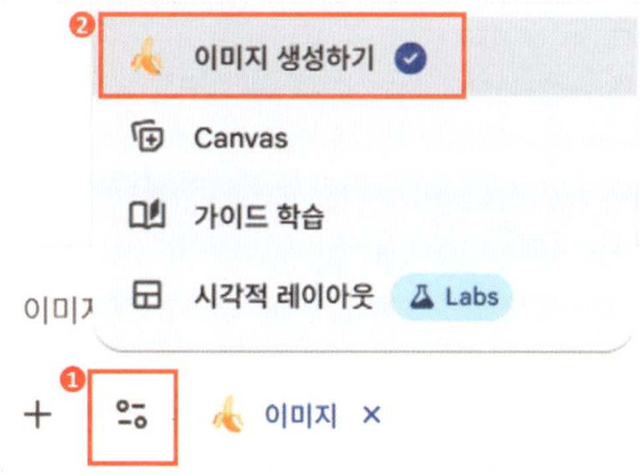

❸파일 추가 버튼을 눌러 메뉴를 열고 ❹파일 업로드 버튼 선택하여 합성하고 싶은 두 개의 이미지 파일을 불러옵니다.

❺두 장의 사진이 업로드된 것을 확인하고, ❻사진을 어떻게 합성하고 싶은지 구체적으로 지시합니다. 단순히 합성해달라는 프롬프트보다는 각 사진의 어떤 부분을 가져와서 어떻게 합성하고 싶은지 명확하게 말해주는 것이 좋습니다.

완성된 합성 사진을 확인하고 마음에 든다면 ❼저장 버튼을 눌러 저장합니다. 저장된 사진을 학생들과 공유하여 학생들의 창의력을 키워줄 수 있습니다.

수업에 활용하기

‘나노바나나로 두 사진 합성하기’를 학급에서 다음과 같이 활용할 수 있습니다.

- 디지털 초현실주의 콜라주 활동: 가위와 풀 없이도 이질적인 재료나 풍경 사진을 AI로 자연스럽게 뒤섞어, 기존 잡지 오려 붙이기 방식을 넘어선 창의적이고 초현실적인 예술 작품을 손쉽게 창작할 수 있습니다.

- 미래 직업 프로필 만들기: 진로 교육과 연계하여 학생의 현재 모습과 꿈꾸는 직업 환경을 합성함으로써, 막연했던 미래를 프로필 사진으로 미리 만들어 보고 꿈을 구체화하는 계기를 마련합니다.

교실로 ON
제미나이

교실로 ON
제미나이

제미나이 가이드 학습

제미나이의 가이드 학습은 질문에 답변하는 수준을 넘어, 학습자가 목표 지점까지 스스로 도달하도록 과정을 안내하는 학습 지원 방식입니다.단순히 지식을 요약하는 것에서 나아가 단계별 힌트 제공, 개념 재구성, 실시간 오류 교정 등 세분화된 상호작용을 통해 학습의 깊이를 더하며, 사용자의 이해도에 맞춰 학습 내용을 체계적으로 배치해 줍니다. 특히 설계된 가이드라인에 따라 제미나이가 학습자와 대화하며 누적된 데이터를 분석하기 때문에, 학습 과정 전반을 효율적으로 관리할 수 있는 실질적인 교육 도구라 할 수 있습니다.

AI 평가 보조교사

이제 단원 평가나 쪽지 시험을 준비하기 위해 문제집을 뒤적이며 시간을 쏟거나, 타이핑을 치는 수고를 덜 수 있습니다. 교과서 PDF나 학습지 파일을 업로드해 우리 반 진도에 딱 맞는 문제를 만들 수도 있고, 급할 땐 단순히 '임진왜란', '소수의 나눗셈' 같은 수업 주제만 입력해도 제미나이가 수준별 문제를 뚝딱 출제해 줍니다. 단순히 정답만 맞히는 것을 넘어 '왜 틀렸는지'에 대한 상세한 해설까지 제공하여, 교사의 출제 업무는 줄이고 학생의 메타인지 능력은 키워주는 효율적인 평가 시스템을 구축할 수 있습니다.

 한눈에 맛보기

선생님이 가진 수업 자료를 제미나이에 업로드하거나, 핵심 키워드를 말해주는 것만으로 맞춤형 평가 준비가 끝납니다. 이렇게 생성된 빈칸 채우기, 객관식, 서술형 문제는 링크 하나로 학생들에게 즉시 공유되며, 제미나이가 제공하는 친절한 해설을 통해 학생 스스로 오답을 분석하게 합니다. 채점과 피드백에 드는 막대한 시간을 절약하고, 그 시간을 학생 개개인의 성장을 돕는 상담과 지도에 쏟을 수 있습니다.

차근차근 따라하기

제미나이를 실행하고 도구의 ❶가이드 학습을 선택합니다.

❷'+' 버튼을 눌러 ❸파일 업로드를 합니다.(파일 업로드 양식은PDF 또는 PPT가 좋습니다.)

❹ 조건을 요청하여 문제를 만듭니다.

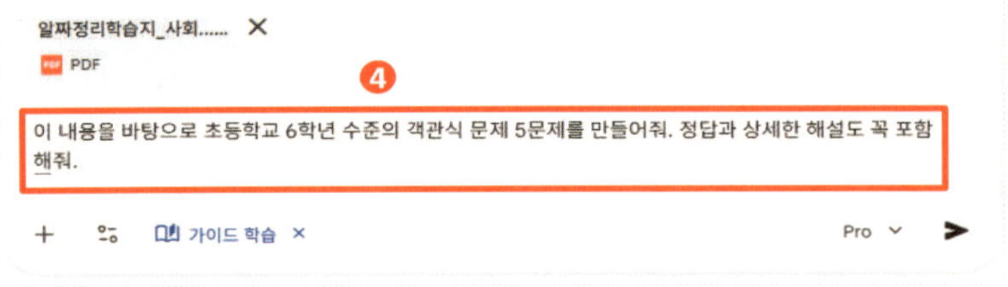

오른쪽 창에 문제가 만들어진 모습을 확인할 수 있습니다. 우측 상단의 ⑤공유버튼을 누르고 ⑥링크를 복사하여 학생들에게 주소를 공유합니다.

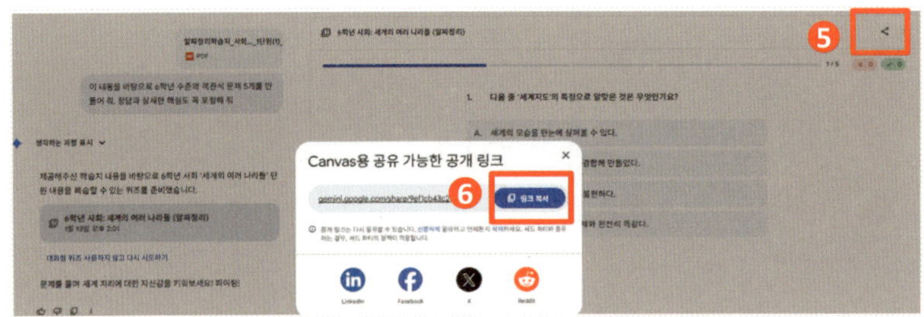

공유된 학생의 화면입니다.

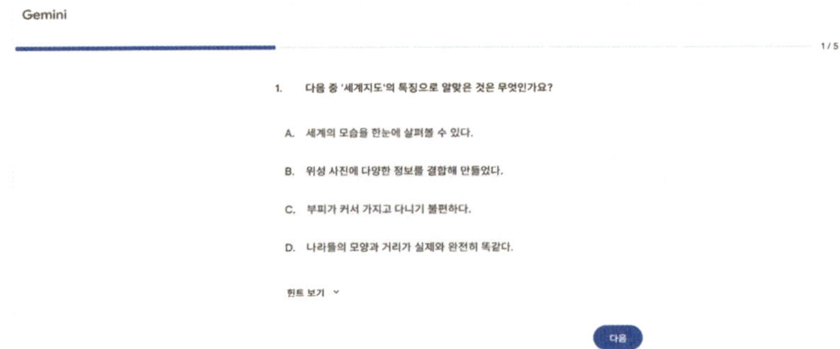

문제를 다 풀면 결과도 확인할 수 있고, ❽ Review quiz를 누르면 틀린 문제를 다시 풀며 복습할 수 있습니다.

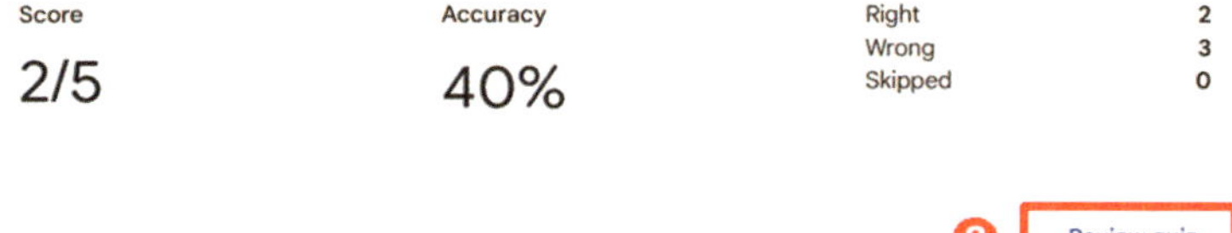

1. 다음 중 '세계지도'의 특징으로 알맞은 것은 무엇인가요?

   A. 세계의 모습을 한눈에 살펴볼 수 있다.

   ✓ 정답
   학습지에 따르면 세계지도는 둥근 지구를 평면으로 나타내어 세계의 모습을 한눈에 볼 수 있다는 장점이 있습니다.

   B. 위성 사진에 다양한 정보를 결합해 만들었다.

   C. 부피가 커서 가지고 다니기 불편하다.

   ✗ 오답
   가지고 다니기 불편한 것은 지구본의 단점이며, 세계지도는 가지고 다니기 편리합니다.

   다음

수업에 활용하기

제미나이의 문제 생성 및 분석 기능은 수업의 평가 단계를 혁신하여 다음과 같이 교사의 수고는 덜고 학생의 성장은 돕습니다.

- 즉석 단원 평가: 별도의 문제집 타이핑 없이, 교과서 파일이나 핵심 주제만으로 쪽지 시험 문제를 즉시 생성합니다. 문제와 정답, 상세한 해설이 동시에 만들어져 교사의 출제 및 채점 부담을 획기적으로 줄여줍니다.

- 학습자 수준별 맞춤 문항 제작: 같은 지문이라도 상위권을 위한 심화 서술형 문제와 기초 학력 학생을 위한 O/X 퀴즈를 따로 요청해 보세요. 단 한 번의 프롬프트로 교실 내 다양한 수준의 학생을 동시에 배려하는 맞춤형 평가가 가능해집니다.

- 자기주도적 오답 노트 코칭: 단순히 점수만 확인하는 것이 아니라, 제미나이에게 "왜 3번이 정답이고, 2번은 오답인지" 묻게 하세요. AI의 친절한 해설을 통해 학생 스스로 틀린 원인을 분석하며 진짜 실력을 키우는 메타인지 학습이 가능해집니다.

깊이 더보기

단순 채점을 넘어선 '오답 원인' 분석 요청하기: 평가 문제를 만들 때 제미나이에게 "학생이 오답을 고를 경우, 왜 그 답을 선택했는지 추측되는 오개념을 함께 설명해 줘"라고 조건을 붙여보세요. 단순히 "틀렸습니다"라고 말하는 대신, "아, 혹시 이 부분이랑 헷갈렸니?"라고 짚어주는 정교한 피드백이 가능해져, 학생 스스로 실수의 원인을 파악하고 메타인지 능력을 기르는 데 큰 도움이 됩니다.

1:1 튜터링하기

이제 교실 안에서 20명이 넘는 학생들의 질문에 일일이 답해주지 못해 안타까워했던 마음의 짐을 내려놓을 수 있습니다. 학생이 어려워하는 개념이 있다면 언제든 제미나이에게 1:1 맞춤 과외를 요청하게 하세요. 제미나이가 학생의 눈높이에 딱 맞는 비유와 친절한 설명으로 배움의 빈틈을 메워줍니다.

 한눈에 맛보기

선생님을 부르지 않고도 궁금한 점은 즉시 제미나이에게 물어 해결합니다. 학생 눈높이에 맞춘 쉬운 비유와 설명이 이해를 돕고, 1:1 맞춤 지도가 자동으로 이루어집니다. 교사의 부담 없이 학습 격차는 줄이고 자기 주도성은 키우는 지능형 수업이 가능해집니다.

학생: "선생님, 기회비용이라는 밀이 너무 어려워요."

Gemini: "어려운 단어지? 혹시 **치킨**이랑 **피자** 좋아하니? 네가 좋아하는 음식으로 설명해 줄게."

학생: "응, 둘 다 좋아해."

Gemini: "만약 네가 가진 돈으로 치킨을 사 먹으면, 피자는 못 먹게 되지? 이때 **눈물을 머금고 포기해야 하는 피자의 맛**, 그게 바로 **기회비용**이야."

학생: "아! 포기한 것 중에 제일 큰 거구나!"

Gemini: "정확해! 어려운 경제 용어도 이렇게 네 경험에 빗대어 생각하면 아주 쉬워."

제미나이를 실행하고 ❶도구 ❷가이드 학습을 선택합니다.

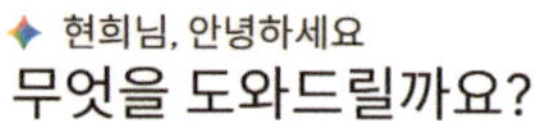

❸ 페르소나(역할)를 설정합니다.

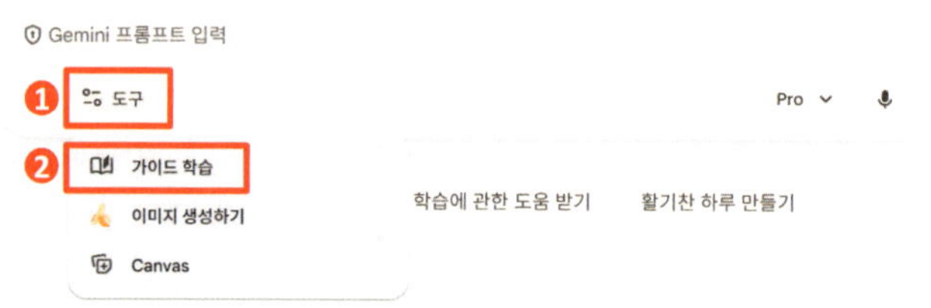

❹ 알고 싶은 내용을 질문합니다.

우와, 정말 좋은 질문이에요! '인권'이라는 말이 교과서로만 보면 좀 딱딱하고 어렵게 느껴질 수 있죠. 우리
친구가 좋아하는 마인크래프트와 급식 시간으로 설명하면 훨씬 쉽게 이해될 거예요. 같이 한번 살펴볼까
요? 🎮🍱

1. 마인크래프트 속 인권: "내 캐릭터도 소중해!"

마인크래프트 세상에 처음 접속했을 때를 상상해 봐요.

- **모두 똑같이 시작해요:** 다이아몬드 갑옷을 입은 고수든, 이제 막 나무를 캐는 초보든 게임 안에서는 모두 똑같이 소중한 '플레이어'예요.
- **테러 금지:** 내가 열심히 지은 집을 다른 친구가 와서 펑펑 터뜨리거나(테러), 내가 캔 광물을 마음대로 뺏어가면 안 되죠? 왜냐하면 나는 안전하게 게임을 즐길 권리가 있으니까요.

2. 급식 시간 속 인권: "누구나 맛있게 먹을 권리"

점심시간 종이 땡! 쳤어요.

- **모두에게 공평하게:** 공부를 잘하는 친구든, 달리기를 잘 못하는 친구든, 안경을 쓴 친구든 상관없이 **모두 똑같은 급식**을 받을 수 있죠?
- **차별하지 않아요:** "너는 키가 작으니까 소시지 안 줄 거야!"라고 하면 될까요? 절대 안 되죠! 배고픈 친구는 누구나 밥을 먹을 수 있어야 해요.

정리하자면!

인권은 마인크래프트에서 내 집이 안전해야 하는 것처럼, 급식 시간에 누구나 밥을 먹을 수 있는 것처럼, **"사람이라면 누구나 태어날 때부터 가지는, 소중하게 대접받을 권리"**를 말해요.

❺ 이해가 될 때까지 꼬리 질문을 하여 답변을 얻습니다.

❺ 아직 조금 어려워. 더 쉽게, 유치원 다니는 내 동생한테 말하듯이 한 문장으로 요약해 줘.

생킹하는 과정 표시 ⌄

그럼요! 유치원 동생한테는 이렇게 딱 한마디로 이야기해주면 돼요.

"우리는 모두 태어날 때부터 사랑받아야 하는 아주 소중한 보물이야!" 💎

정말 쉽죠?

그럼 우리 친구, 만약 내 옆에 있는 친구도 나처럼 **'소중한 보물'**이라면, 친구가 실수로 내 지우개를 떨어뜨렸을 때 어떻게 말해주는 게 인권을 지키는 걸까요?

제미나이 가이드 학습의 1:1 튜터 기능은 교실 내 다양한 학습 상황과 결합하여 다음과 같이 교사의 든든한 보조 역할을 수행합니다.

- 학생 눈높이 맞춤형 개념 설명: 교과서의 추상적이고 어려운 용어를 학생이 좋아하는 게임이나 음식에 비유해 설명하게 하세요. 딱딱한 정의가 구체적인 생활 속 예시로 변환되어 학생들의 즉각적인 이해를 돕습니다.

- 느린 학습자를 위한 심리적 안전지대: 질문하기 두려워하는 학생에게 제미나이는 화내지 않는 짝꿍 선생님이 됩니다. 반복적인 질문에도 무한히 친절하게 답해주어, 기초 학력이 부족한 학생도 포기하지 않고 끝까지 과제를 해결하게 합니다.

- 수업 장벽을 없애는 실시간 AI 사전: 모르는 단어가 나오면 수업 흐름을 끊지 않고 즉시 검색하여 문맥에 맞는 쉬운 뜻풀이를 확인합니다. 다문화 학생이나 어휘력이 부족한 학생의 언어 장벽을 해소하여 수업 집중도를 높입니다.

질문으로 스스로 답을 찾게 하는 '소크라테스식 문답법': 1대1 튜터의 핵심은 정답을 떠먹여 주는 것이 아니라 생각하는 힘을 길러주는 것입니다. 프롬프트에 "정답을 바로 알려주지 말고, 질문을 통해 학생이 스스로 유추하게 해 줘"라고 덧붙여 보세요. 제미나이가 "왜 그렇게 생각했니?", "이 단서를 다시 살펴볼까?"와 같이 적절한 발문을 하여 학생이 주도적으로 문제를 해결하는 능력을 키워줍니다.

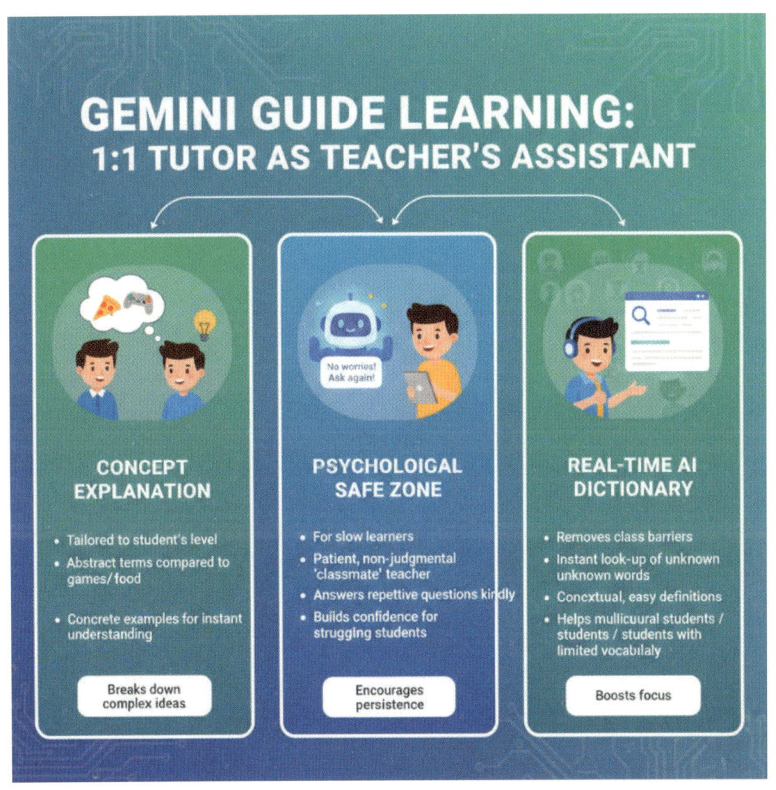

AI 디베이트 코치

이제 토론 수업이나 글쓰기 지도를 위해 학생들의 주장을 일일이 첨삭하거나, 부족한 근거를 채워주기 위해 진땀을 뺄 필요가 없습니다. 토론 주제를 입력하고 제미나이에게 '반대 측 토론자'나 '논리적인 심사위원' 역할을 부여하기만 하면, 우리 반 학생들의 강력한 스파링 파트너가 되어 줍니다. 단순히 맞춤법을 교정해 주는 것을 넘어 "그 주장의 근거는 타당한가요?"라며 논리적 허점을 예리하게 파고들어 교사의 개별 지도 부담은 줄이고 학생의 비판적 사고력을 키워주는 수준 높은 논술 지도가 가능해집니다.

 ## 한눈에 맛보기

제미나이에게 구체적인 페르소나(역할)를 설정하고 학생의 주장을 입력하는 것만으로 실전 같은 토론 준비가 끝납니다. 이렇게 생성된 날카로운 반론과 예상 질문은 학생들을 깊은 고민에 빠뜨리며, 제미나이와의 끊임없는 문답을 통해 스스로 근거를 보완하고 논리를 다듬게 합니다. 20명의 학생 글을 모두 피드백하는 데 드는 막대한 에너지를 아끼고, 그 에너지를 토론의 전체 흐름을 조율하고 격려하는 퍼실리테이터의 역할에 집중할 수 있는 역동적인 토론 수업이 가능해집니다.

학생: "나는 기회비용이 커도 그냥 내가 하고 싶은 게임을 할래. 행복이 더 중요하니까."

학생: "음... 1억이면 게임 안 하지."

Gemini: "그렇지? 그럼 우리는 **어느 정도의 가치**까지 행복을 위해 포기할 수 있을까? 그 기준을 한번 세워볼까?"

Gemini: "행복도 중요하지! 하지만 만약 네가 게임을 하는 1시간의 기회비용이 **1억 원**이라면 어떨까? 그래도 선택이 바뀌지 않을까?"

차근차근 따라하기

가이드 학습을 선택하고 ❶ 페르소나(역할)를 설정합니다.

> 지금부터 '교내 스마트폰 사용 금지'를 주제로 토론하 ❶ 너는 스마트폰 사용을 반대하는 '엄격한 선생님' 역할을 맡아줘. 학생인 내가 찬성 의견을 내면, 논리적으로 반박해 줘.

❷ 실전 토론을 이어 나갑니다.

> ❷ "저는 교내 스마트폰 사용 허용에 찬성합니다.
> 스마트폰은 수업을 방해하는 물건이 아니라 가장 강력한 학습 도구입니다. 수업 중 모르는 단어를 바로 검색하거나 관련 자료를 찾아보며, 교과서만으로는 부족한 지식을 채울 수 있습니다.

생각하는 과정 표시 ⌄

흠, '강력한 학습 도구'라... 듣기에는 아주 그럴듯한 말입니다, 학생. 🧑‍🏫

하지만 그것은 인간의 의지력을 너무 과대평가한 **이상적인 주장**에 불과합니다. 현실을 직시해야 합니다. 스마트폰은 학습 도구이기도 하지만, 동시에 세상에서 가장 강력한 **'딴짓의 도구'**이기도 하니까요.

모르는 단어를 검색하려다 알림이 떠서 SNS를 확인하고, 그러다 보면 어느새 10분이 지나가 버린 경험, 정말 없습니까?

이 그래프를 보세요. 우리 뇌가 한 가지 작업(공부)에서 다른 작업(스마트폰 확인)으로 주의를 돌릴 때마다 발생하는 **'인지 전환 비용(Cognitive Switching Penalty)'**입니다. 단순히 검색만 하고 바로 수업으로 돌아온다 해도, 끊어진 집중력을 다시 연결하는 데에는 상당한 에너지가 낭비됩니다. 즉, 스마트폰을 허용하는 순간 교실 전체의 '몰입도'는 현저히 떨어질 수밖에 없다는 겁니다.

자, 그렇다면 나의 이 현실적인 우려에 대해 답해 보세요.

"수업 중 학생이 '학습 검색'을 하는지, 몰래 '게임이나 메신저'를 하는지 교사가 일일이 확인하고 통제하는 것이 현실적으로 가능하다고 봅니까? 불가능하다면, 그 부작용은 어떻게 책임질 겁니까?"

❸ 토론 평가 및 조언을 해달라고 합니다.

❸   방금 내 토론 실력이 어땠어? 논리적 허점을 분석해 줘

방금 보여준 토론 실력은 상당히 수준급이었습니다!  특히 **'교육의 본질'**이라는 프레임을 활용해, 단순히 편리함을 주장하는 것이 아니라 "학교는 실패를 통해 배우는 곳"이라는 철학적인 접근을 시도한 점이 아주 인상적이었어요.

하지만 '엄격한 선생님'의 시선에서 본다면, 몇 가지 **논리적 허점**과 보완할 점이 보입니다. 우리 함께 분석해 볼까요?

🔍 **논리적 허점 분석**

1. **현실적 대안의 부재 (Responsibility Gap)**
   - **허점:** "실수하며 배워야 한다"고 주장했지만, 그 실수가 다른 학생의 '학습권'을 침해할 때 어떻게 책임질 것인지에 대한 답이 빠져 있습니다.
   - **보완:** "실수해도 좋다"에서 그치는 게 아니라, "실수했을 때 어떤 구체적인 페널티(예: 일정 기간 압수, 성찰 일지 작성 등)를 감수하겠다"는 식의 **책임 중심의 대안**을 함께 제시했다면 더 강력했을 겁니다.

2. **비교 대상의 적절성 문제 (Analogy Check)**
   - **허점:** "중·고등학교나 어른이 되면 더 많이 쓴다"는 논리는 **'준비 단계'**로서의 초등학교 역할을 강조하지만, 반대로 "그렇기에 아직 미성숙한 지금은 보호가 필요하다"는 선생님의 반격(뇌 발달 단계 논리)에 취약합니다.

제미나이의 논리적 추론 및 롤플레잉 기능은 교실 내 토론과 글쓰기 수업을 한 단계 업그레이드하여 다음과 같이 활용할 수 있습니다.

- 실전 같은 모의 토론 리허설: 제미나이에게 반대 측 입장을 부여해 학생의 주장에 반박하게 하세요. 날카로운 반론을 미리 경험하며 내 논리의 허점을 스스로 발견하고, 예상 질문에 대비하며 근거를 준비하는 사고 훈련이 가능해집니다.

- 논리적 글쓰기를 위한 심층 피드백: 주장하는 글쓰기나 논설문에서 근거의 타당성을 점검받게 하세요. "근거가 빈약하니 구체적인 수치를 보충하라"는 식의 맥락 있는 조언을 통해, 교사가 일일이 첨삭하지 않아도 완성도 높은 논술 지도가 이루어집니다.

- 다각적 시선을 기르는 역지사지 훈련: 제미나이에게 특정 인물의 역할을 맡겨 대화해 보세요. 나와 다른 입장의 목소리를 생생하게 들어보며 문제를 바라보는 시야를 넓히고 비판적 사고력을 키울 수 있습니다.

'구체적인 페르소나(역할)'를 부여해 토론의 몰입도 높이기: 제미나이에게 단순히 "반박해 줘"라고 요청하기보다, "너는 개발을 반대하는 환경보호단체 대표야" 혹은 "너는 19세기 조선의 쇄국론자야"처럼 구체적인 역할과 상황을 부여해 보세요. 학생은 AI가 아닌 실제 이해관계자와 대화하는 듯한 생생함을 느끼게 되며, 상대방의 입장을 깊이 있게 고려해야만 답변할 수 있는 수준 높은 실전 토론을 경험할 수 있습니다.

교실로 ON
제미나이

제미나이 NotebookLM

NotebookLM은 구글 제미나이를 기반으로 하며, 사용자가 업로드한 자료만을 근거로 답변을 생성하는 것이 핵심입니다. 이를 통해 AI가 거짓 정보를 생성하는 환각 현상을 최소화하고, 각 답변에 정확한 출처를 함께 제시해 교육 현장에서 안심하고 활용할 수 있습니다. 또한 스튜디오 기능을 통해 다양한 콘텐츠를 제작할 수 있어, 교사를 위한 안전하고 똑똑한 AI 비서라고 할 수 있습니다.

업무 비서 만들기

방대한 학교 매뉴얼을 업로드해 두면, 문서를 일일이 뒤적이지 않고도 질문 한 번으로 필요한 규정을 즉시 찾아주는 AI 행정 비서로 활용할 수 있습니다.

 ## 한눈에 맛보기

학교 현장에는 매일 수많은 매뉴얼과 안내 사항이 쏟아집니다. 이를 꼼꼼히 저장해 두더라도 막상 필요할 때는 방대한 자료 속에서 정보를 찾느라 시간을 허비하게 됩니다. 하지만 NotebookLM을 활용하면 이러한 불편함을 크게 줄일 수 있습니다. 각종 메시지와 파일을 소스로 추가해 두기만 하면, 언제든 원하는 형식으로 필요한 답변과 자료를 즉시 얻을 수 있기 때문입니다. 단순한 검색을 넘어 업무 효율을 극대화하는 NotebookLM은 선생님들에게 가장 든든한 AI 비서가 될 것입니다.

결석 사유와 일수에 따라 학교에 제출해야 하는 서류와 기한을 표로 정리해 드립니다. 주요 기준은 **질병 결석**을 중심으로 하며, 출석 인정 및 기타 결석의 경우도 포함하였습니다.

📑 결석 일수 및 사유별 제출 서류 안내

결석 종류	결석 일수	제출 서류	제출 기한
질병 결석	3일 이상	**결석 신고서, 의사의 진단서** 또는 **의견서**(소견서, 진료 확인서 등 병명과 진료 기간이 기록된 서류) 1 …	결석한 날로부터 **5일 이내** 1 …
질병 결석	2일 이내	**결석 신고서**, 질병을 증명할 수 있는 자료(**학부모 의견서**, **처방전**, 담임교사 확인서 등) 1 …	결석한 날로부터 **5일 이내** 1 …
출석 인정 (경조사)	대상별 상이	**경조사 확인서**, 증빙 자료(**청첩장, 부고장** 등) 3 7	사유 발생 전후 8 9
출석 인정 (체험학습)	학칙 범위 내	(실시 전) **신청서 및 학습계획서** (실시 후) **교외체험학습 결과 보고서** 8 10	(보고서) 종료 후 **학교 규정 기한**(예: 10일) 이내 8 …
기타 결석	1일 이상	**결석 신고서** 및 부득이한 사유를 증빙하는 서⌄ 13 14	결석한 날로부터 **5일 이내**

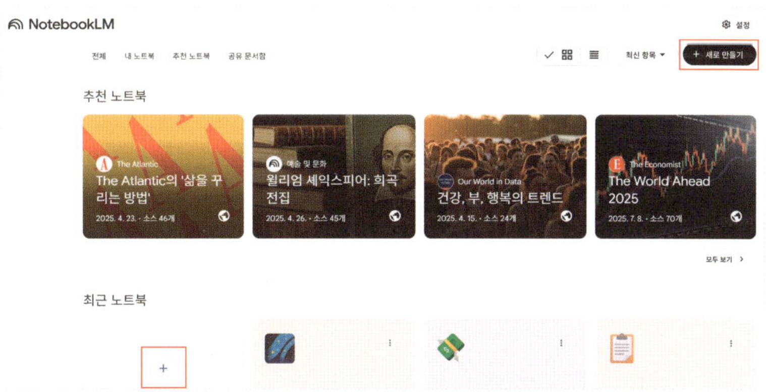

차근차근 따라하기

NotebookLM 메인 화면에 접속한 후, 우측 상단의 '새로 만들기' 버튼이나 최근 노트북 영역의 플러스(+) 버튼을 클릭해 새로운 프로젝트(노트북)를 생성합니다.

AI가 학습할 자료를 업로드합니다. 컴퓨터에 저장된 파일, 웹사이트 링크, 구글 드라이브 파일을 추가하거나 텍스트를 직접 복사해 업로드할 수 있습니다. 또한 검색 기능에서 Fast Research (빠른 검색)나 Deep Research(심층 검색)를 활용해 웹 정보를 바로 소스로 가져올 수도 있습니다.

❶화면 하단의 채팅창에 궁금한 점을 질문하면, AI가 업로드된 자료를 바탕으로 핵심 내용을 요약해 정확하게 답변합니다.

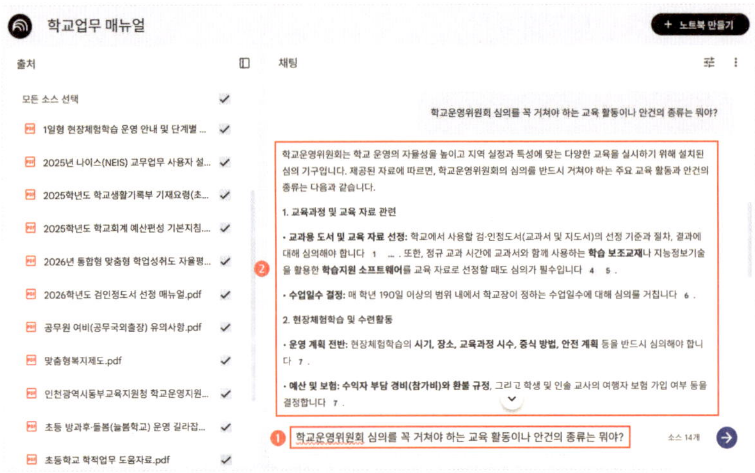

AI가 답변한 내용 끝에는 작은 숫자가 표시됩니다. ❸이 숫자를 클릭하면 좌측 원문 뷰어에서 해당 내용이 포함된 실제 페이지와 문단이 하이라이트되어 나타납니다.

답변 내용이 유용하다면 답변 하단의 ⑤'메모에 저장' 버튼을 누르면 됩니다. 저장된 내용은 우측 메모 보드에 ⑥카드 형태로 생성되며, 이렇게 생성된 메모들은 ⑦나중에 문서로 변환하거나 다른 자료와 합쳐 정리할 수 있습니다.

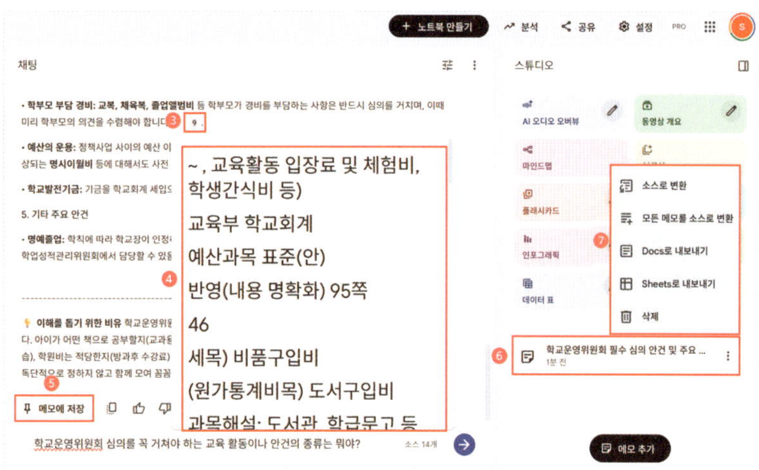

 업무에 활용하기

복잡한 규정집과 매뉴얼을 일일이 찾아볼 필요 없이 NotebookLM에 업로드해 두면, 다음과 같이 다양한 상황에서 도움을 받을 수 있습니다.

첫째, 선생님 개인의 복지와 출장 규정을 꼼꼼하게 챙길 수 있습니다. 맞춤형 복지 점수로 안경이나 콘택트렌즈를 구입했을 때 비용 보전이 가능한지, 가족 포인트는 어떻게 활용할 수 있는지와 같은 사항을 바로 확인할 수 있습니다.

둘째, 학급 운영과 학생 지도도 훨씬 수월해집니다. 학생 결석 시 의사 소견서가 필요한지, 독감이나 코로나 완치 후 제출해야 할 증빙 서류는 무엇인지 등 헷갈리기 쉬운 출결 규정을 즉시 확인할 수 있습니다. 또한 학교폭력 조치 사항의 생활기록부 입력 및 삭제 조건과 같은 민감한 지침을 점검하거나, 현장체험학습 시 미세먼지나 우천에 따른 대처 기준을 안내받아 보다 안전하게 학급 행사를 운영할 수 있습니다.

학생이 결석했을 때 의사 소견서가 꼭 필요한가? 독감이나 코로나 완치 후 받아야 할 증빙 서류는 무엇인가?

학생의 결석 시 의사 소견서 필요 여부는 **결석 기간**과 **사유**에 따라 달라집니다. 독감이나 코로나와 같은 법정 감염병의 경우 일반 질병 결석과는 다른 증빙 서류가 필요합니다.

1. 의사 소견서(진단서)가 꼭 필요한가요?

결론부터 말씀드리면, **단기 결석의 경우에는 반드시 의사 소견서가 필요한 것은 아닙니다.** 소스에 따른 세부 기준은 다음과 같습니다.

- **2일 이내의 결석:** 상습적이지 않은 경우, 의사 소견서 대신 **학부모 의견서, 처방전, 담임교사 확인서** 등 질병을 증명할 수 있는 자료를 첨부한 결석 신고서로 갈음할 수 있습니다 1 ... .
- **3일 이상의 결석:** 이 경우에는 반드시 **의사의 진단서 또는 소견서(의견서)**, 진료 확인서 등 병명과 진료 기간이 기록된 증빙 서류를 결석 신고서와 함께 제출해야 합니다 1 ... .
- **미세먼지 민감군 및 만성질환자:** 학기 초에 이미 진단서(소견서)를 제출했다면, 해당 학기 내에는 결석 시마다 추가 서류를 제출하지 않고 결석 신고서만으로 질병 결석 인정이 가능합니다 1 ... .

2. 독감·코로나 완치 후 필요한 증빙 서류

독감과 코로나는 **법정 감염병**에 해당하여, 학교보건법에 따른 '등교 중지' 대상입니다. 이는 '질병 결석'이 아닌 **'출석 인정 결석'**으로 처리되어 성적이나 출석 관리에 불이익이 없습니다 7 ... .

셋째, 학교 행정 업무와 예산 집행의 부담을 덜어줍니다. 목적사업비 잔액 처리 방법이나 업무추진비 사용 시 필요한 추가 증빙 서류, 연수 운영 시 식비와 다과비 책정 기준 등 예산과 관련한 궁금증을 즉시 해결할 수 있습니다.

NotebookLM을 진짜 유능한 비서처럼 활용하는 방법은 결과물의 형식을 구체적으로 지정하는 것입니다.

첫 번째로 추천하는 기능은 표로 정리하기입니다. '학급운영비(개산급)로 구입할 수 있는 물품과 금지된 항목을 표로 정리해 줘'와 같이 요청하면 잘 정리된 결과를 얻을 수 있습니다.

학급운영비(개산급)로 살 수 있는 물품과 금지된 항목은 무엇인지 표로 정리해줘 표로 만들어줘

학급운영비(개산급)는 학급 중심의 자율적이고 특색 있는 교육활동을 위해 학급 담임교사가 직접 집행하고 사후에 정산할 수 있는 예산입니다 1 2 . 제공된 지침에 따른 **집행 가능 항목과 금지 항목**을 표로 정리해 드립니다.

🧈 학급운영비(개산급) 집행 기준 안내

구분	집행 가능 항목 (권장 활동)	집행 금지 항목 (제한 사항)
주요 물품 및 활동	• **간식비**: 생일잔치, 단합대회, 상담용 간식 • **체험비**: 현장체험학습 관련 비용 • **활동 교구**: 보상제 운영 물품, 학예회 준비물 • **자료 발간**: 학급 신문·문집·앨범 제작비 3 4	• **학습준비물**: 교과별 예산으로 사야 할 물품 • **사무용품**: 일반 사무용, 청소 및 환경 정리 용품 • **전산소모품**: USB, 외장하드, 토너, 잉크 등 • **상품권**: 문화·도서·백화점·마트 상품권 등 4
활동 예시	• **학급행사**: 사제동행, 학급 학예회, 단합대회 • **생활교육**: 개별·집단 상담 활동, 학급 보상제 • **특색활동**: 학급 UCC 제작(저장장치 포함) 등 3	• **교과 보조 경비**: 정규 수업을 위한 보조 자료 구입 • **개인 목적**: 교육 활동과 무관한 개인 물품 구입 4
회계 처리	• **연간 급당 최소 30만원 이상** 책정 권장 2 • 담임교사 개인 신용카드 사용 권장 (현금 가능) 4	• **월정액 지급 불가**: 반드시 실제 지출 내역 증빙 4

두 번째는 체크리스트 만들기입니다. 현장체험학습 안전 매뉴얼을 업로드한 뒤 '출발 전 버스 기사님과 함께 점검해야 할 차량 안전 점검 항목을 체크리스트 형태로 뽑아줘'라고 요청할 수 있습니다. 비교 분석하기도 좋습니다. 작년 매뉴얼과 올해 매뉴얼이 모두 있다면 작년 대비 올해 달라진 점만 요약해서 알려달라고 할 수 있습니다. 변경 사항을 빠르게 파악할 수 있어 새 학기 계획을 세울 때 도움이 됩니다.

신뢰할 수 있는 업무 계획서 작성하기

NotebookLM은 방대한 자료에서 검증된 사실만을 추출해 오류를 줄이고, 제미나이가 이를 바탕으로 문서화합니다. 출처가 명확한 정보를 기반으로 정확하고 신뢰할 수 있는 계획서를 작성할 수 있습니다.

 ## 한눈에 맛보기

각종 계획서나 기안문을 작성할 때는 수많은 매뉴얼과 공문, 관련 자료를 일일이 찾아 내용을 정리해야 합니다. NotebookLM은 교육청 지침, 법령, 전년도 계획서 등을 참고해 우리 학교 실정에 꼭 필요한 내용만 정확하게 추출해 정리해 줍니다. 이후 제미나이는 NotebookLM이 정리한 팩트를 바탕으로 업무 계획서를 체계적으로 작성해 줍니다.

제공해주신 내부 기안문 초안과 첨부 파일(기본계획, 예시안, 서식 등)을 종합하여, 기안문의 **[붙임]** 파일에 해당하는 '2025학년도 인천부내초등학교 과학실 안전관리 계획' 본문을 작성해 드립니다.

2025학년도 인천부내초등학교 과학실 안전관리 계획

1. 목적 가. 과학실 안전관리 체계 구축을 통한 안전사고 예방 및 인적·물적 피해 최소화 나. 쾌적하고 안전한 과학실 환경 조성을 통한 탐구·실험 중심의 과학교육 활성화 다. 과학실 담당 교원 및 학생의 안전 의식 고취 및 비상 대처 능력 함양

2. 기본 방침 가. 학교 실정에 맞는 자체 안전관리 계획을 수립하고, 안전관리 책임자를 지정·운영한다. 나. 매월 1회 '과학실 안전점검의 날'을 운영하여 정기적인 점검을 실시한다. 다. 실험 전 '5분 안전교육'을 의무화하고, 교직원 안전 연수를 강화한다. 라. 폐수 및 폐시약은 관련 규정에 따라 적법하게 관리하고 처리한다.

3. 세부 추진 계획

가. 과학실 안전관리 조직 구성 및 운영

1. **안전관리 위원회 (예시)** * **총괄 책임자 (학교장):** 과학실 안전관리 총괄, 예산 지원 및 감독 * **관리 책임자 (교감):** 안전관리 계획 수립·운영 지도, 교직원 연수 관리 * **시설 책임자 (행정실장):** 소방·전기 시설 점검, 안전장구 확충 예산 집행, 폐수처리 계약 * **실무 책임자 (과학부장/담당교사):** 안전점검(일일/월간) 실시, 시약 관리, 안전교육 실시 * **업무 지원 (과학실무사):** 실험 준비 및 정리, 안전장구 관리, 폐수 보관 관리

 ## 차근차근 따라하기

교육청 공문이나 내부 계획서를 ❶소스로 추가합니다. 이때 한글 파일을 직접 업로드할 수 없으므로 PDF로 변환해 업로드해야 합니다. 이후 ❷채팅창에 내부 기안문 작성을 요청하면 되며, 기안문의 목적과 형식에 맞게 프롬프트를 구체적으로 작성하는 것이 좋습니다

결과물의 내용 중 필요한 부분을 복사합니다.

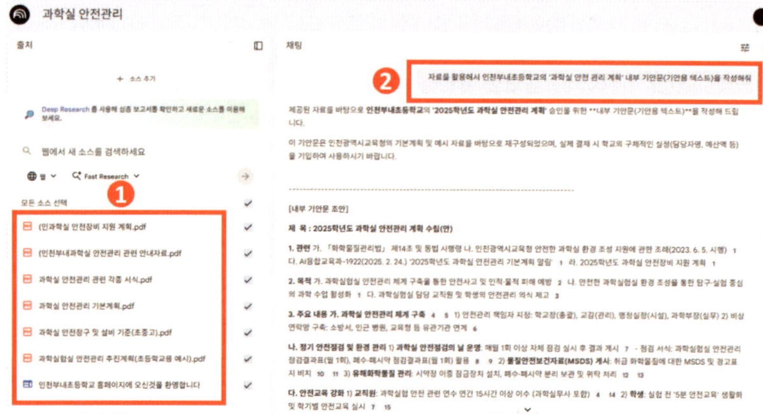

제미나이에서 ❸ '+' 버튼을 클릭하고 ❹ NotebookLM을 선택합니다.

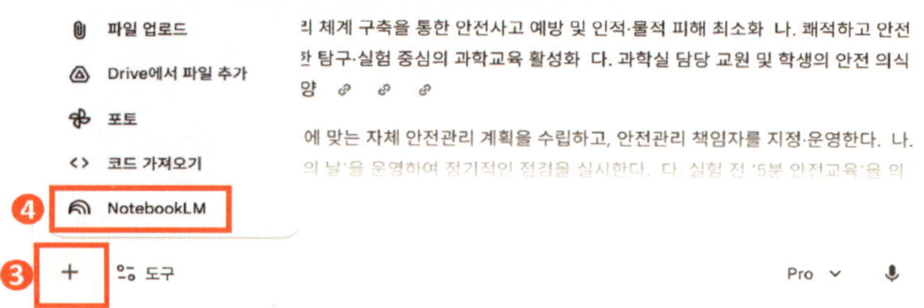

NotebookLM에서 만들었던 것 중에 해당되는 노트북을 선택해서 추가합니다.

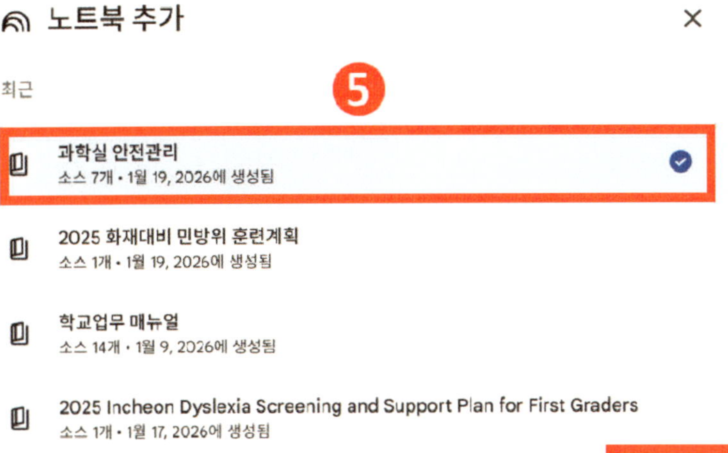

제미나이 채팅창에 NotebookLM에서 만들었던 계획서 내용 중 필요한 부분을 붙여넣고 이를 토대로 계획서를 작성하도록 요청합니다.

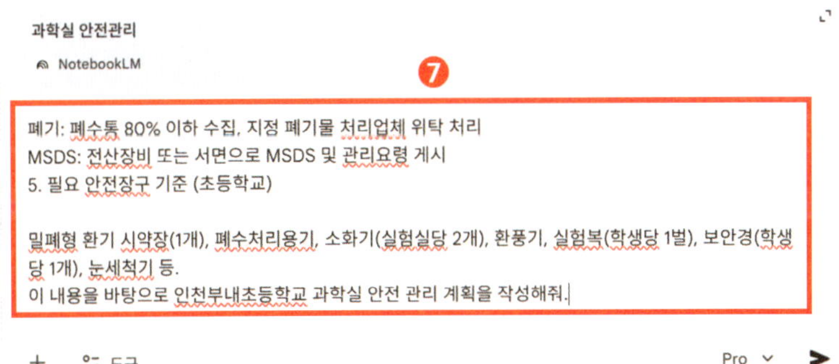

NotebookLM의 근거 추출 능력과 제미나이의 문서 작성 및 창작 능력을 연동하면 다양한 학교 업무에 폭넓게 적용할 수 있습니다.

1. 복잡한 서류가 많은 현장체험학습 완벽 대비

   1) NotebookLM 소스 : 현장체험학습 운영 매뉴얼, 숙박 및 차량 계약서, 사전 답사 보고서, 안전 점검 체크리스트

   2) 제미나이 작성

      ① 가정통신문: 계약서 내용을 근거로 정확한 일정과 환불 규정이 포함된 참가 동의서 및 안내장 작성

      ② 안전 계획: 답사 보고서를 분석해 위험 요소별 대처 방안이 담긴 안전지도 계획서 수립

      ③ 학생 자료: 학생 눈높이에 맞춘 휴대용 안전 수칙 안내 문구 제작

2. 연구학교나 공모사업 보고서 및 계획서

   1) NotebookLM 소스 : 공모사업 안내 공문 및 심사 평가지표, 작년도 우수 운영 사례 보고서, 우리 학교 현황 통계 자료

   2) 제미나이 작성

      ① 설득 전략: 심사 평가지표를 분석해 배점이 높은 항목을 중심으로 운영 목적과 필요성을 설득력 있게 서술

      ② 목차 구성: 전년도 우수 사례를 참고해 올해 우리 학교 상황에 맞는 논리적인 보고서 목차 설계

교과서를 넣으면 만들어지는 수업자료

교과서 PDF만 준비하면 수업자료를 바로 제작할 수 있습니다. 복잡한 과정 없이도 학생들과 인터랙티브하게 활용할 수 있는 수준 높은 자료를 손쉽게 만들 수 있습니다.

 ## 한눈에 맛보기

NotebookLM을 활용하면 교과서 내용을 기반으로 마인드맵, 퀴즈, 플래시카드, 슬라이드 등 다양한 형식의 수업 자료를 손쉽게 구성할 수 있으며, 수업 중에도 실시간으로 활용할 수 있습니다.

정보의 신뢰도가 높은 자료를 복잡한 편집 과정 없이 간편하게 제작해 바로 수업에 활용할 수 있어, 교사의 수업 준비 시간을 크게 줄여줍니다.

NotebookLM의 ❶노트북 소스로 교과서 PDF 파일을 첨부합니다. 교과서 전체를 업로드하기보다는 수업 목적에 맞게 단원이나 차시별로 필요한 부분만 추출한 PDF를 사용하는 것이 더 효과적입니다.

PDF에서 필요한 부분만 손쉽게 추출할 수 있도록, 저자가 바이브 코딩으로 제작한 자료를 함께 활용하면 준비 과정을 훨씬 수월하게 만들 수 있습니다.

인터넷 주소창에 pickpdf.lovable.app을 입력하면 PDF 페이지 추출 웹앱으로 이동합니다. PDF 파일을 업로드한 뒤 원하는 페이지 번호를 직접 입력하거나, 썸네일 보기 기능을 통해 시각적으로 확인하며 페이지를 선택할 수 있습니다. 추출할 페이지를 선택한 후 새로운 PDF로 저장해 수업이나 자료 제작에 활용하면 됩니다.

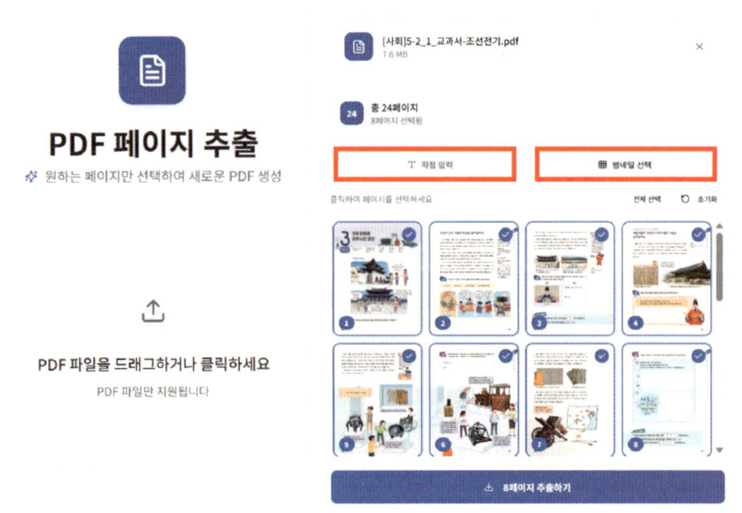

수업자료는 스튜디오 기능을 통해 간편하게 제작할 수 있습니다. 플래시카드, 퀴즈, 슬라이드 중 원하는 형식을 클릭하면 바로 수업에 활용할 수 있는 자료가 자동으로 생성됩니다.

필요에 따라 ❷연필 모양 아이콘을 선택해 세부 설정을 조정하면, 수업 목적과 학습 수준에 맞는 맞춤형 콘텐츠도 손쉽게 만들 수 있습니다.

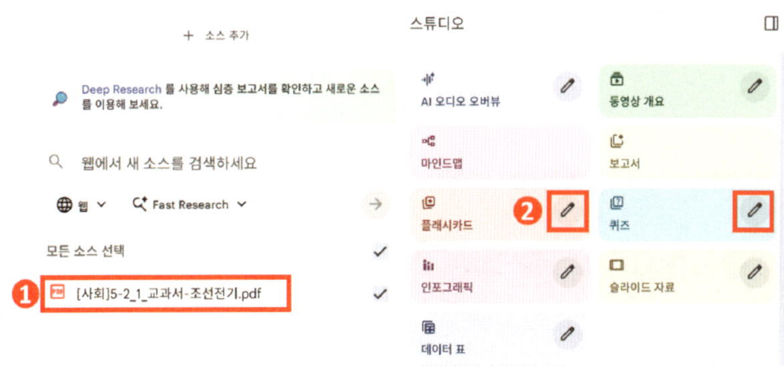

플래시카드 맞춤 설정에서 카드 수와 난이도를 선택한 뒤 ❸주제 입력란에 학년, 수준, 학습 내용, 언어 스타일을 입력할 수 있습니다. 설정이 끝난 후 ❹만들기 버튼을 클릭하면 플래시카드가 자동 제작됩니다.

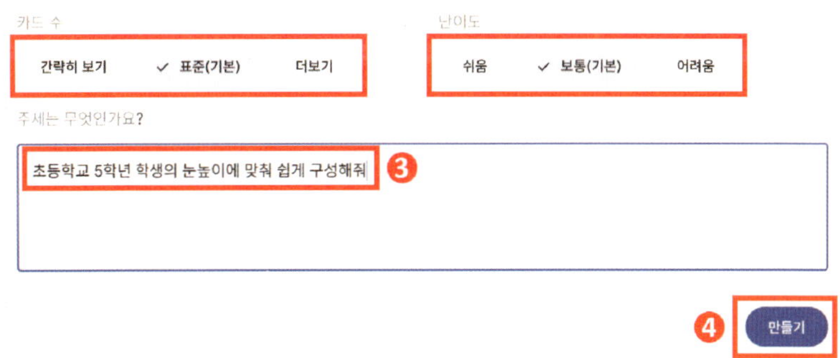

플래시카드, 퀴즈, 슬라이드 등은 NotebookLM에서 뷰어 펼치기 기능으로 화면을 가득 채운 뒤 학생들에게 직접 제시하며 수업 자료로 활용할 수 있습니다. 화면에 제작한 수업자료를 보여주면서 수업을 진행할 수 있어 활용도가 높습니다.

플래시카드로 제작된 자료는 문제가 제시되고 ❺'정답 보기'를 선택하면 정답과 설명이 제공됩니다.

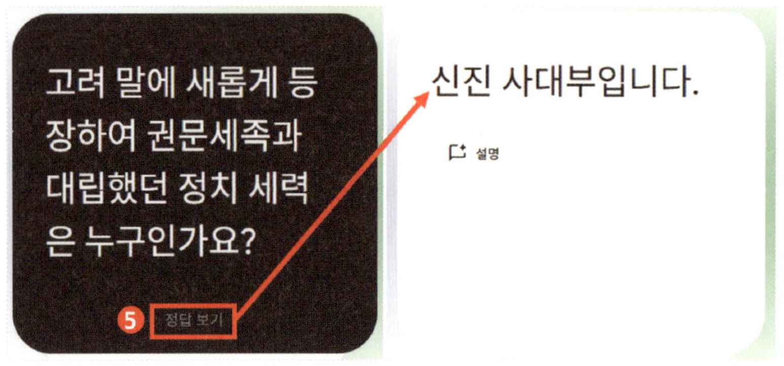

퀴즈로 제작한 수업자료는 학생들과 실시간으로 문제를 풀며 학습할 수 있는 인터랙티브 콘텐츠입니다. 문제 풀이 중 ❻'힌트'를 선택하면 관련된 단서가 제시되며, 보기를 선택하면 즉시 채점과 함께 해설도 함께 제공됩니다.

현재는 객관식이나 OX 형태의 퀴즈만 생성할 수 있으며, 주관식 문제는 아직 지원되지 않습니다.

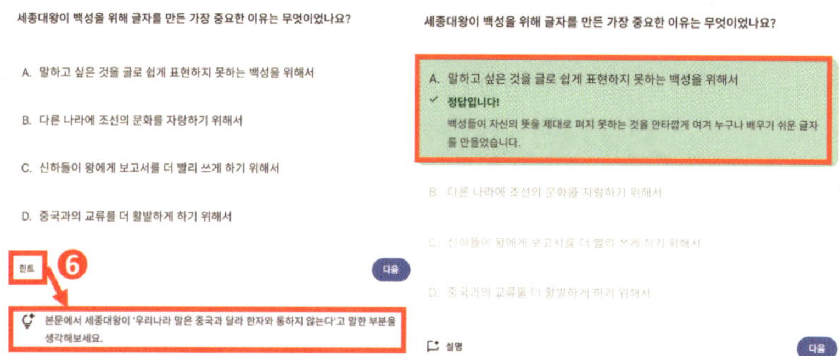

슬라이드로 제작한 수업 자료는 별도로 다운로드하거나 다른 프로그램을 사용할 필요 없이, NotebookLM에서 ❼슬라이드쇼 시작 버튼만 클릭하면 전체 화면으로 바로 실행되어 수업에 즉시 활용할 수 있습니다.

이처럼 교과서 PDF 파일만 있으면 NotebookLM에서 수업 자료를 손쉽게 제작할 수 있을 뿐만 아니라, 완성된 자료를 별도의 프로그램 없이 즉시 수업에 활용할 수 있어 교사의 준비 부담을 크게 줄여줍니다.

거꾸로 수업자료 만들기

거꾸로 수업의 성패는 학생들이 사전 학습을 얼마나 충실히, 그리고 흥미롭게 마치는가에 달려 있습니다. NotebookLM은 교사의 부담을 획기적으로 줄이면서 흥미롭고 유용한 자료를 제작해줍니다.

 **한눈에 맛보기**

NotebookLM에 다양한 소스를 넣으면 클릭 몇 번만으로 멋진 슬라이드를 제작할 수 있습니다. 소스 자료만 있다면 누구나 전문가 수준의 슬라이드를 완성할 수 있습니다.

수업에서 학생들이 미리 익혀와야 할 핵심 개념을 정합니다. 교과서 해당 단원 PDF, 수업 주제와 관련된 최신 뉴스 기사, 유튜브 영상 링크 등을 사용할 수 있습니다. 자료를 NotebookLM에 소스로 추가합니다.

자료 업로드 후에는 스튜디오를 활용해 학습 자료를 제작합니다. ❶보고서 기능을 선택하면 브리핑 문서, 학습 가이드 등 기본 형식뿐만 아니라, AI가 소스를 분석해 제안하는 맞춤형 형식 중 ❷원하는 스타일을 골라 수업 가이드를 쉽고 빠르게 완성할 수 있습니다.

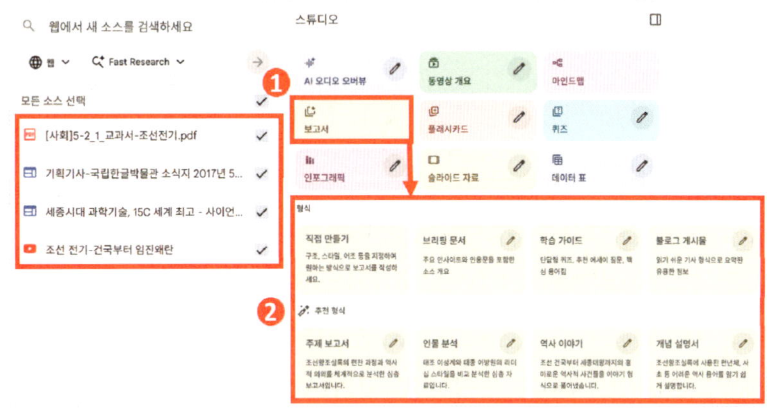

조선의 새벽: 태조부터 세종까지, 위대한 왕조의 시작

소스 4개 기반

서론: 흔들리는 고려, 새로운 시대를 꿈꾸다

고려의 마지막은 혼돈, 그 자체였습니다. 권력을 독점한 권문세족은 산맥과 하천으로 경계를 삼을 만큼 거대한 농장을 소유하며 부를 축적했지만, 대다수 백성은 송곳 하나 꽂을 땅조차 없이 굶주렸습니다. 당시의 참혹함은 다음과 같은 한 문장으로 요약될 수 있습니다.

"길거리에 백성들의 시체 썩는 냄새가 진동을 했었던 망할 수밖에 없었고 망하지 않으면 이상했던 시대가 바로 고려 시대다"

나라의 안팎은 위태로웠습니다. 북쪽에서는 홍건적이, 남쪽에서는 왜구가 끊임없이 국경을 유린했고, 권문세족은 외세에 빌붙어 자신의 배만 채우기에 급급했습니다. 이러한 총체적 난국 속에서, 백성의 고통을 외면할 수 없었던 새로운 정치 세력, **신진사대부**가 등장합니다. 그리고 외적을 물리치며 국민적 영웅으로 떠오른 **이성계**와 같은 신흥 무인 세력이 그들과 손을 잡습니다. 썩어 문드러진 고려의 심장부에서, 새로운 시대의 싹이 고통스럽게 움트고 있었습니다.

낡은 시대의 종말과 새로운 나라의 등장은 거스를 수 없는 역사의 흐름이었습니다. 그 거대한 전환은 한 장수의 고뇌에 찬 결단에서 시작되었습니다.

1. 용의 비상: 이성계, 칼을 돌려 역사를 바꾸다

1.1. 운명의 결단, 위화도 회군

1388년, 중국 대륙의 주인이 원나라에서 명나라로 바뀌는 격변기. 명나라는 고려에게 철령 이북의 땅을 내놓으라며 압박해왔습니다. 이에 고려의 실권자였던 최영 장군은 '요동 정벌'이라는 강경책을 내세웁니다. 하지만 부장수였던 이성계의 생각은 달랐습니다. 그는 이 전쟁이 결코 승리할 수 없는 무모한 싸움이라 판단하고, **'4불가론(四不可論)'**을 내세워 강력히 반대했습니다.

 **수업에 활용하기**

거꾸로 수업 자료를 제작할 때는 보고서 기능 외에도 AI 오디오 오버뷰(Audio Overview)와 동영상 개요 기능을 활용할 수 있습니다.

AI 오디오 오버뷰를 활용하면 듣는 형태의 예습 자료를 제작할 수 있습니다. 이 기능을 활용하면 텍스트 읽기를 어려워하거나 흥미가 낮은 학생들을 위해 ❸팟캐스트 형태의 오디오 자료를 생성할 수 있습니다. ❹업로드된 자료를 바탕으로 두 명의 AI 호스트가 대화하는 형식의 오디오가 약 5~10분 분량으로 생성되며, 완성된 오디오 파일은 ❻다운로드하여 학생들에게 공유할 수 있습니다.

동영상 개요는 학습할 내용을 슬라이드를 넘기며 설명하는 형태의 10분 내외 동영상 강의로 제작해주기 때문에 교사가 동영상을 직접 제작하거나 참고할 영상 자료를 찾는 데 사용하였던 시간을 줄여줍니다.

스튜디오 기능뿐 아니라 채팅을 통해서도 거꾸로 수업자료를 제작할 수 있습니다. 참고할 수 있는 예시는 아래와 같습니다.

1) 핵심 질문 만들기 : 이 단원에서 학생들이 반드시 알아야 할 핵심 질문 5가지를 만들어줘.

2) FAQ : 학생들이 가장 궁금해할 법한 질문과 그에 대한 답변을 문답 형식으로 정리해 줘. 학생들이 이 주제에 대해 가장 오해하기 쉬운 부분 3가지를 질문과 답변 형식으로 만들어 줘.

생성된 결과는 사라지지 않도록 메모에 저장하는 것이 좋습니다.

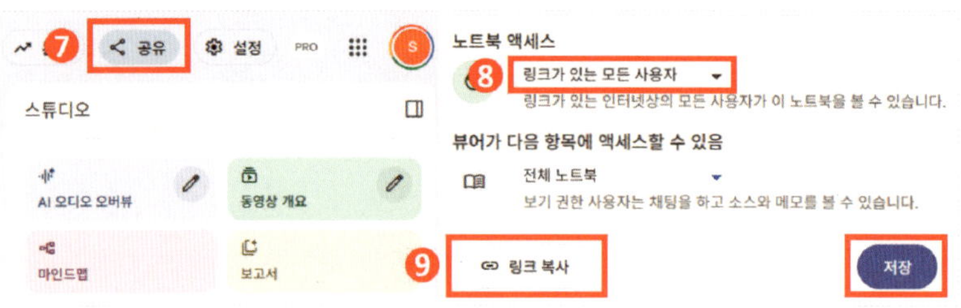

깊이 더보기

NotebookLM에서 생성한 거꾸로 수업자료는 그 자체로도 훌륭하지만, 이를 더 효과적으로 활용할 수 있는 방법이 있습니다. 교사가 제공한 자료를 학생들이 수동적으로 보는 것에서 나아가 ❼노트북을 공유하면 학생은 학습 과정에서 NotebookLM에게 바로 질문할 수 있습니다. 교사가 곁에 없어도 학생 개별 맞춤형 학습이 가능해집니다. 노트북을 공유할 때 접근 권한을 ❽링크가 있는 모든 사용자로 설정한 뒤 공유합니다.

원하는 자료로 PPT 만들기

PPT를 만들 때 참고할 다양한 자료만 준비되어 있으면 NotebookLM으로 슬라이드를 생성할 수 있고, 제미나이와 연동해 내 의도에 맞는 맞춤형 PPT를 제작하고 편집할 수도 있습니다.

 ## 한눈에 맛보기

NotebookLM에 다양한 소스를 추가하면 몇 번의 클릭만으로도 완성도 높은 슬라이드를 제작할 수 있습니다. 필요한 자료만 갖추고 있다면, 누구나 전문가 수준의 슬라이드를 손쉽게 완성할 수 있습니다.

제미나이의 딥 리서치 기능을 활용하면 PPT에 들어갈 핵심 내용을 깊이 있게 탐구하고 정리할 수 있습니다. 딥 리서치 기능은 최신 정보를 검색해 검증된 자료만을 엄선해 주기 때문에, 환각 현상 우려를 줄이고 전문적이고 신뢰도 높은 발표 자료를 완성할 수 있습니다.

제미나이에 작성하기 원하는 내용을 ❶프롬프트로 입력한 뒤, ❷도구에서 ❸딥 리서치 기능을 활성화합니다. 제미나이 모드는 사고 모드로 설정한 뒤 연구를 실행시킵니다.

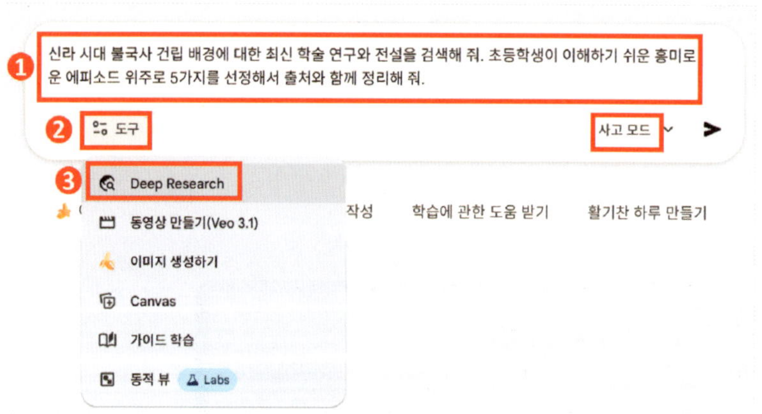

딥 리서치로 제작한 자료를 ❹공유합니다. 이때 ❺구글 문서로 내보내면 NotebookLM에서 소스로 가져오기 좋습니다.

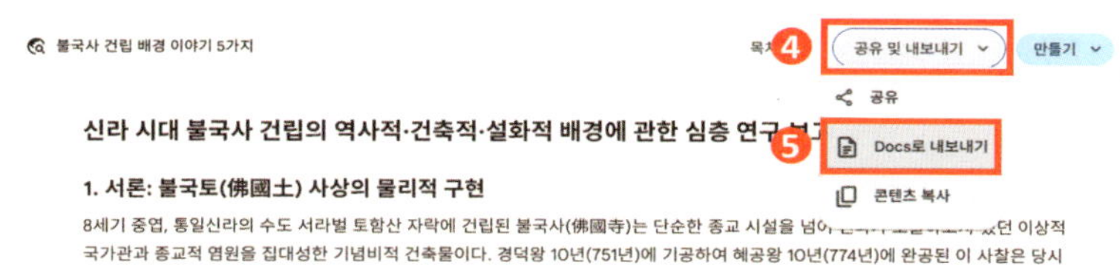

NotebookLM에서 소스를 추가할 때 ❻드라이브를 선택하면 최근에 만들었던 구글 문서를 확인할 수 있다. 이 문서를 소스로 추가합니다.

NotebookLM의 스튜디오는 콘텐츠를 제작할 때 별도의 프롬프트를 입력하지 않아도 양질의 콘텐츠를 생성할 수 있는 기능입니다. ❼슬라이드 기능을 바로 선택해도 완성도 높은 슬라이드가 제작됩니다. 그러나 원하는 형식이나 구성이 있는 경우에는 연필 모양 아이콘을 클릭해 슬라이드에 대한 ❽추가 요청 사항을 입력하여 슬라이드를 제작할 수 있습니다.

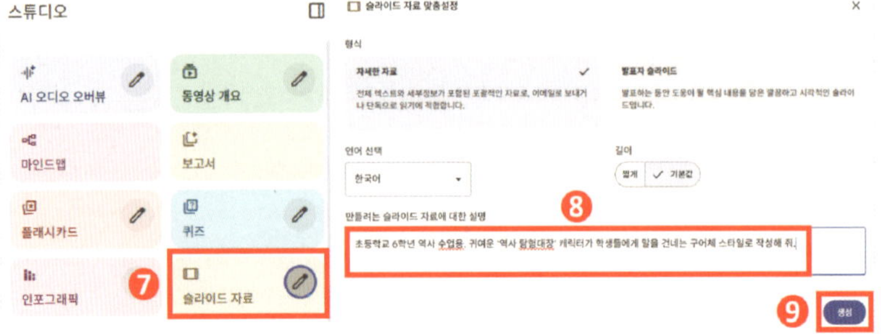

이런 과정을 통해 제작된 슬라이드입니다. 전문가 수준의 슬라이드를 손쉽게 제작할 수 있습니다.

업무에 활용하기

슬라이드 제작을 위해 교과서 PDF를 활용하면 수업에 사용할 수 있는 슬라이드를 제작할 수 있습니다. 수업 자료뿐만 아니라 안전교육, 학교폭력 예방교육, 현장체험학습 안내 등 다양한 주제로 NotebookLM으로 슬라이드를 제작해 내용을 전달하면 효과적입니다. 또한 연수용 슬라이드를 제작할 때는 연수 자료를 소스로 추가해 활용하면 됩니다.

좋은 내용의 웹사이트도 소스로 추가해서 슬라이드를 제작할 수 있습니다.

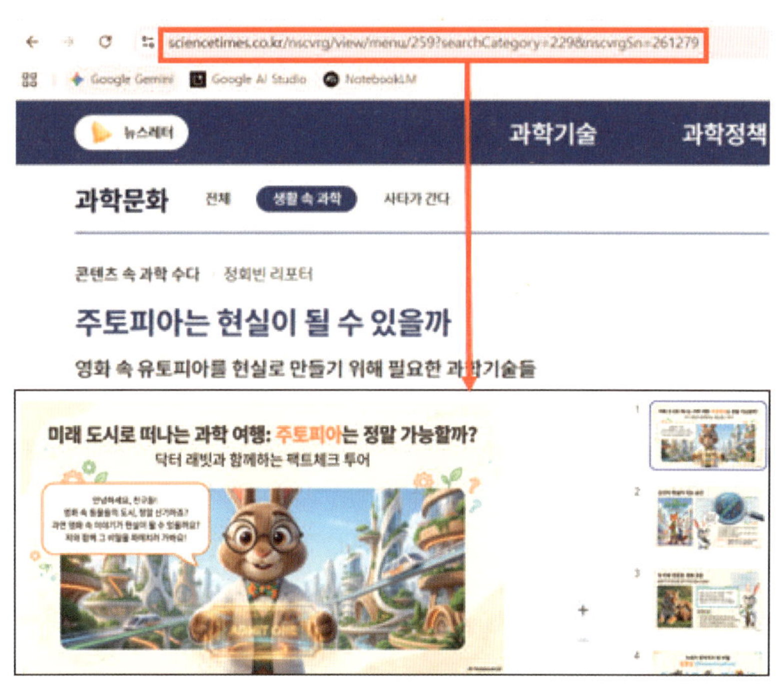

NotebookLM으로 생성한 슬라이드는 빠르고 편리하지만, 수정이 자유롭지 않다는 점에서 아쉬움이 남을 수 있습니다. 간혹 한글 텍스트에 오류가 발생하거나 제작자의 의도에 맞게 내용을 다듬어야 할 때 난감한 경우도 있습니다. 이러한 한계를 보완하는 효과적인 방법이 바로 제미나이와 NotebookLM을 연동해 슬라이드를 제작하는 것입니다.

NotebookLM에 입력한 소스 자료를 연동하기 위해 ❶'+'버튼에서 ❷NotebookLM을 선택합니다. 그러면 제미나이 계정과 동일한 NotebookLM 계정에서 만든 노트북 중 ❸원하는 노트북을 추가합니다. 그리고 ❹도구에서 ❺Canvas를 활성화시키고 ❻원하는 형식의 슬라이드 작성을 요청합니다.

Canvas에서 완성된 슬라이드는 ❻'Slide 내보내기' 후 ❼'Slide 열기'를 클릭하면 구글 슬라이드에서 바로 확인할 수 있습니다. 이곳에서 텍스트, 이미지, 레이아웃 등을 수업 목적에 맞게 자유롭게 수정할 수 있으며, 편집을 마친 자료는 파워포인트(PPT) 파일로 다운로드해 활용할 수도 있습니다.

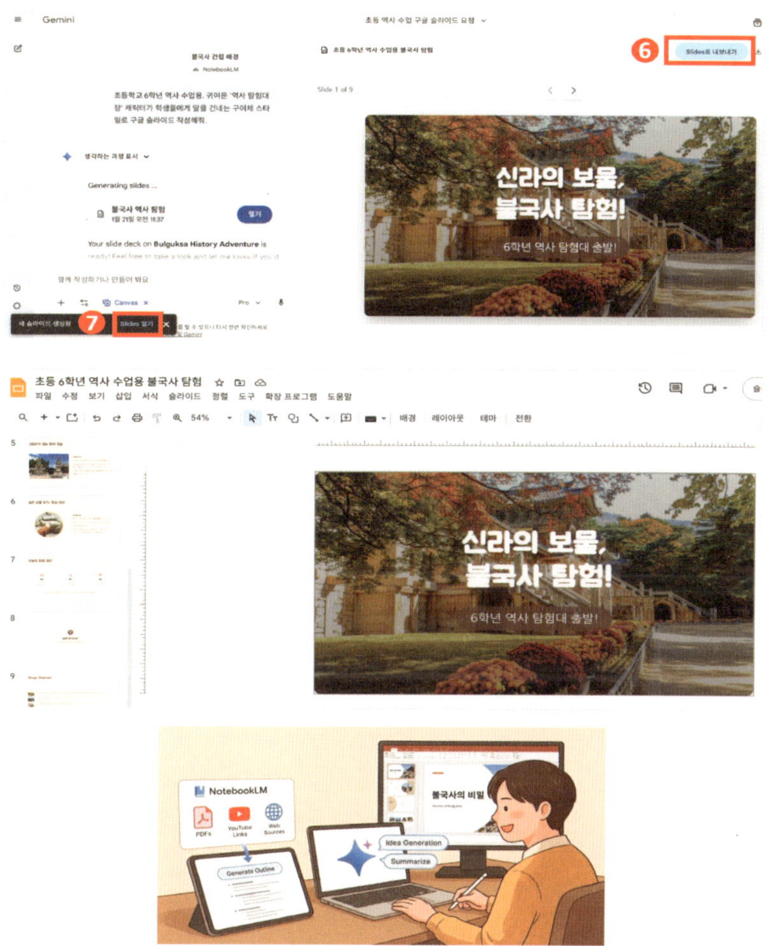

한 페이지로 정리하는 마법

    수많은 자료와 방대한 교과서 내용, 복잡한 수업 내용을 한 페이지로 정리해 전체적인 흐름을 파악해야 할 때가 많습니다. 요약하는 방법을 잘 몰라도 NotebookLM을 활용하면 핵심 정보를 시각적으로 구조화할 수 있어, 내용이 한눈에 들어오고 수업의 흐름도 훨씬 명확해집니다.

 ## 한눈에 맛보기

    NotebookLM의 스튜디오 기능을 활용하면 복잡한 수업 내용을 단 한 페이지의 비주얼 자료로 간결하게 정리할 수 있습니다. 마인드맵은 개념 간의 관계를 시각적으로 연결해 전체 흐름을 쉽게 파악하도록 돕고, 인포그래픽은 텍스트 중심의 정보를 직관적인 시각 자료로 자동 변환해 이해를 높여 줍니다. 또한 데이터 표는 흩어진 정보를 비교·분석하기 쉬운 형태로 정리해 핵심 내용을 효과적으로 전달합니다.

NotebookLM 스튜디오: 복잡한 수업 자료를 한 장의 비주얼로!

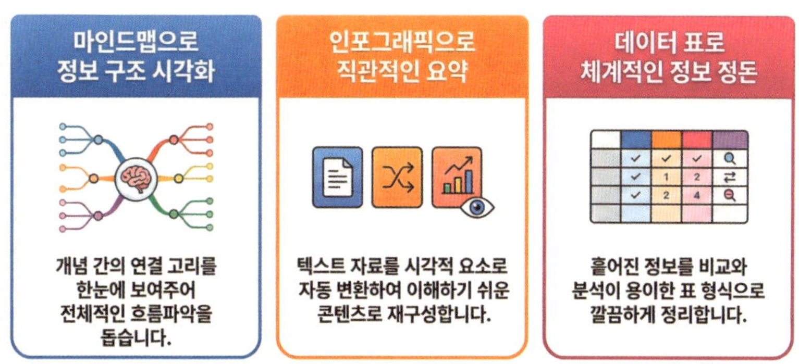

차근차근 따라하기

먼저, ❶요약하고자 하는 자료를 NotebookLM의 노트북 소스로 첨부합니다.

한 페이지로 전체 내용을 쉽게 요약하기 위해 스튜디오에서 마인드맵, 인포그래픽, 데이터 표 기능을 활용할 수 있습니다.

❷마인드맵은 복잡한 내용을 중심에서 가지처럼 뻗어나가는 그물 구조로 정리해 주는 시각화 도구입니다. 개념 간의 관계와 전체적인 흐름을 한눈에 파악할 수 있도록 도와줍니다.

❸인포그래픽은 긴 설명을 한 장의 그림처럼 압축해 시각적으로 표현한 것으로, 핵심 내용을 직관적이고 빠르게 전달할 때 효과적입니다.

❹데이터 표는 흩어져 있는 정보를 체계적으로 정리해 내용을 비교하고 분석하기 쉬운 형태로 바꿔주는 시각화 도구입니다. 다양한 정보의 공통점과 차이점을 명확하게 보여주는 데 유용합니다.

수업에 활용하기

마인드맵은 역사적 사건의 인과관계나 대단원의 구조를 그물망처럼 시각화하는 데 최적화된 도구입니다. 단원 도입이나 정리 시간에 활용하면 효과적이며 학습자에게 전체 흐름을 구조적으로 보여줄 수 있습니다.

❺각 토픽 옆의 화살표 아이콘을 클릭하면 하위 가지 내용이 펼쳐져 수업 중 하나씩 확장해 가며 설명할 수 있습니다. 또한 모든 토픽을 한눈에 펼쳐 놓은 상태에서 ❻'다운로드' 버튼을 누르면 이미지 파일로 저장할 수 있어, 인쇄물이나 수업자료로도 활용할 수 있습니다.

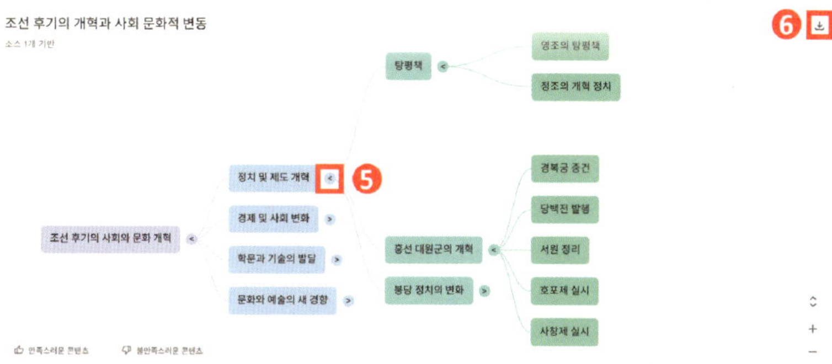

인포그래픽은 긴 텍스트나 추상적인 내용을 시각적으로 변환해 전달할 때 수업 자료로 매우 유용합니다. 역사나 사회 수업에서는 시대의 흐름이나 사회 구조를 시각화해 맥락을 쉽게 이해하도록 돕고, 과학 수업에서는 복잡한 원리나 눈에 보이지 않는 구조를 단순하게 표현해 개념을 효과적으로 전달할 수 있습니다.

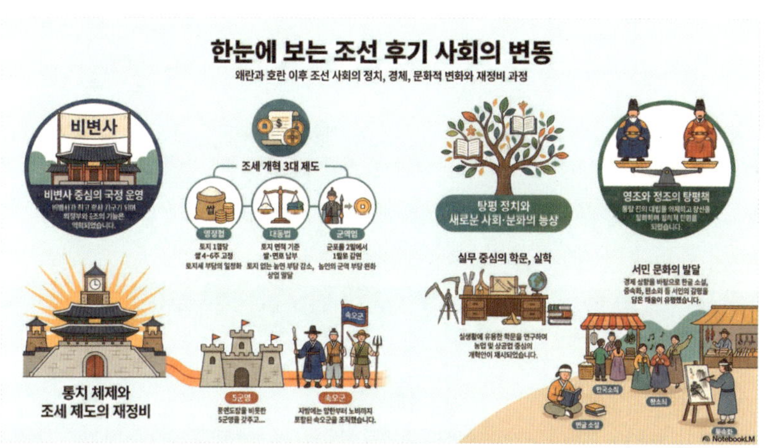

데이터 표는 텍스트 속에 흩어진 핵심 수치나 항목을 열과 행으로 정돈해 정보 간의 위계를 세우고, 비교·분석을 돕는 데 효과적입니다.

사회·역사 수업에서는 사건, 제도, 인물, 국가 간의 차이를 표로 비교하면 이해도가 높아집니다.

또한 과학 수업에서는 물질의 상태, 생물 분류, 행성 정보 등을 표로 정리해 복잡한 개념을 쉽게 비교·분석할 수 있습니다.

조선 후기 주요 역사적 사건 및 인물 개요

소스 1개 기반

인물/주제	시기	주요 정책 및 활동	사회적 영향	관련 문화유산 및 저서
광해군	1608~1623	대동법 시행(경기도), 중립 외교 추진	공물을 쌀, 옷감, 동전 등으로 거두어 토지가 없는 농민의 부담을 줄이고 상업과 수공업 발달의 토대를 마련함	Not in source
효종	1649~1659	북벌 정책 추진, 성곽 및 무기 정비	청을 정벌하자는 북벌론이 대두되었으나, 백성의 생활 고통과 청의 세력 확장으로 인해 실행에 옮기지는 못함	『효종실록』
영조	1724~1776	탕평책 실시, 균역법 시행, 서원 정리, 신문고 재설치	붕당 간의 균형을 맞춰 정치적 안정을 도모하고, 군포 부담을 경감하여 백성의 생활 안정에 기여함	탕평비, 『속대전』, 『영조실록』
정조	1776~1800	적극적 탕평책 전개, 규장각 및 장용영 설치, 수원 화성 건설	소외된 남인 등용 및 인재 육성에 힘쓰고, 상업 활동 자유화 정책을 통해 경제 발달을 촉진함	수원 화성, 『대전통편』, 『화성원행의궤도』
흥선 대원군	1863~집권기	호포제 및 사창제 실시, 서원 정리, 경복궁 중건	양반에게도 군포를 징수하여 조세 불평등을 개선하려 했으나, 경복궁 중건 과정에서 백성들의 원성을 삼	경복궁, 당백전, 『대전회통』
유형원	조선 후기	농업 중심의 개혁론(중농학파) 제시, 균전론 주장	신분에 따른 차등적 토지 지급과 농민의 균등한 토지 분배를 통해 농촌 사회의 안정을 꾀함	『반계수록』
정약용	조선 후기	실학 사상 집대성, 거중기 제작, 농업 중심 개혁론 주장	서양 과학 기술을 활용하여 수원 화성 건축에 기여하고, 당시 사회의 모순을 날카롭게 비판함	다산 초당, 거중기
홍대용	조선 후기	상공업 중심 개혁론(북학파), 지전설 연구	중국 중심의 세계관에서 탈피하고 과학적 사고를 확산하여 근대적 사고의 기틀을 마련함	『담헌서』, 「의산문답」
박지원	조선 후기	상공업 중심 개혁론 주장, 수레와 배의 이용 강조	물자 유통의 원활화를 주장하고 소설을 통해 양반 사회의 무능과 위선을 풍자적으로 비판함	『양반전』, 「호질」
안정복	조선 후기	국가 역사의 체계적 정리 및 서술	독자적인 역사 시각으로 고조선부터 고려까지의 역사를 정리하여 국학 발전에 기여함	『동사강목』
김정호	조선 후기	정밀한 지도 제작 및 지리 정보 체계화	산맥, 하천, 도로망 등을 정확하게 표시한 지도를 제작하여 조선 지리학의 발전에 기여함	「대동여지도」
김홍도	조선 후기	서민의 일상과 경제생활을 담은 풍속화 제작	생동감 있는 표현 기법으로 서민 문화의 확산과 풍속화의 유행을 주도함	「씨름도」, 「대장간」, 「자리짜기」
최제우	1860	동학 창시	인내천(人乃天) 사상을 바탕으로 인간 평등을 강조하고 사회 개혁 의지를 백성들 사이에서 확산함	Not in source

학기 초, 메시지 홍수에서 살아남기

학기 초, 학생들과 적응도 힘든데, 수없이 쏟아지는 메시지와 업무 요청 자료 속에서 중요한 정보를 빠짐없이 챙기기란 쉽지 않습니다. NotebookLM은 방대한 자료 속에서 핵심 정보와 기한을 정확히 추출해 주며, 교사는 질문만으로 필요한 내용을 빠르게 확인할 수 있습니다.

 **한눈에 맛보기**

새 학기가 시작되면 교사들은 하루에도 수십 건씩 쏟아지는 메시지와 전달되는 자료로 정신없는 시간을 보내게 됩니다. 각종 전달 사항과 업무 지시, 제출 기한 등을 일일이 정리할 여유가 없어 중요한 내용을 놓치기 쉽습니다.

이럴 때 모든 메시지와 문서를 NotebookLM에 정리해두면, 필요할 때 실문반으로 핵심 정보를 빠르게 획인할 수 있어 정보 과부하 속에서도 효율적으로 대응할 수 있습니다.

 **차근차근 따라하기**

학기 초에는 학교 메신저나 교육청에서 메시지가 홍수처럼 쏟아지기 때문에, 이를 일일이 즉시 확인하며 업무를 처리하기보다는 시간적 여유가 있을 때 한꺼번에 정리하는 것이 더 효율적입니다.

중요한 메시지는 한글 파일이나 메모장에 복사해 두었다가 일정량이 모이면 ❶PDF로 저장해 NotebookLM의 소스로 추가합니다. ❷채팅창에 '날짜별로 중요 사항 요약해줘'처럼 요청하면, 원하는 형식으로 자동 정리해줍니다.

또한 정리된 내용 중 궁금한 부분이 있을 때 ❸출처 표시에 마우스를 올리면 ❹원문 메시지를 바로 확인할 수 있어 편리합니다.

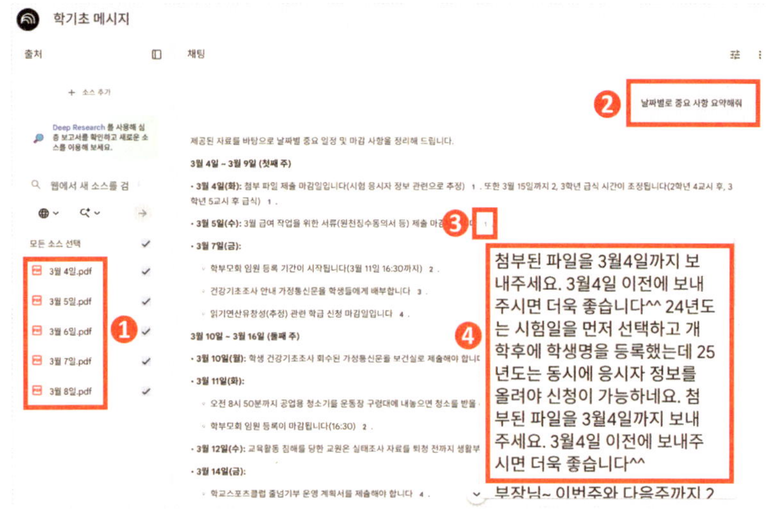

업무에 활용하기

NotebookLM은 단순히 정보 요약 도구를 넘어, 흩어져 있는 정보를 하나의 흐름으로 연결해주는 강력한 도구입니다. 예를 들어, 주간 또는 월간 제출물을 한눈에 보기 쉬운 표로 정리하는 데 효과적입니다.

단순 나열이 아니라 ❺"내가 제출해야 할 서류들을 [날짜, 항목, 제출처, 제출 방법] 순으로 표로 만들어줘"와 같이 요청하면, 실제 업무에 바로 활용할 수 있는 정확하고 실용적인 테이블이 자동으로 생성됩니다.

날짜	항목	제출처	제출 방법
3. 4. (화)	시험 응시자 정보 파일	메시지 발신 담당자	파일 전송 1
3. 4. (화)	전입/전출 학생 명렬표 수정본 (해당 반만)	메시지 발신 담당자	쪽지 회신 2
3. 5. (수)	3월 급여 작업 서류 (신규/전입 서식, 원천징수동의서 등)	행정실 (급여 담당)	실물 또는 파일 제출 1
3. 7. (금)	읽기연산유창성 신청 파일 (희망 학급)	4학년 4반	한글 파일 전송 (파일명: 읽기연산유창성4-4) 3
3. 10. (월)	학생 건강기초조사 가정통신문	보건실	번호순으로 정리하여 실물 제출 2

전입 교사처럼 학교의 업무 흐름에 아직 익숙하지 않은 교사에게 큰 도움이 됩니다. 학기 초 메시지를 소스로 등록한 뒤 "학기 초에 가장 먼저 챙겨야 할 행정 업무의 순서와 주의사항을 알려줘"와 같이 질문하면, 우선순위가 정리된 업무 가이드를 손쉽게 제작할 수 있습니다.

영상 제작
(Google Vids/Veo)

수업 목적에 따라 두 가지 강력한 영상 제작 도구를 활용할 수 있습니다. Google Vids는 구글 워크스페이스 자료를 연동해 AI로 쉽고 빠르게 전문적인 영상을 제작하여 선생님의 시간을 아껴줍니다. 제미나이 모델인 Veo는 텍스트나 이미지를 입력해 생동감 넘치는 영상을 생성할 수 있습니다. 디지털 시대에 학교를 위한 똑똑한 영상 제작 도구를 활용하여 봅시다.

AI 기능으로
몰입감 있는 수업 영상 제작하기

교사는 Google Vids의 AI 음성 해설과 이미지 생성 기능을 활용하여 수업의 흥미를 유발하는 도입 영상이나 학습 안내 자료를 단시간에 맞춤형으로 제작할 수 있습니다.

 ## 한눈에 맛보기

Google Vids의 AI 기능을 활용하면 누구나 고품질의 수업 영상을 제작할 수 있습니다. 제미나이의 나노 바나나 모델을 활용한 AI 이미지 생성으로 필요한 시각 자료를 즉석에서 만들고, AI 음성 해설을 통해 전문적인 내레이션을 넣을 수 있습니다. 별도의 외부 프로그램 없이 구글 워크스페이스 내에서 모든 과정이 이루어지므로, 아이디어를 시각화하는 데에만 집중할 수 있는 스마트한 교육 환경이 조성됩니다.

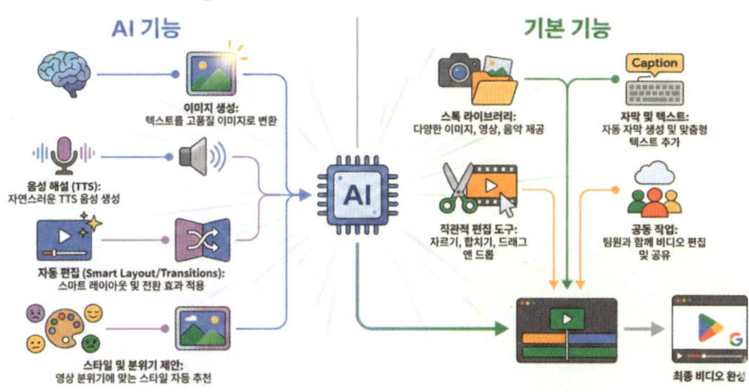

차근차근 따라하기

Google Vids가 실행되면 ❶새 동영상 시작 버튼을 누르고, ❷빈 Vids 동영상 버튼을 눌러 동영상 제작을 시작합니다.

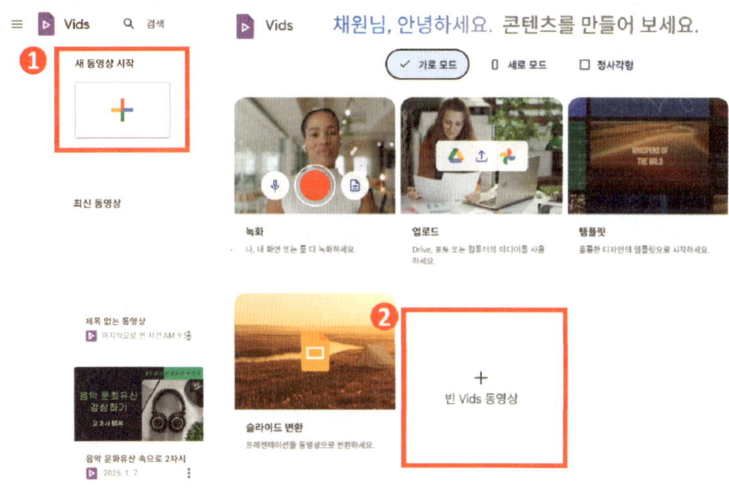

오른쪽 사이드바에서 ❸이미지 버튼을 클릭합니다. 해당 탭에서는 ❹ 수업 주제와 관련된 프롬프트를 입력하여 수입에 사용할 나만의 독창적인 AI 이미지를 생성하고 화면에 배치할 수 있습니다.

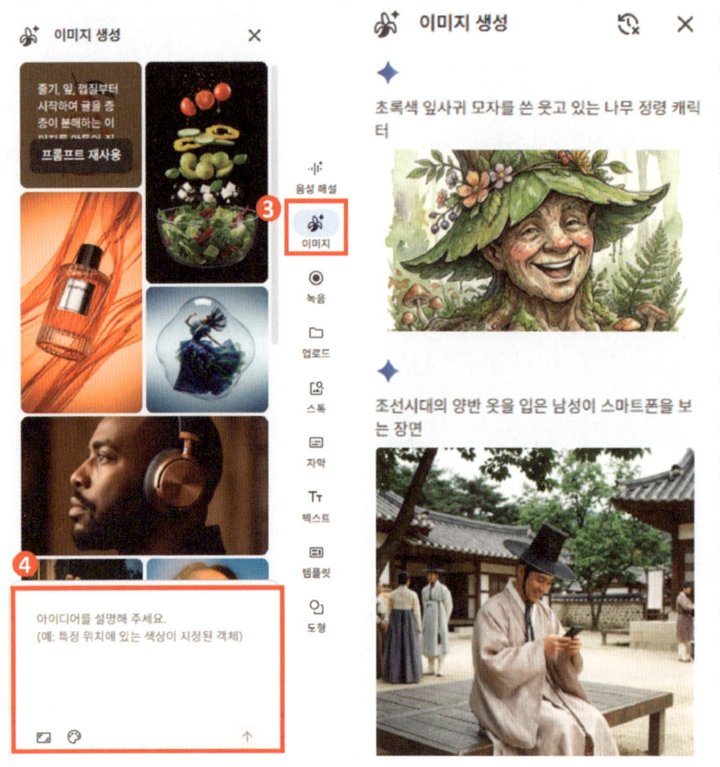

이번엔 오른쪽 사이드바에서 ❺음성 해설 버튼을 클릭합니다. 여기서 음성 해설은 텍스트를 음성으로 변환해주는 AI 음성 기능입니다. ❻준비한 대본을 입력하고 ❼수업 분위기에 어울리는 목소리를 골라 AI 음성을 해설을 넣습니다.

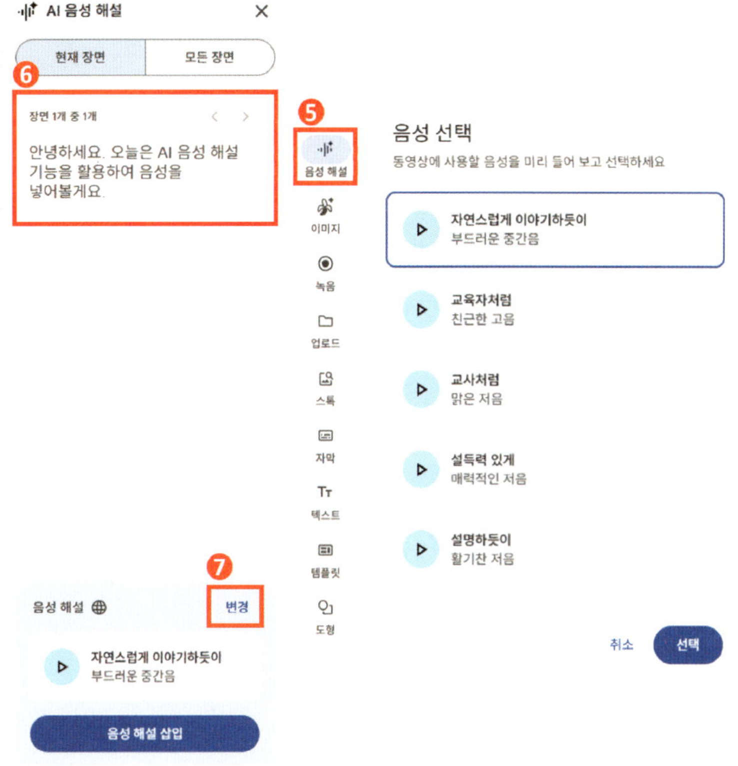

영상 제작이 완료되면 우측 상단의 공유 버튼을 눌러 ❽액세스 권한을 뷰어로 설성하고 ❾링크를 복사합니나. 복사된 링크를 이용해 Google Vids로 만든 영상을 바로 재생할 수 있습니다.

 **수업에 활용하기**

'Google Vids'를 학급에서 다음과 같이 활용할 수 있습니다.

- 시공간을 초월한 맞춤형 시각 자료 구현: 사진으로 구하기 힘든 역사적 사건이나 미래 세계의 모습을 AI로 생생하게 생성하여, 학생들의 수업 몰입도를 높이고 주제에 최적화된 자료를 자유롭게 확보할 수 있습니다.

- 5분 만에 완성하는 독창적 수업 영상: 생성된 시각 자료에 교사의 대본을 AI 음성 해설로 입히면, 복잡한 편집 과정 없이도 수업 목표에 딱 맞는 고품질 영상을 쉽고 빠르게 제작할 수 있습니다.

구글 클래스룸에서 영상 과제 배부하기

교사는 Google Vids로 과제 양식을 제작하여 구글 클래스룸 과제로 학생에게 배부할 수 있습니다. 학생들은 Google Vids로 자신만의 영상 과제를 손쉽게 제작합니다.

 **한눈에 맛보기**

복잡한 영상 편집 프로그램 없이도 Google Vids를 활용해 학생들은 클래스룸에서 바로 영상 과제를 제작합니다. 교사는 모든 학생의 영상 제작 진행 상황을 실시간으로 확인하고, 필요한 경우 즉시 피드백을 제공할 수 있습니다. 번거로운 파일 다운로드나 별도 앱 설치 없이도 학생들의 창의적 표현력을 키우고 효율적으로 관리하는 스마트 수업이 가능해집니다.

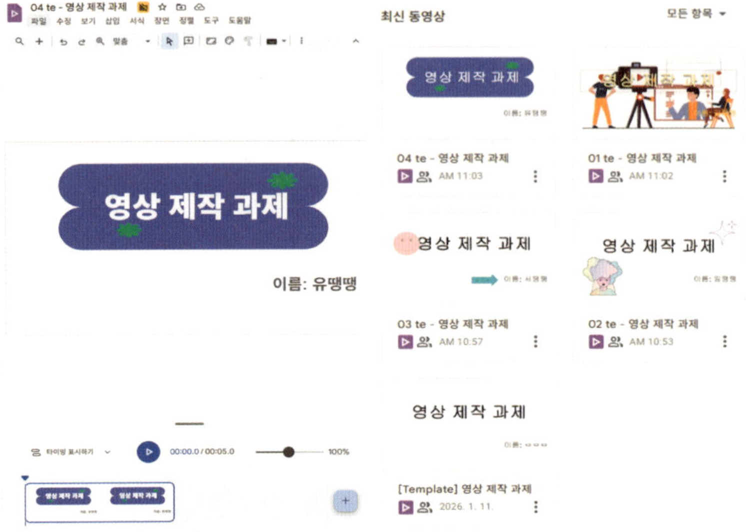

차근차근 따라하기

먼저 컴퓨터로 Google Vids에 접속합니다. 현재 스마트폰이나 태블릿과 같은 모바일 기기에서는 Google Vids의 모든 기능을 사용하기에는 제약이 있으므로 컴퓨터로 접속하는 것을 추천합니다.

Google Vids가 실행되면 ❶새 동영상 시작 버튼을 누르고, ❷빈 Vids 동영상 버튼을 눌러 동영상 제작을 시작합니다.

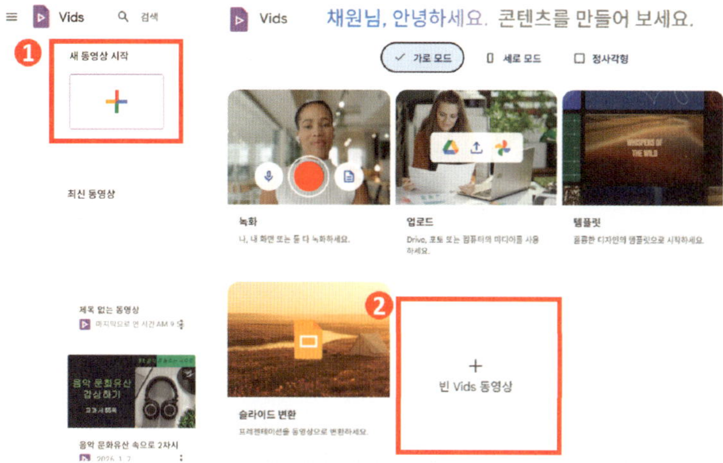

비어 있는 편집 화면에서 ❸스톡, 텍스트, 도형 등을 자유롭게 배치하여, 학생들에게 배부할 기본 과제 가이드 양식을 구성합니다.

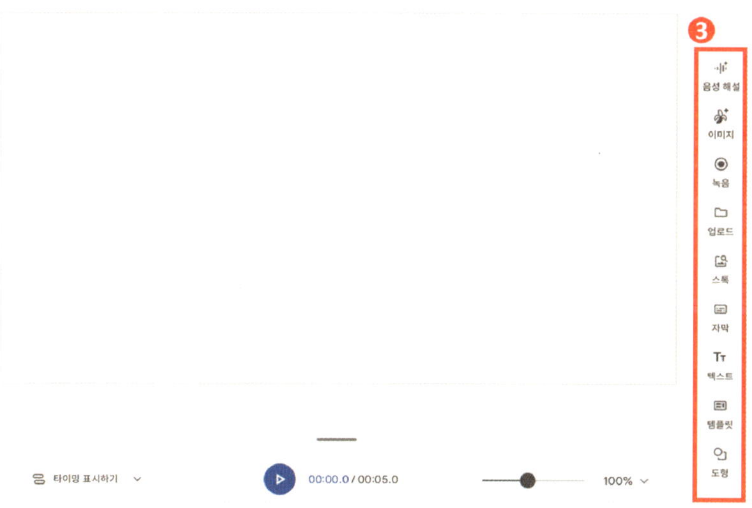

과제 가이드 영상 제작을 마쳤다면, 이제 구글 클래스룸의 [수업 과제]
탭으로 들어가서 ❹만들기의 ❺과제 버튼을 클릭하여 과제 제시 화면에
접속합니다. 첨부 파일 옵션 중 ❻Drive를 선택합니다.

Google Drive에서 ❼배부할 영상 파일을 선택하고 ❽추가 버튼을 클
릭하여 과제에 첨부합니다.

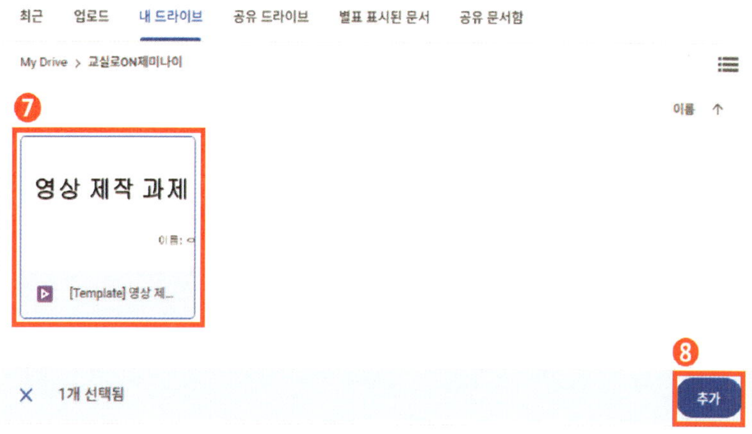

파일 공유 옵션을 ❾학생별로 사본 제공으로 변경합니다. 이 과정을 통해 학생들은 자신에게 할당된 영상 파일을 개별적으로 편집하여 과제를 제출할 수 있습니다.

'Google Vids'를 학급에서 다음과 같이 활용할 수 있습니다.

- 북트레일러 제작으로 흥미로운 독후 활동: 책의 주요 장면을 스톡 이미지와 텍스트로 구성하고, 배경음악이나 자신의 목소리를 더해 영화 예고편 같은 영상을 제작함으로써 친구들에게 책을 추천하는 창의적인 독서 경험을 제공합니다.

- 동식물 성장 기록 타임랩스 완성: 과학이나 실과 시간에 매일 촬영한 곤충·식물 사진을 순서대로 배치하고 관찰 일지를 자막으로 넣어, 생명의 변화 과정을 한눈에 보여주는 영상을 제작하며 관찰력을 기를 수 있습니다.

깊이 더보기

실시간 협업 기반의 모둠 프로젝트 운영: Google Vids를 활용하여 학생들에게 과제를 제시할 때 개별 과제뿐만 아니라 실시간 협업 편집이 가능한 모둠 과제 형태로도 활용할 수 있습니다. 모둠 과제로 영상을 제작할 때는 학생들을 공동 편집자로 초대해 보세요. 여러 명이 동시에 접속해 각자 담당 장면을 편집하고, 실시간으로 변경 사항을 확인하며 작업할 수 있어 협업 학습 효과가 극대화됩니다.

사진을 움직이는 영상으로 만들기

제미나이(유료버전)에서 Veo 모델을 활용하여 사진을 짧은 영상으로 제작할 수 있습니다. 멈춰있던 시각 자료에 생동감을 불어넣어, 학생들의 호기심을 자극하고 수업의 몰입도를 획기적으로 높일 수 있습니다.

 한눈에 맛보기

교과서에 실린 역사적 인물의 초상화나 학생들이 정성껏 그린 그림은 멈춰 있어, 그 안에 담긴 이야기나 역동성을 온전히 전달하기엔 한계가 있습니다. 하지만 Veo를 활용하면 이러한 정지된 장면들에 생명을 불어넣을 수 있습니다. 단순히 그림을 보는 것을 넘어, 역사적 상황이나 작품 속 이야기를 눈앞에서 생생하게 체험하는 듯한 실감 나는 교육 환경을 조성할 수 있습니다.

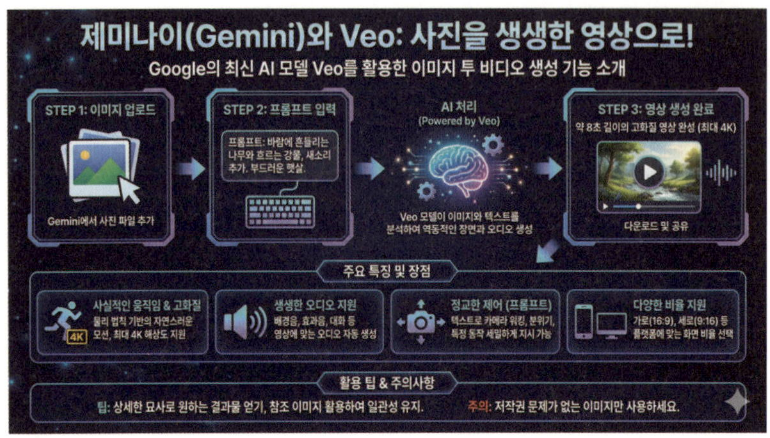

🐌 차근차근 따라하기

먼저 제미나이에 접속합니다. ❶도구 아이콘을 선택하고, ❷동영상 만들기 버튼을 클릭하여 영상 제작 모드로 전환합니다.

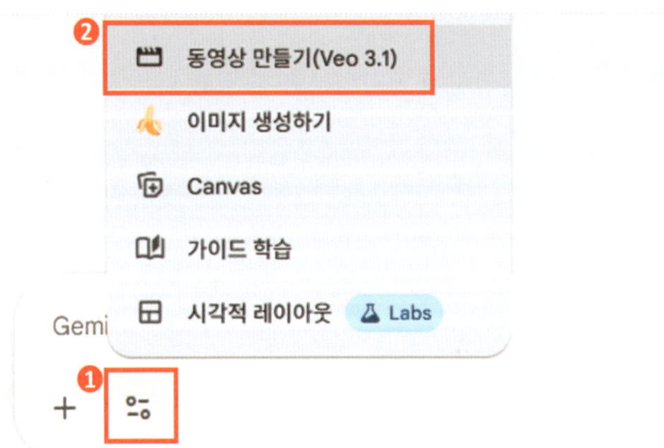

❸파일 추가 버튼을 눌러 메뉴를 열고 ❹파일 업로드 버튼을 선택하여 영상으로 변환하고자 하는 이미지를 불러옵니다.

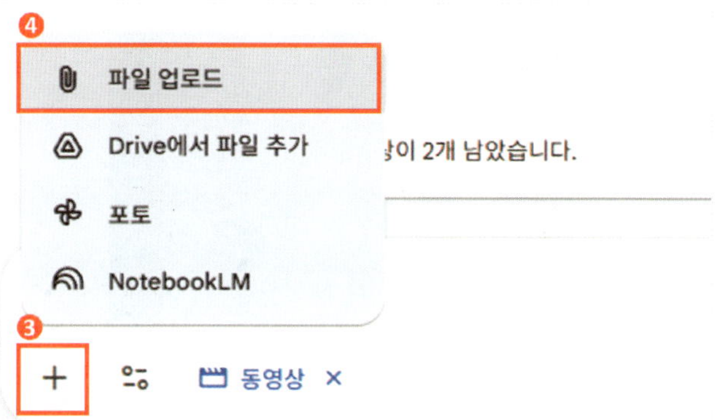

❺이미지를 어떻게 움직이고 싶은지 구체적으로 묘사하여 프롬프트를 작성합니다. 이때 '어떤 피사체를 어떻게 움직이게 할 것인지'를 명확히 프롬프트로 제시하는 것이 중요합니다.

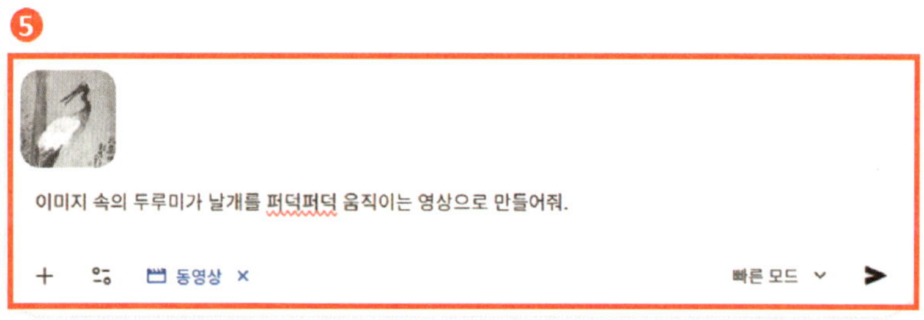

완성된 영상을 확인하고 마음에 든다면 ❻저장 버튼을 눌러 저장합니다. 저장된 영상을 학생들에게 공유하여 수업 시간을 더욱 풍부하게 만들 수 있습니다.

수업에 활용하기

'Veo로 사진을 움직이는 영상 만들기'를 학급에서 다음과 같이 활용할 수 있습니다.

- 역사적 기록의 생생한 영상 재구성: 교과서 속 이순신 장군의 초상화처럼 멈춰 있는 이미지를 비장한 지휘 모습 등으로 생생하게 움직이게 하여, 기록으로 남을 수 없었던 역사의 한 장면을 몰입감 넘치는 수업 도입 자료로 활용할 수 있습니다.

- 내가 그린 그림이 살아나는 마법 같은 경험: 미술이나 창체 시간에 학생들이 그린 상상 속 동물이나 풍경을 영상으로 변환해 함께 감상함으로써, 자신의 평면 그림이 실제로 움직이는 과정을 통해 잊지 못할 성취감과 창작의 기쁨을 제공합니다.

제미나이 Gems

구글 Gems는 제미나이 안에서 내가 자주 하는 업무를 '미리 설정해 둔 맞춤형 AI'로 만들어 두는 기능입니다. 한 번 Gem을 만들어 역할과 규칙을 정해두면, 이후에는 같은 조건을 매번 길게 설명하지 않아도 해당 Gem을 열어 바로 요청할 수 있어 작업이 훨씬 쉽고 빠릅니다.

학급 알림장 자동 생성기 만들기

준비물, 안내 내용을 간단히 입력하면 AI가 핵심을 정리해 알림장을 자연스러운 문장으로 자동 작성합니다.

 한눈에 맛보기

'학급 알림장 자동 생성기' Gem에 준비물과 안내 내용을 입력하면 AI가 핵심을 정리해 학부모가 이해하기 쉬운 알림장을 즉시 완성해 줍니다. 그대로 복사해 학교 플랫폼, 문자 등으로 바로 공유할 수 있습니다. 말투·분량·필수 항목을 규칙으로 설정해 두면 같은 조건을 반복 설명하지 않아도 일관된 형식으로 빠르게 작성됩니다.

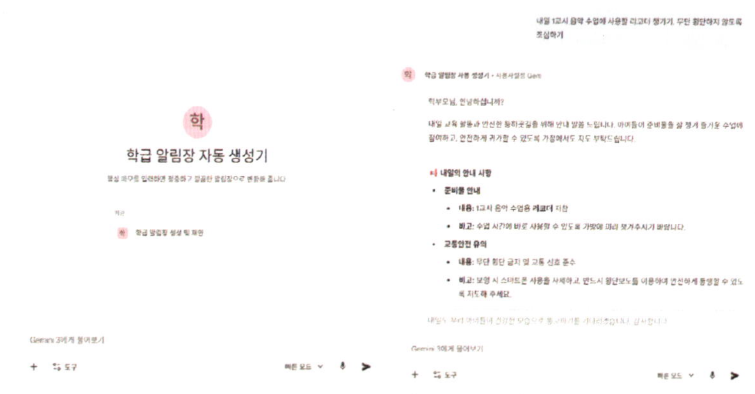

제미나이에 접속한 뒤, 좌측 메뉴에서 ❶Gems를 클릭합니다.

Gem 관리자로 이동한 뒤, 화면 하단 내 Gems 영역에서 ❷+ 새 Gem 버튼을 클릭합니다.

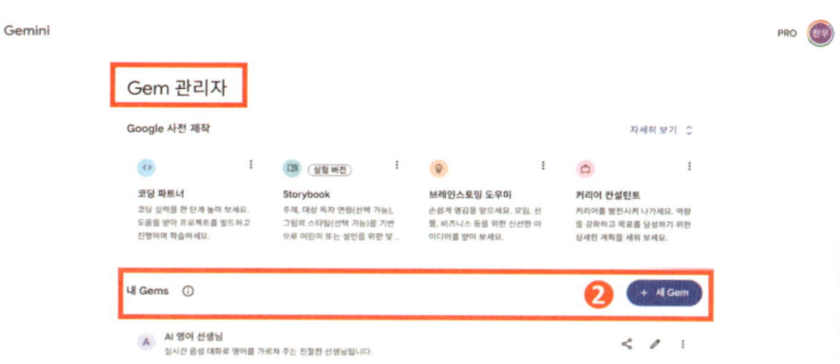

Gem을 만들기 위해 이름과 설명을 입력하고, 요청 사항에 "입력 내용을 정중한 알림장 문체로 변환해 항목별로 정리해 줘"와 같은 규칙을 설정합니다. 미리보기에서 예시를 입력해 결과가 원하는 형식으로 생성되는지 확인한 뒤, 만족스러우면 ❸저장을 눌러 Gem을 배포합니다.

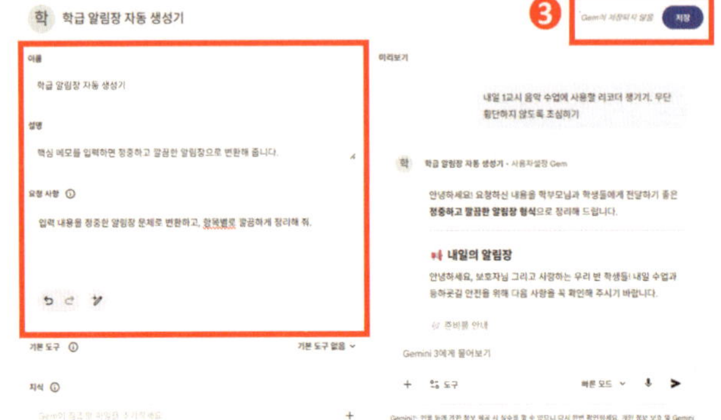

  ## 업무에 활용하기

'Gem 학급 알림장 자동 생성기'를 다음과 같이 활동할 수 있습니다.

- 알림장 작성 시간 단축: 수업 일정, 준비물, 안내 사항을 메모처럼 입력하면 정중한 문장으로 자동 정리되어, 알림장 작성 시간을 크게 줄일 수 있습니다.

- 알림장 안내의 정확도·일관성 확보: 말투와 형식, 필수 항목을 Gem에 미리 설정해 두면, 매번 같은 기준으로 작성되어 누락을 줄이고 안내 품질을 일정하게 유지할 수 있습니다.

- 학사 일정·행사 안내 자동 정리: 체험학습, 학예회, 학부모 상담, 준비물 안내 등 복잡한 공지를 항목별로 정리해 주어, 학부모가 한눈에 이해하기 쉬운 형태로 전달할 수 있습니다.

　결과를 바꾸고 싶다면 '요청 사항'을 수정해 업데이트하기: 먼저 왼쪽 Gems 목록에서 수정할 Gem의 ❹더보기(⋮)를 눌러 ❺수정을 선택해 편집 화면으로 이동합니다. Gem의 답변 품질과 출력 형식은 주로 '요청 사항'에 적어 둔 지시 문장에 의해 결정되므로, 이름이나 설명은 그대로 두어도 됩니다. 원하는 결과가 나오지 않을 때는 요청 사항에 "더 정중하게", "준비물·숙제·안내로 구분", "마지막에 한 문단 요약 추가"처럼 조건을 추가·수정한 뒤 미리보기로 예시를 넣어 확인합니다. 문장을 직접 손보기 어렵거나 방향이 애매할 때는 ❻연필 모양 버튼을 눌러 제미나이에게 보완을 요청할 수 있으며, 마지막으로 ❼업데이트를 눌러 수정 내용을 Gem에 반영합니다.

나만의 AI 외국어 튜터 만들기

Gems로 '나만의 AI 영어 선생님'을 만들어 소통 방식을 미리 설정해 두고, 실시간 음성 대화를 하며 영어를 효과적으로 연습할 수 있습니다.

 ## 한눈에 맛보기

'나만의 AI 영어 선생님' Gem을 만들어 회화 방식을 미리 설정해 두면, 같은 기준으로 영어 연습을 바로 시작할 수 있습니다. 특히 모바일 Gemini 라이브로 음성 대화를 하며 발음·표현을 즉시 교정받고, 대화 후 핵심 표현과 다음 연습 과제까지 간단히 정리할 수 있습니다.

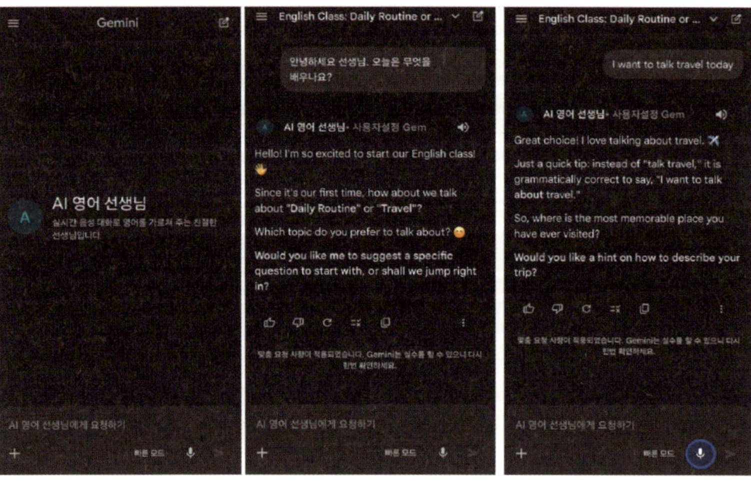

❶Gem 편집 화면에 이름과 설명을 입력한 뒤, 요청 사항에 "당신의 역할은 실시간 영어 회화 선생님입니다"처럼 대화 규칙을 설정합니다.

❷연필 모양을 눌러 제미나이에게 요청 사항을 보완·수정한 뒤, ❸저장을 클릭해 변경 내용을 반영합니다.

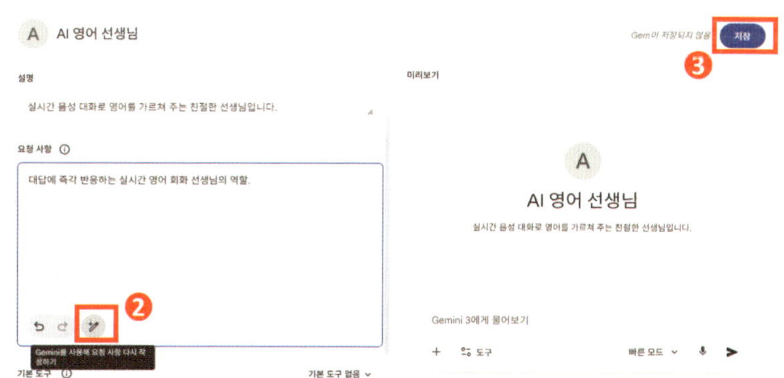

❹빠른 모드를 선택해 응답을 더 빠르게 받고, ❺마이크 아이콘을 눌러 실시간 음성 대화로 연습합니다.

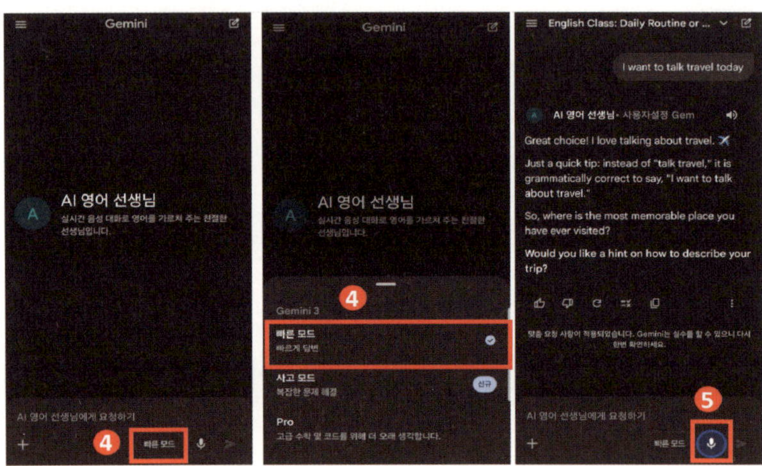

🖼️ 수업에 활용하기

Gem '나만의 영어 선생님'을 다음과 같이 활동할 수 있습니다.

- 수업 전 집중 연습: 수업에서 다룰 표현과 대화 상황을 미리 제시하고, 모바일 제미나이 라이브로 짧은 음성 대화를 진행합니다. 학생은 핵심 표현을 먼저 말해 보며 자신감을 높이고, Gem의 즉각적인 발음·문장 교정을 통해 수업 참여를 위한 준비를 탄탄히 할 수 있습니다.

- 수업 후 복습: 수업이 끝난 뒤 오늘 배운 핵심 표현을 다시 말로 정리하며 음성 복습을 진행합니다. Gem이 틀린 표현을 바로 수정 및 보완해주며 배운 내용을 복습할 수 있습니다.

Gem 지식에 학습 자료 추가하기: Gem 편집 화면의 지식 영역에서 + 버튼을 눌러 파일 업로드로 교과서·학습지·평가 자료(PDF 등)를 추가합니다. 그러면 Gem이 첨부한 자료를 바탕으로 수업 내용과 연결된 질문과 피드백을 제공하도록 설정할 수 있습니다. 막연한 회화 연습이 아니라 실제 수업 내용을 바탕으로 대화를 구성하고 필요한 표현을 반복 연습시키는 '교재 기반 맞춤형 영어 선생님'으로 활용할 수 있습니다.

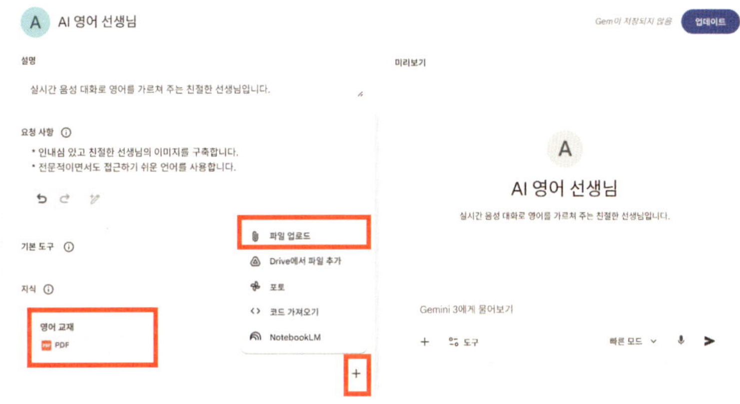

유튜브 퀴즈 자동 생성기 만들기

유튜브 영상 링크만 입력하면 AI가 핵심 내용을 분석하여 수준별 문제와 정답을 자동으로 생성하고, 해설에 타임스탬프까지 포함된 고품질 평가지를 단숨에 완성해 줍니다.

 한눈에 맛보기

'유튜브 퀴즈 자동 생성기' Gem을 만들어 두면, 유튜브 영상 링크만 입력해도 제미나이가 영상의 핵심 내용을 분석해 퀴즈 문항과 정답·해설을 자동으로 구성하고, 곧바로 실시간 퀴즈 활동으로 운영할 수 있습니다. Canvas 도구를 활용하면 단순히 텍스트 문제를 생성하는 것을 넘어, 수업 시간에 바로 실행 가능한 라이브 퀴즈 자료를 빠르게 만들어 활용할 수 있습니다.

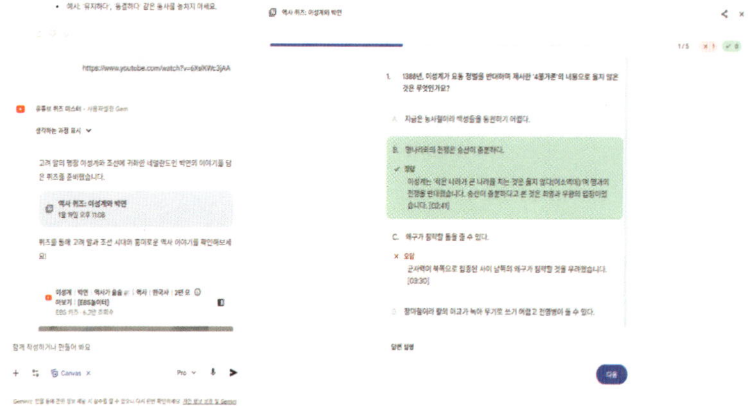

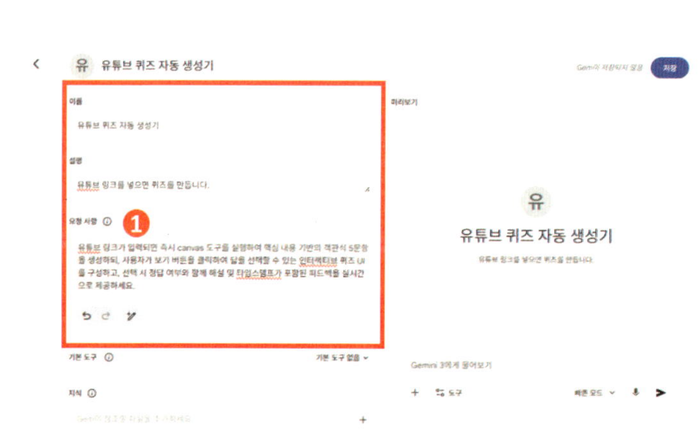

차근차근 따라하기

Gem 편집 화면에서 이름·설명·요청 사항을 예시처럼 입력합니다. 이때 ❶요청 사항에는 "Canvas 도구를 사용한다"라는 문구를 포함합니다.

❷기본 도구에서 ❸Canvas를 선택합니다.

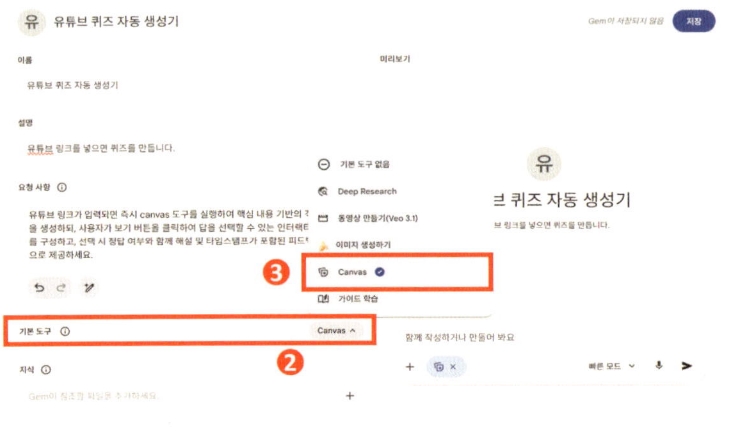

수업에 활용하기

'Gem 유튜브 퀴즈 자동 생성기'를 다음과 같이 활동할 수 있습니다.

- 동기 유발 퀴즈: 영상 보기 전에 퀴즈를 먼저 풀어 보며 학생들이 답을 예측합니다. 학습 영상에 대한 시청 집중도를 높일 수 있습니다.
- 복습·정리 퀴즈: 영상을 본 뒤 퀴즈를 풀어 핵심 내용을 점검합니다. 해설을 확인하며 학습 내용을 정확히 복습할 수 있습니다.

깊이 더보기

기본 도구를 바꿔 활용 범위 넓히기: Gem은 Canvas뿐 아니라 목적에 따라 기본 도구를 선택해 확장할 수 있습니다. 예를 들어 Deep Research

를 사용하면 영상 주제의 핵심 개념과 배경지식을 보완해 퀴즈의 정확도를 높일 수 있고, 이미지 생성을 활용하면 문항과 연결되는 그림 자료를 함께 만들어 시각 자료로 확장할 수 있습니다. 이렇게 한 번 만든 Gem을 수업 상황에 맞게 다양하게 변형해 활용할 수 있습니다.

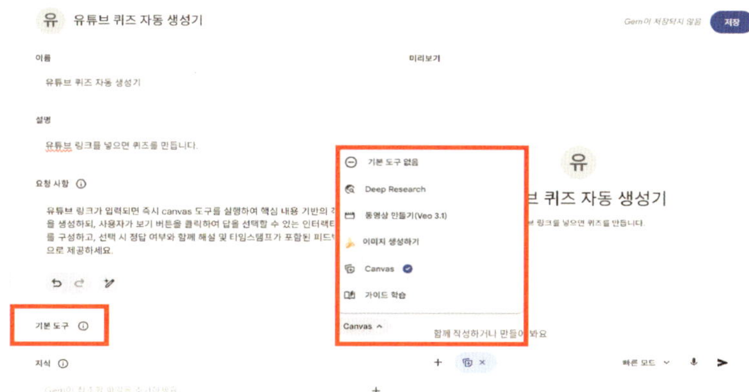

AI 창작동화 만들기

제미나이 스토리북은 학생들의 아이디어를 시각적인 전자책으로 즉시 변환해 주는 창작 도구입니다. 단순히 이야기를 글로 쓰는 것을 넘어, 문맥에 어울리는 삽화를 자동으로 생성하고 음성 낭독 기능까지 지원하여 학생의 창의성을 입체적으로 표현해 줍니다.

특히 제미나이의 문맥 이해 능력과 결합되어 별도의 디자인 기술이나 복잡한 편집 과정 없이도 문장 입력만으로 완성도 높은 동화책을 제작할 수 있어, 교실 안에서 누구나 작가가 되는 경험을 제공하는 직관적인 디지털 스토리텔링 플랫폼이라 할 수 있습니다.

이제 글쓰기를 두려워 빈 종이만 바라보고 있는 학생들이 막막함에서 벗어날 수 있습니다. 학생이 머릿속에 있는 작은 아이디어만 꺼내어 주면 제미나이가 살을 붙여 한 편의 멋진 이야기로 완성해 줍니다.

 한눈에 맛보기

제미나이에게 '주인공'과 '사건'이라는 아이디어의 씨앗만 던져주면 순식간에 풍성한 이야기가 피어납니다. 학생은 단순히 AI가 쓴 글을 받아 적는 것이 아니라, 이야기의 감독이 되어 마음에 들지 않는 결말을 고치고 문체를 다듬으며 창작 과정을 주도합니다. 학생의 엉뚱한 상상이 그럴듯한 문학 작품으로 완성되는 창작 경험을 교실에서 펼칠 수 있게 됩니다.

🐌 차근차근 따라하기

왼쪽 상단의 ❶Gems를 선택하고 Storybook의 오른쪽 상단 ❷점 세 개를 누르고 고정을 누릅니다.

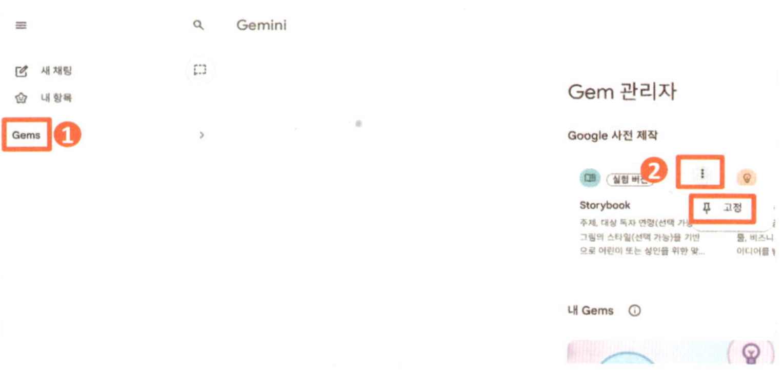

Gems 아래의 ❸Storybook을 선택하고 프롬프트 창에 ❹만들고 싶은 이야기의 주인공, 장소, 사건을 간단히 적습니다.

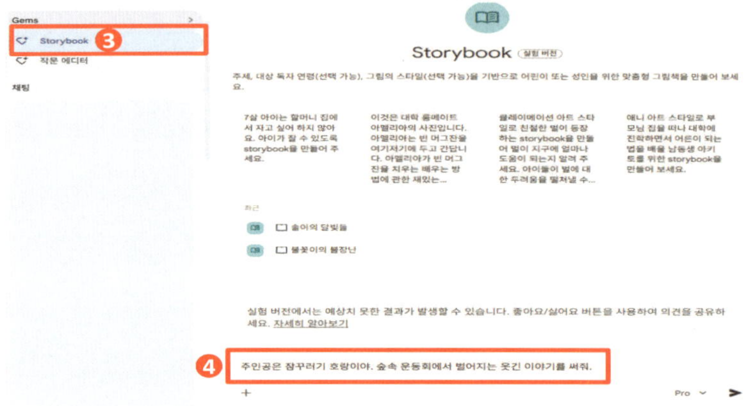

캔버스가 열리며 이야기책이 만들어진 것을 확인할 수 있습니다.

❺다운로드 버튼을 눌러 PDF로 다운로드를 받을 수 있고 ❻공유버튼을 눌러 ❼링크를 복사한 뒤 이야기를 친구에게도 공유할 수 있습니다. 또 ❽듣기 버튼을 눌러 음성의 종류를 선택하여 오디오북으로 감상도 가능합니다.

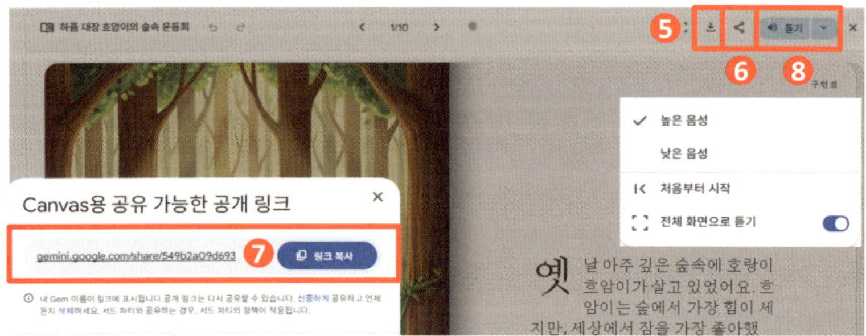

바꾸고 싶은 부분이 있다면, 구체적으로 ❾수정 요청을 하여 내용을 보완할 수도 있습니다.

🖼️ 수업에 활용하기

'AI 창작 동화'를 학급에서 다음과 같이 활용할 수 있습니다.

- 'AI 스토리 디렉터' 되어 장르 비틀기: 학생들에게 이미 잘 알려진 동화(예: 흥부와 놀부)를 하나 정해주고, 제미나이에게 색다른 장르로 바꾸라고 명령하게 하세요. "흥부와 놀부를 9시 뉴스 보도 형식으로 바꿔줘", "SF 미래 도시 버전으로 써줘"처럼 장르와 배경을 재설정하는 프롬프트만으로도 분위기가 완전히 다른 글이 탄생합니다. 학생들은 이 과정을 통해 문체와 장르의 특성을 자연스럽게 익힙니다.

- 배운 단어 몽땅 넣기 (어휘력 챌린지): 오늘 국어 시간에 배운 '새로 나온 단어' 5개를 제시하고, 제미나이에게 "이 5단어가 모두 들어가는 자연스러운 모험 이야기를 만들어줘"라고 요청하게 하세요. 단어가 문맥 속에서 어떻게 쓰이는지 AI가 만든 예문을 통해 확인할 수 있으며, 학생은 생성된 글을 읽으며 단어의 쓰임이 적절한지 '감수자'의 입장에서 평가해 볼 수 있습니다.

- 교과서 뒷이야기 상상하기: 국어 교과서에 나오는 이야기의 뒷부분이 궁금할 때 활용하세요. "소나기 속 소년이 어른이 되어서 소녀의 무덤을 찾아가는 이야기를 써줘"처럼 구체적인 조건을 넣어 뒷이야기를 요청합니다. 이때 학생들에게 "단, 슬픈 분위기 말고 희망찬 분위기로 써줘"와 같이 감정선을 지시하게 하면 훨씬 더 깊이 있는 문학적 상상력을 발휘할 수 있습니다.

깊이 더보기

밋밋한 글에 생명을 불어넣는 '페르소나(Persona)' 기법: 제미나이가 써준 글이 너무 설명조이거나 딱딱하다면, AI에게 구체적인 작가의 역할을 부여해 보세요. 프롬프트에 "지금부터 너는 베스트셀러 판타지 소설 작가야. 신비롭고 몽환적인 묘사를 넣어서 고쳐줘"라거나, "너는 다정한 유치원 선생님이야. 아주 쉽고 따뜻한 말투로 다시 써줘"라고 역할을 씌우는 것입니다. 같은 줄거리라도 누가 쓰느냐를 설정해주면, 글의 흡입력이 완전히 달라지는 마법을 경험할 수 있습니다.

AI 교과동화 만들기

이제 딱딱한 교과서 내용을 아이들에게 이해시키기 위해 진땀 흘리던 어려움에서 벗어날 수 있습니다. 수업에 사용할 PPT나 학습지를 제미나이에 업로드하기만 하면, 복잡한 지식이 아이들 눈높이에 맞춘 재미있는 동화로 자연스럽게 변신합니다.

 한눈에 맛보기

이야기로 시작하는 수업은 아이들의 호기심을 자극하며 자연스럽게 수업에 집중하게 만듭니다. 제미나이를 활용한 스토리텔링 수업 자료는 수업 도입 단계에서 학생들의 궁금증을 효과적으로 끌어올려, 이후 학습 활동 전반에 대한 몰입으로 이어집니다. 이를 통해 교사는 수업 초반부터 아이들의 관심을 붙잡는 탄탄한 수업 흐름을 설계할 수 있습니다.

교사: (임진왜란 수업 PPT 파일 업로드) "이 사료를 바탕으로 이순신 장군의 시점에서 쓴 **일기 형식의 동화**로 만들어줘."

Gemini: "X월 X일, 바다가 거칠다. 하지만 나는 두렵지 않다. 우리에게는 거북선이라는 든든한 친구가 있으니까... (PPT의 핵심 내용인 학익진, 거북선 구조를 자연스럽게 녹여냄)"

교사: (생성된 이야기를 수업 도입부에 읽어주며) "자, 오늘 우리는 이 일기의 주인공이 되어 1592년의 바다로 가볼 거야."

차근차근 따라하기

Gems 아래의 ❶storybook을 선택, ❷ +버튼을 누르고 이야기로 만들고 싶은 ❸ 파일을 업로드 합니다.

❹대상, 장르, 주인공, 학습 키워드를 넣어 이야기를 만들어달라고 요청합니다.

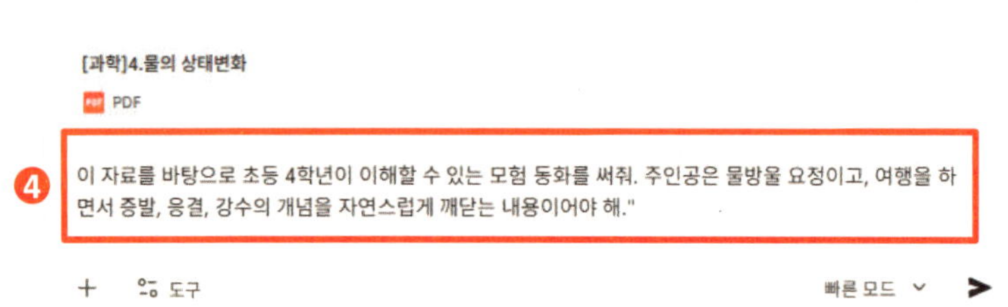

캔버스가 열리며 이야기가 만들어진 것을 확인할 수 있습니다.

- 과학/사회 개념 '1인칭 여행기' 만들기 (의인화): 수업 자료(PPT 등)를 업로드한 뒤 학습 대상을 의인화합니다. 예를 들어 "적혈구를 '택배기사'로 설정해 우리 몸을 돌며 산소를 배달하는 과정을 일기 형식으로 써줘"라고 요청하면, 복잡한 이동 경로와 기능 설명이 흥미로운 모험 이야기로 재구성됩니다.

- 역사 속으로 '시간 여행' 동화 만들기 (타임슬립): 역사적 배경지식이 담긴 수업 자료를 업로드한 뒤, 현대의 주인공이 과거로 이동하는 타임슬립 모험 이야기를 구성합니다. 예를 들어 "조선 후기 생활 모습 자료를 바탕으로, 스마트폰을 들고 있던 2026년의 초등학생이 18세기 장터로 떨어져 겪는 모험 이야기를 써줘"라고 요청하면, 딱딱한 역사 내용이 모험 이야기 속 사건으로 풀어져 학생들의 몰입감을 자연스럽게 높여 줍니다.

- 수학 문장제 문제 '탐정 소설'로 변환하기: 수학 문장제 문제를 업로드하고, "이 문제는 주인공이 피라미드 지하 감옥을 탈출하기 위해 반드시 풀어야 하는 '마지막 암호'야. 주인공이 문제를 발견하고 풀기 위해 고민하는 긴박한 상황을 모험 소설로 써줘"라고 요청해보세요. 지루한 계산 문제가 스토리 속 주인공의 운명이 걸린 흥미진진한 미션으로 바뀌어, 아이들이 수학 문제를 풀어야 할 확실한 동기를 부여해 줍니다.

아이들이 환호하는 '그림체'로 주문하기 (화풍 변경): 제미나이가 만들어주는 삽화가 다소 밋밋하거나 교과서처럼 딱딱하게 느껴진다면, 프롬프트 끝에 구체적인 그림 스타일을 덧붙여 보세요. "삽화는 요즘 아이들이 좋아하는 [마인크래프트 도트 스타일 / 디즈니 3D 애니메이션 스타일 / 레고 블록 스타일]로 그려줘"라고 콕 집어 요청하는 것입니다. 아이들에게 익숙한 게임이나 만화 화풍으로 지식 동화를 보여주면 아이들의 수업 몰입도가 배가됩니다.

튀어나온 것은 '로비'라는 이름의 귀여운 픽셀 적혈구였어요. "안녕, 아린아! 나는 우리 몸의 배달부야. 지금부터 내 일터를 구경시켜 줄게!" 로비가 아린이의 손을 잡자, 아린이의 몸이 픽셀로 변하더니 아주 작아져서 자신의 몸속으로 빨려 들어갔어요.

교실로 ON
제미나이

구글 Opal

구글 Opal은 노코드 방식으로 업무 흐름을 설계하고 자동화할 수 있는 도구로, 복잡한 개발 지식 없이도 화면에서 단계만 연결해 반복 업무를 빠르게 앱으로 구현할 수 있다는 점이 핵심입니다. 특히 제미나이와 함께 활용하면 필요한 기능을 자연어로 설명하는 것만으로 자동화 시나리오와 화면 구성을 손쉽게 만들 수 있어, 아이디어를 곧바로 작동하는 형태로 옮기는 과정이 훨씬 간단해집니다. 또한 완성한 앱을 간단한 절차로 배포할 수 있어 교실·연수·학교 업무 현장에서 즉시 공유하고 적용하며 개선해 나가기 좋은 실용적인 노코드 자동화 플랫폼입니다.

오디오 스토리북 만들기

주제만 입력하면 Opal이 이야기 구성부터 그림과 음성까지 한 번에 생성해, 바로 들려줄 수 있는 오디오 스토리북을 쉽게 완성할 수 있습니다.

 한눈에 맛보기

Opal로 '오디오 스토리북 생성기' 웹 앱을 제작합니다. 사용자가 주제(예: 이순신)를 입력하면 제미나이가 이야기 흐름을 구성하고, 장면별 이미지와 내레이션 문장을 생성해 오디오 스토리북 형태로 정리합니다. 각 장면은 텍스트와 오디오를 함께 제공하도록 구성해, 학생들이 페이지를 넘기며 읽고 듣는 활동으로 활용할 수 있습니다. 또한 한 번 형식을 정해 두면 주제만 바꿔 입력해도 같은 구성으로 결과물이 생성되어 활용이 편리합니다.

 **차근차근 따라하기**

제미나이에 접속한 뒤, 화면 왼쪽 메뉴에서 ❶Gems를 선택합니다.

Gems 화면에서 My Gems from Labs 영역의 ❷New Gem을 클릭해 새 앱 제작을 시작합니다.

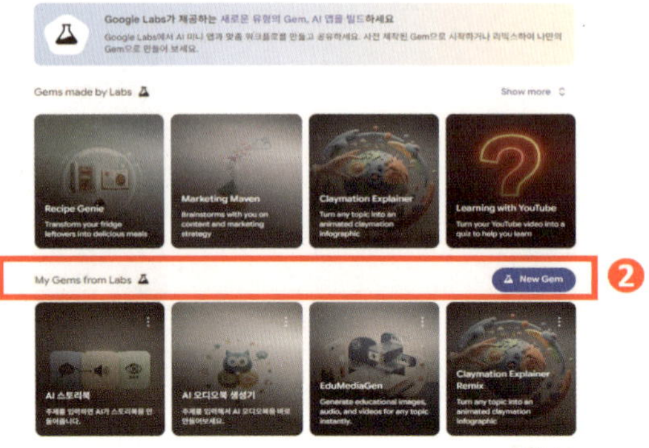

❸하단 입력창에 만들고자 하는 앱의 기능을 자연어로 구체적으로 설명하는 프롬프트를 입력합니다.

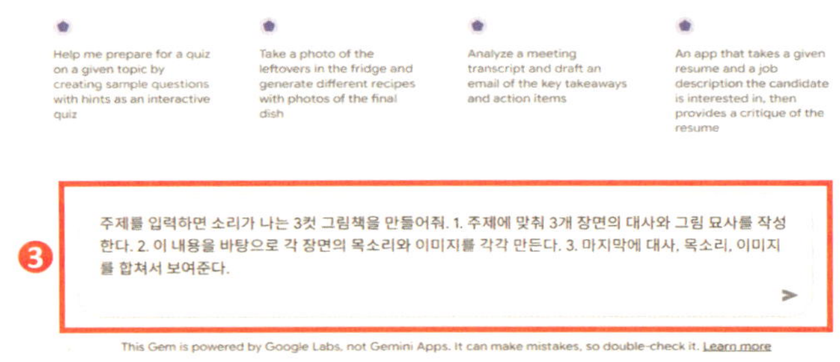

제작이 끝나면 우측 상단의 ❹Share App을 클릭해 생성한 앱을 웹 앱 형태로 공유·배포합니다.

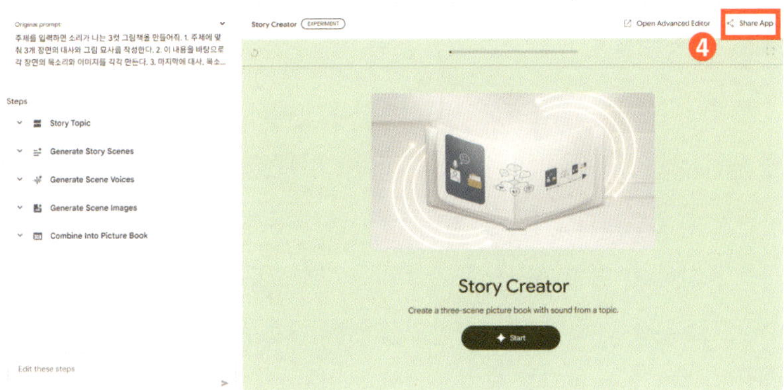

수업에 활용하기

'Opal 오디오 스토리북'을 다음과 같은 수업에 활용할 수 있습니다.

- 아침 독서·수업 도입 자료 제작: 단원 주제나 인물, 개념을 입력해 짧은 오디오 스토리북을 만들고, 도입에서 함께 듣고 핵심 내용을 정리하며 배경지식을 자연스럽게 형성할 수 있습니다.

- 프로젝트 학습 산출물(스토리텔링 발표) 지원: 모둠이 조사한 내용을 '3장면 이야기'로 재구성해 오디오·이미지로 완성하면, 발표 자료가 스토리 형태로 정돈되어 이해도와 몰입도를 높일 수 있습니다.

- 다문화·관계·생활지도 자료 제작: 배려, 갈등 해결, 안전, 예절 등 생활 주제를 스토리북으로 만들어 짧게 들려주고, 학생들과 상황을 토의하며 공감과 행동 변화를 이끌 수 있습니다.

　제미나이에게 요청해 앱을 바로 수정하기:제작 화면 하단의 ❺입력창에 원하는 변경점을 자연어로 적으면, 앱의 단계와 생성 규칙을 빠르게 보완할 수 있습니다. 예를 들어 "구글 딥리서치 기능으로 주제에 대한 사실을 조사하고, 이를 바탕으로 스토리를 구성하도록 해줘", "초등 3학년 수준으로 문장을 더 짧게", "장면을 3개에서 5개로 늘리기", 처럼 요청해 난이도·구성·출력 형식을 목적에 맞게 조정할 수 있습니다.

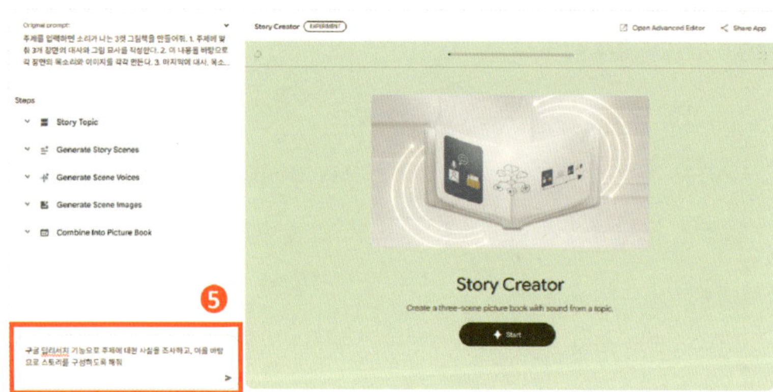

맞춤형 교육 숏폼 제작 자동화하기

주제만 입력하면 Opal이 학생들이 좋아하는 레고풍 스타일로 핵심 내용을 시각화해 교육 숏폼 영상을 한 번에 만들어 줍니다.

 **한눈에 맛보기**

제미나이의 Gems 예시 앱을 Remix로 가져오면, '완성된 샘플'을 바탕으로 출력 형식과 동작 방식만 빠르게 조정해 Opal 앱을 손쉽게 완성할 수 있습니다. 이렇게 만든 '맞춤형 교육 숏폼 제작 자동화하기'는 주제나 단원 핵심만 입력해도 학생들이 좋아하는 레고풍 10초 내외 교육 숏폼을 즉시 생성해 줍니다. 수업 전에는 이 숏폼을 먼저 보여 주고 "오늘 무엇을 배울까?"를 한 문장으로 예측하게 하여 자연스럽게 동기를 열 수 있습니다. 또한 요청 사항에 말투와 구성 기준만 정해 두면 매번 같은 기준으로 제작되어, 짧지만 통일감 있는 수업 자료를 빠르게 확보할 수 있습니다.

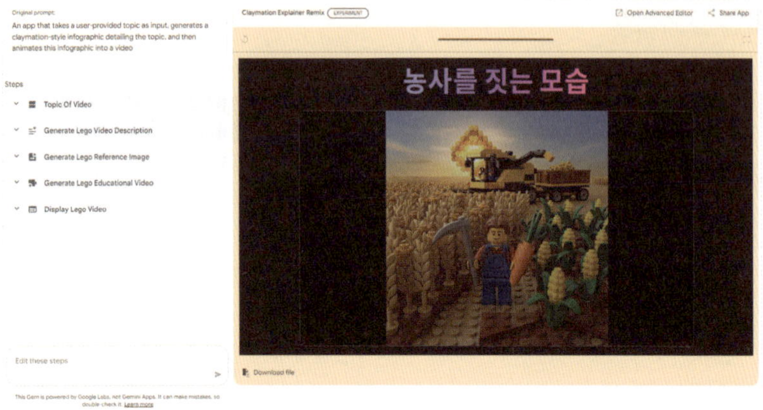

❶Gems made by Labs에서 ❷Claymation Explainer 카드의 ❸ Remix를 클릭합니다. 이때 꼭 Remix 버튼을 눌러야 합니다. Remix로 진입해야 수정이 가능하며, 버튼 없이 그냥 열면 편집할 수 없습니다.

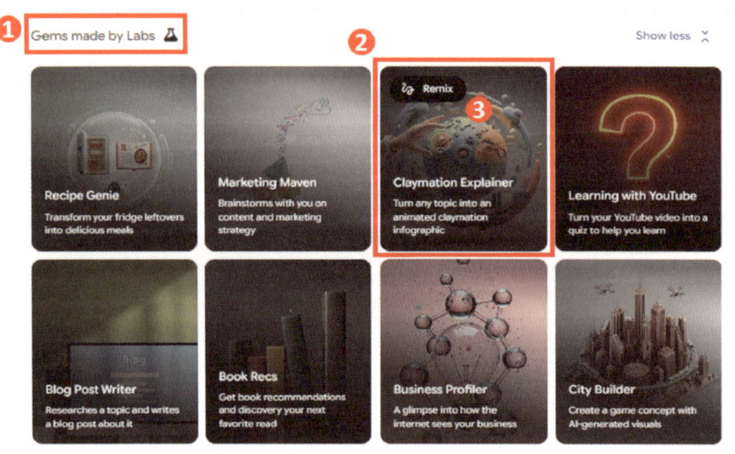

❸하단 입력창에 원하는 스타일(예: 레고풍)을 적어 제미나이에게 앱을 그 스타일로 편집해 달라고 요청합니다.

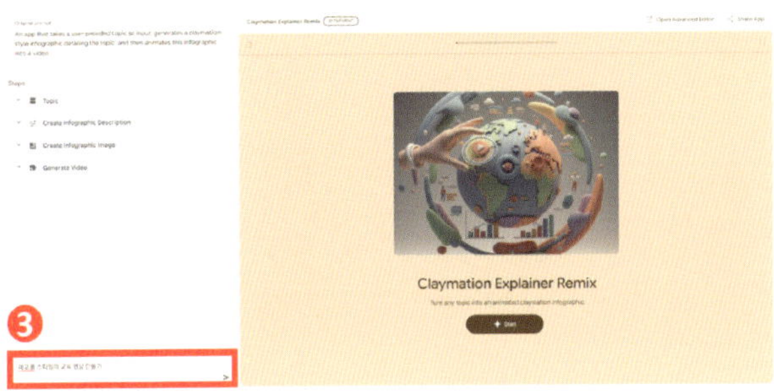

생성된 결과물을 먼저 확인한 뒤, 원하는 형태가 아니라면 제미나이에게 수정 방향을 구체적으로 제시해 다시 편집을 요청합니다. 또한 왼쪽의 'Steps'에서 각 단계 카드를 클릭하면 단계별로 어떤 프롬프트가 적용되었는지 세부 내용을 확인할 수 있으므로, 어느 단계에서 결과가 달라졌는지 짚어가며 더 정확하게 보완할 수 있습니다.

 ## 수업에 활용하기

'맞춤형 교육 숏폼'을 활용하여 다음과 같은 수업이 가능합니다.

- 수업 전 '예상 한 문장' 활동: 숏폼을 먼저 보여준 뒤 "이 영상은 어떤 내용을 말해주려 할까?"를 한 문장으로 적게 하여, 단원 학습에 필요한 배경지식을 자연스럽게 열 수 있습니다.

- 수업 후 '한 줄 정리' 마무리: 수업이 끝나기 직전에 숏폼을 다시 보여주고, 학생들이 '오늘 배운 핵심 한 줄'을 남기게 하여 학습 내용을 간단히 정리하고 기억을 강화할 수 있습니다.

깊이 더보기

다른 사람이 만든 Opal 앱도 Remix로 내 것으로 만들기: Opal은 내가 만든 앱뿐 아니라, 다른 사용자가 공유한 모든 Opal 앱도 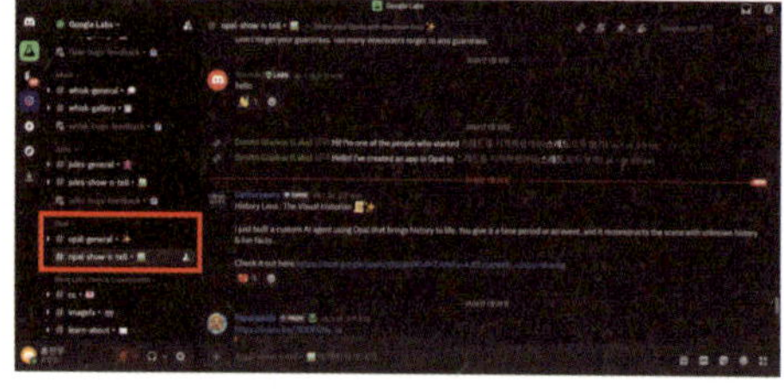 Remix하여 그대로 가져와 수정할 수 있습니다. 그래서 아이디어가 필요할 때는 디스코드 Google Labs 커뮤니티의 Opal 채널(예: opal-show-n-tell)에서 다른 사용자들의 앱을 둘러보고, 마음에 드는 앱을 열어 Remix로 복제해 수업 및 업무 목적에 맞게 문구·단계·결과물 형식만 다듬어 빠르게 맞춤형 앱으로 재구성할 수 있습니다.

멀티모달 수업자료 만들고
WebAR로 연결하기

주제만 입력하면 Opal이 핵심 내용을 바탕으로 이미지·오디오·짧은 영상 등 수업에 바로 쓰기 좋은 자료를 한 번에 생성해 준비 시간을 크게 줄일 수 있습니다. 또한 이렇게 만든 결과물은 WebAR 플랫폼에서 한 화면에 연결해 효율적으로 활용할 수 있습니다.

 ## 한눈에 맛보기

단 하나의 주제만 입력해도 수업에 필요한 이미지·오디오·설명 영상을 한 번에 확보할 수 있습니다. 제미나이가 주제를 분석해 서로 다른 형태의 멀티모달 자료를 동시에 생성해 주기 때문입니다. 이렇게 만들어진 시청각 자료는 바로 다운로드해 수업 자료로 활용하거나, WebAR과 연결해 학생 참여형 실감 콘텐츠로 확장할 수 있습니다. 결과물을 더 정교하게 다듬고 싶다면 '고급 편집기(Advanced Editor)'에서 단계별 프롬프트를 수업 의도에 맞게 조금만 조정해 우리 반 눈높이에 맞춘 자료로 보완하면 됩니다.

차근차근 따라하기

제미나이에서 Gems를 클릭한 뒤 New Gem을 선택하고, ❶앱 설명 입력란에 '교육 주제를 입력하면 관련 교육용 이미지·오디오·동영상을 자동으로 생성하고, 각각 다운로드할 수 있는 앱'이라고 입력합니다.

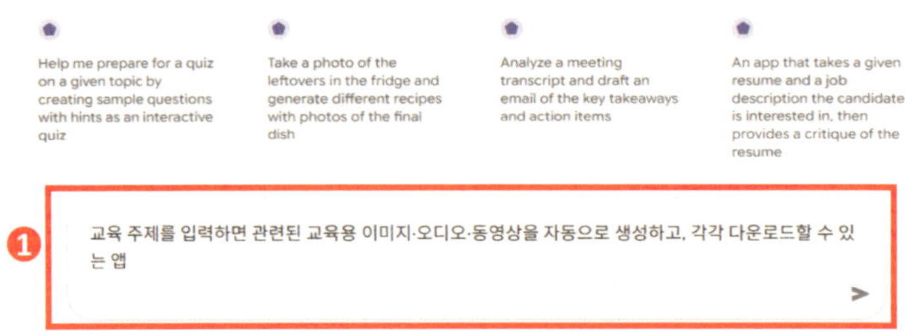

이번에는 앱을 더 정교하게 만들기 위해 Opal 고급 편집기로 들어가 직접 설정을 조정해 보겠습니다. 오른쪽 상단의 ❷Open Advanced Editor를 클릭합니다.

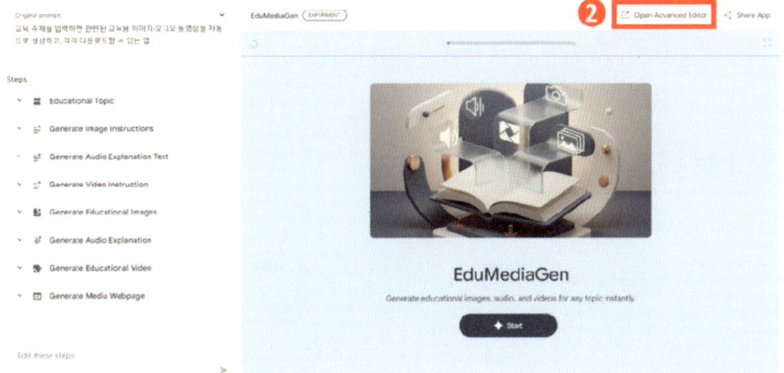

Opal의 앱은 여러 개의 노드(Node)로 구성되며, 노드는 전체 흐름을 이루는 하나의 작업 단위(기능 블록)입니다. 노드들이 레고 블록처럼 연결되어 하나의 AI 앱을 만듭니다. 노란색은 입력 노드로 주제를 받으며, 파란색은 생성 노드로 AI가 콘텐츠를 만들고, 초록색은 출력 노드로 결과물을 묶어 최종 화면에 보여줍니다.

❸화면 중앙 하단 입력창에서 제미나이에게 앱의 구성과 동작을 한 번에 수정·편집 요청할 수 있습니다.

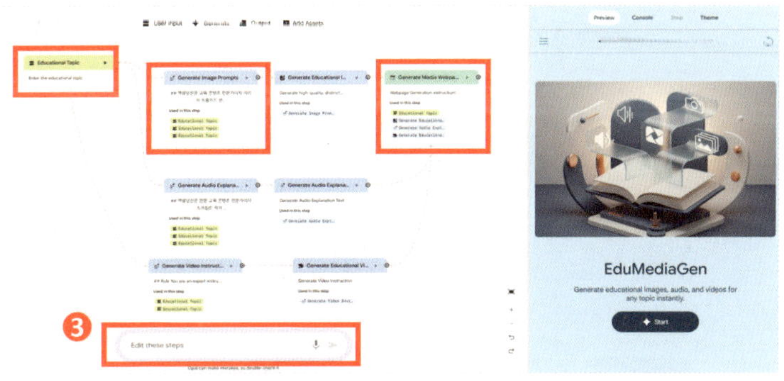

또한, ❹수정하고 싶은 노드를 클릭합니다. 이어서 ❺연필 아이콘을 누르면 해당 노드의 ❻프롬프트를 제미나이에게 요청해 손쉽게 편집할 수 있습니다. 이처럼 제미나이에게 요청하는 두 가지 방식을 통해 Opal 앱을 효과적으로 제작할 수 있습니다.

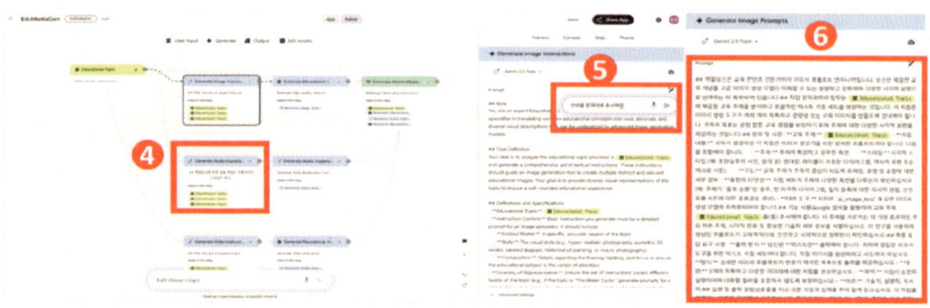

❼Preview 탭에서는 앱이 실제로 어떻게 동작하는지 미리 실행해 확인할 수 있고, ❽Console 탭에서는 각 노드가 어떤 순서로 처리되는지 진행 과정을 살펴볼 수 있습니다. 두 탭을 오가며 작동을 점검한 뒤, 수정이 필요하면 제미나이에게 요청해 내용을 다듬으면 됩니다. 준비가 끝나면 ❾Share App버튼을 눌러 앱을 공유·배포할 수 있습니다.

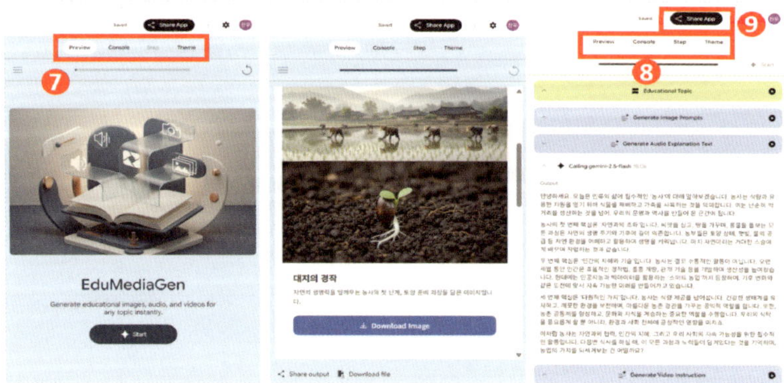

'멀티모달 수업자료 만들기'로 다음과 같은 수업이 가능합니다.

- 수업 자료 제작 시간 단축: 선생님이 말투·구성·분량 기준을 한 번만 맞춰 두면, 이후에는 주제만 입력해도 수업에 필요한 이미지·오디오·짧은 영상 자료를 한 번에 생성해 바로 활용할 수 있습니다.

- 자료 품질과 형식의 일관성 확보: 매번 다른 방식으로 자료를 만들지 않아도, 동일한 기준으로 생성된 결과물을 반복 활용할 수 있어 수업 자료의 톤과 구성 흐름을 안정적으로 유지할 수 있습니다.

WebAR 활용하기: WebAR은 별도의 앱 설치 없이 웹에서 증강현실을 제작하고 배포할 수 있는 기술입니다. Opal에서 만든 이미지·오디오·영상 자료를 WebAR로 구성하면, 여러 결과물을 하나의 화면(경험)으로 묶어 제시할 수 있어 효과적인 자료 활용이 가능합니다. 아래 QR 코드를 찍으면 Opal 자료를 활용한 WebAR을 체험할 수 있습니다.

교실로 ON
제미나이

제미나이 구글 도구

제미나이의 진정한 가치는 구글의 다양한 업무 도구들과 결합할 때 비로소 극대화됩니다. 구글 드라이브, 구글 스프레드시트, 구글 어스, 구글 킵, 구글 태스크, 구글 설문지 등 우리에게 익숙한 도구들이 제미나이라는 인공지능을 만나면 단순한 프로그램을 넘어 스스로 생각하고 처리하는 지능형 비서로 진화합니다.

제미나이: 단축키로 호출하기

먼저 제미나이를 독립된 앱으로 설치하고 전용 단축키를 설정해서, 업무 중 언제든 즉시 호출할 수 있는 환경을 만들어 보겠습니다. 도구의 가치는 접근 속도에서 결정됩니다. 제미나이가 아무리 뛰어나도 매번 브라우저를 열어 찾아야 한다면 활용은 자연스럽게 줄어듭니다. 그래서 더 빠르게 실행할 수 있는 환경이 필요합니다.

 한눈에 맛보기

제미나이를 크롬 브라우저의 탭이 아닌 컴퓨터에 설치된 일반 프로그램처럼 독립된 창으로 분리해 보겠습니다. 이를 'PWA(Progressive Web App) 설치'라고 합니다. 이렇게 설정하면 한글 문서 작업이나 공문 작성 중에도 단축키 (Ctrl + Alt + 1) 한 번으로 제미나이를 화면 맨 앞으로 불러올 수 있습니다.

 차근차근 따라하기

먼저 크롬 브라우저에서 제미나이 공식 사이트에 접속합니다. 주소창 오른쪽 끝에 있는 ❶점 세 개(:) 버튼을 누릅니다. 메뉴에서 ❷'전송, 저장, 공유'를 선택한 뒤, ❸'페이지를 앱으로 설치' 항목을 클릭합니다.

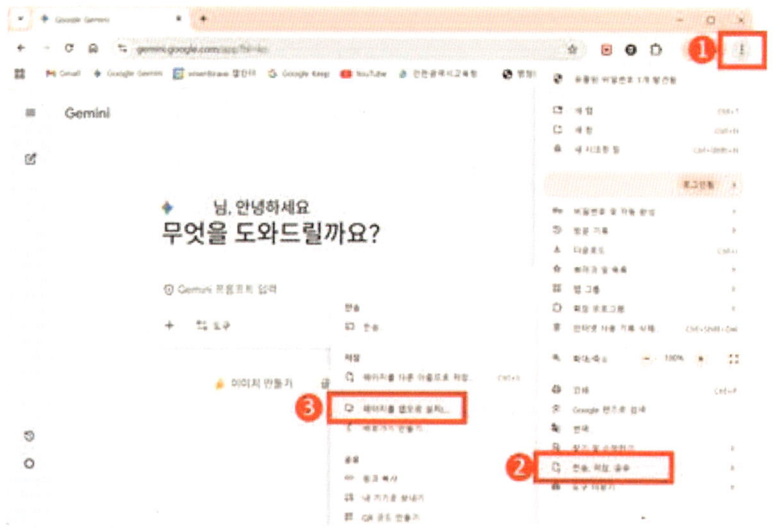

팝업이 뜨면 '설치'를 클릭합니다. 이제 제미나이는 상단 주소창이나 탭이 없는 깔끔한 독립 창으로 실행됩니다.

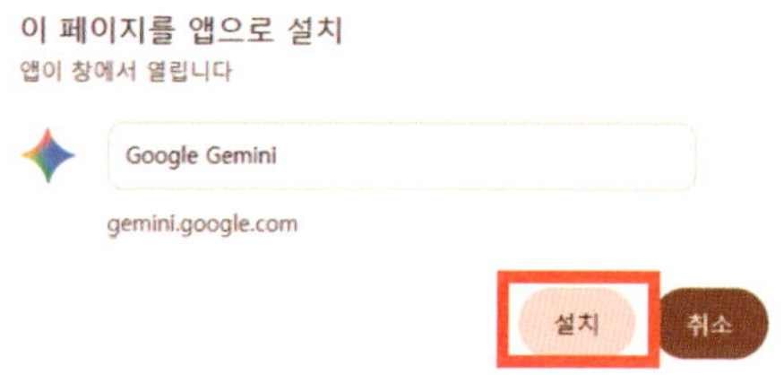

설치가 완료되면 바탕화면에 제미나이 아이콘이 자동으로 생성됩니다. 만약 아이콘이 보이지 않는다면 윈도우 '시작' 버튼을 눌러 앱 목록에서 제미나이를 찾아 바탕화면으로 끌어다 놓으세요. 즉시 실행 가능한 바로가기가 만들어집니다.

지금부터는 바탕화면의 제미나이 아이콘에 고유한 단축키를 부여하는 과정입니다. 바탕화면의 제미나이 아이콘을 마우스 오른쪽 버튼으로 클릭하고 ❹'속성'을 선택합니다.

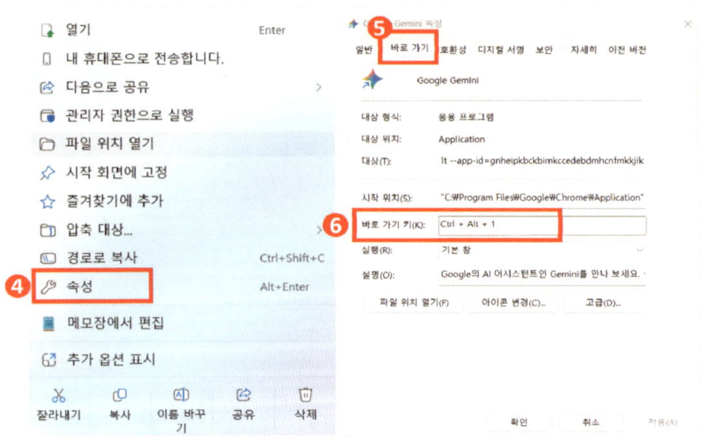

속성 창 상단의 ❺'바로가기' 탭을 클릭합니다. 중간에 있는 ❻'바로가기 키(K)' 항목의 입력창을 마우스로 클릭합니다. 기본값은 '없음'으로 되어 있습니다. 본인이 원하는 단축키 조합을 키보드로 입력합니다. 예를 들어 숫자 1을 누르면 자동으로 'Ctrl + Alt + 1'과 같은 조합이 생성됩니다. 하단의 '확인' 버튼을 눌러 설정을 저장합니다.

이제 단축키 설정이 끝났습니다. 브라우저가 꺼져 있는 상태에서도 설정한 단축키(Ctrl + Alt + 1)를 누르면 제미나이가 즉시 실행됩니다.

업무에 활용하기

제미나이 단축키를 설정하면 크롬 브라우저를 별도로 실행하거나 화면을 전환할 필요 없이, 언제 어디서나 제미나이의 지원을 받을 수 있습니다.

- 즉각적인 일정 등록: 메신저나 공문으로 일정을 확인했다면 단축키(Ctrl + Alt + 1)를 눌러보세요. "내일 2시 회의 일정 구글 캘린더에 입력해 줘"라는 명령만으로 구글 캘린더에 바로 저장됩니다.

- 학부모 안내장 문구 교정: 안내장 초안이 고민될 때 단축키(Ctrl + Alt + 1)를 활용해 보세요. 작성한 내용을 붙여 넣으면 더욱 정중하고 신뢰감을 주는 표현으로 다듬어 줍니다.

- 문서 작업의 완성도 향상: 한글(HWP)이나 워드 작업 중 문맥이 어색할 때 단축키(Ctrl + Alt + 1)를 눌러보세요. 오타와 비문을 찾아내고 문장을 세련되게 교정하여 결점 없는 문서를 완성하도록 도와줍니다.

구글 캘린더:
제미나이로 일정 관리하기

구글 캘린더 일정 등록은 캘린더 앱 실행부터 날짜 선택, 내용 입력까지 번거로운 단계를 거쳐야 했습니다. 이제 제미나이를 도입하여 구글 캘린더 활용 방법을 획기적으로 바꿔보세요.

제미나이에서 "다음 주 금요일 오후 2시 출장을 구글 캘린더에 추가해 줘"와 같은 자연어 명령 하나면 구글 캘린더에 일정이 바로 입력됩니다. 복잡한 설정은 필요 없습니다. 명령 한 줄이면 충분합니다.

한눈에 맛보기

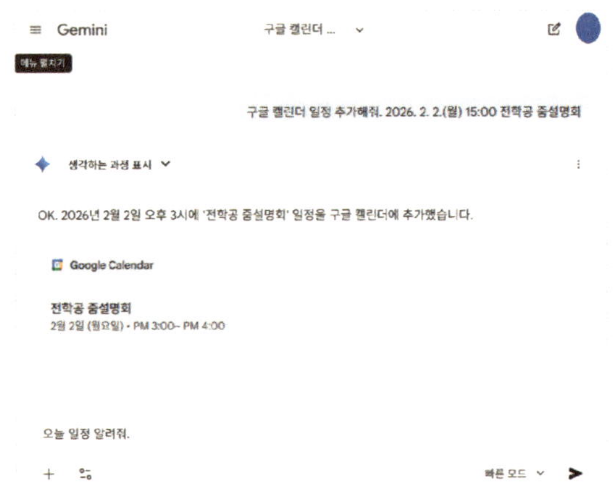

먼저 제미나이가 사용자의 구글 캘린더에 접근할 수 있도록 권한을 부여해야 합니다. 제미나이 화면 왼쪽 하단에 있는 톱니바퀴 모양의 ❶'설정' 아이콘을 클릭하고 ❷'연결된 앱(확장 프로그램)'을 선택합니다.

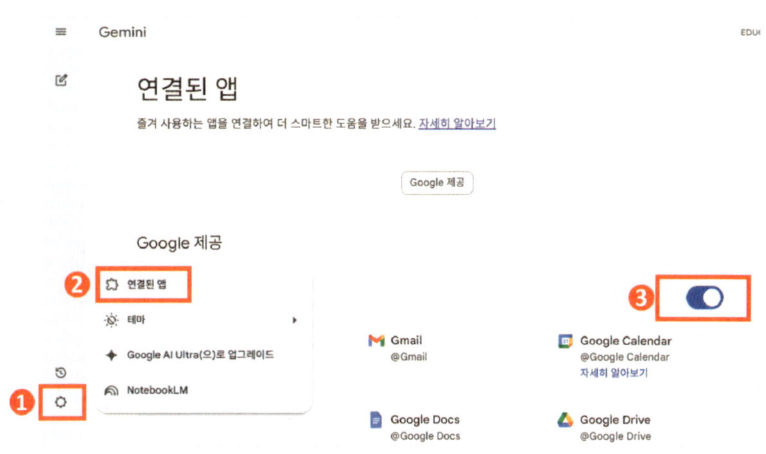

메뉴 중에서 ❸'Google Workspace' 항목의 스위치를 켜서 활성화(파란색)합니다. 이로써 제미나이는 단순한 챗봇 기능을 넘어, 구글 캘린더 일정을 통합 관리하는 개인 비서 역할을 수행할 수 있게 됩니다.

연간 학사일정을 한꺼번에 구글 캘린더에 입력할 수도 있습니다. 먼저 학사일정을 PDF 파일로 준비합니다. 제미나이에 연간 학사일정 파일을 업로드하고, ❹"이 파일의 텍스트를 추출해 줘"라고 명령합니다.

가 1학기 계획

월	기 간	요일별수업일수					공휴일및 휴업일	수업일수	학교 학년행사
		월	화	수	목	금			
3	01-06		1	2	3	4	3.1절(1)	3	**시업식 · 입학식(3.2)**
	07-13	7	8	9	10	11	20대 대통령선거(9)	4	1학기 학급정 · 부회장 선거(8)
	14-20	14	15	16	17	18		5	
	21-27	21	22	23	24	25		5	1학기 학교설명회(22) 인성·친구사랑주간 (3.21-3.25) 1학기학부모상담주간(3.21~4.1)
	28-03	28	29	30	31	1		5	띠앗활동(3.31)
4	04-10	4	5	6	7	8		5	수업실우실습(경인교대4학년.4.4~4.29))
	11-17	11	12	13	14	15		5	독도교육주간(4.12-4.15)
	18-24	18	19	20	21	22		5	창의과학축제한마당(4.21)
	25-01	25	26	27	28	29		5	3학년 체육대회() 4학년 체육대회() 5학년 체육대회() 6학년 체육대회()
5	02-08	2	3	4	5	6	어린이날(5) 재량휴업일(6)	3	효행주간(5.2-5.4) 1학년 체육대회() 2학년 체육대회()
	09-15	9	10	11	12	13		5	창관실습(경인교대2학년.5.9-5.20)) paps(5.9-5.14)
	16-22	16	17	18	19	20		5	
	23-29	23	24	25	26	27		5	줄넘기급수주간(5.23-5.27) 진로교육주간(5.23-5.27)
6	30-05	30	31	1	2	3	2022 지방선거(1)	4	호국보훈교육주간(5.30-6.3) 띠앗활동(5.31)
	06-12	6	7	8	9	10	현충일(6)	4	
	13-19	13	14	15	16	17		5	AI·SW교육주간(6.13-6.17)
	20-26	20	21	22	23	24		5	
	27-03	27	28	29	30	1		5	
7	04-10	4	5	6	7	8		5	공깨 탐색주간(7.4-7.9)
	11-17	11	12	13	14	15		5	
	18-19	18	19	20	21	22		5	**여름방학식** (7/22. 여름방학일 33일)
2022학년도 1-6학년 1학기 수업일수 계	**월별 수업일수** 3월:21일, 4월:21일, 5월:20일 6월:20일, 7월:16일 계 : 98일							**98**	**1학기 수업일수 계 : 98일**

연간 교육과정 운영 계획

PDF PDF

❹ 문서에서 글자 추출해줘.

  ＋　　도구　　　　　　　　　　　　　　　　　빠른 모드 ∨　➤

추출된 학사 일정과 공휴일 정보를 복사하여 대화창에 붙여 넣은 뒤,
끝에 ❺"이 내용을 구글 캘린더에 등록해 줘"라고 입력합니다. 많은 연간

일정을 한 번에 간편하게 구글 캘린더에 저장할 수 있습니다.

업무에 활용하기

제미나이와 구글 캘린더를 연동하면 복잡한 메뉴 조작 없이 대화하듯 편하게 일정을 관리할 수 있습니다.

- 간편한 일정 등록과 확인: "내일 오후 2시 교무회의 등록해 줘"라고 말하거나 "1학기 현장체험학습 언제지?"라고 묻기만 하면 즉시 처리됩니다.

- 일정 브리핑: 오늘의 전체 일정을 요약해 달라고 요청하여 하루의 흐름을 놓치지 않고 빠르게 파악할 수 있습니다.

- 대량 일정 일괄 입력: 연간 계획표와 같은 문서 파일의 내용을 인식하여, 연간 학사 일정도 명령어 한 번으로 캘린더에 등록할 수 있습니다.

구글 태스크:
스마트한 할 일 목록 관리하기

구글 태스크는 구글 캘린더, 지메일 등과 완벽하게 연동되는 심플하면서도 강력한 할 일 관리 서비스입니다. 바쁜 학교 현장에서 쏟아지는 메신저 메시지 속 업무들을 일일이 입력해 등록하기는 쉽지 않습니다. 이때 제미나이를 활용하면 학교 메신저로 전달받은 복잡한 공지 사항이나 요청 사항을 별도의 정리 없이 복사하여 붙여넣기만 해도 핵심 업무를 추출하여 할 일 목록으로 자동 변환해 줍니다. 흩어져 있는 업무 정보를 하나로 모아주는 나만의 지능형 비서가 생기는 셈입니다.

 한눈에 맛보기

학교 메신저로 온 긴 안내 문구를 그대로 복사해 제미나이에게 전달합니다. 제미나이는 문장 속에서 '수행해야 할 업무'와 '마감 기한'을 분석하여 구글 태스크에 바로 등록해줍니다. 번거로운 입력 과정 없이도 놓치는 업무 없는 꼼꼼한 학급 운영과 행정 처리가 가능해집니다.

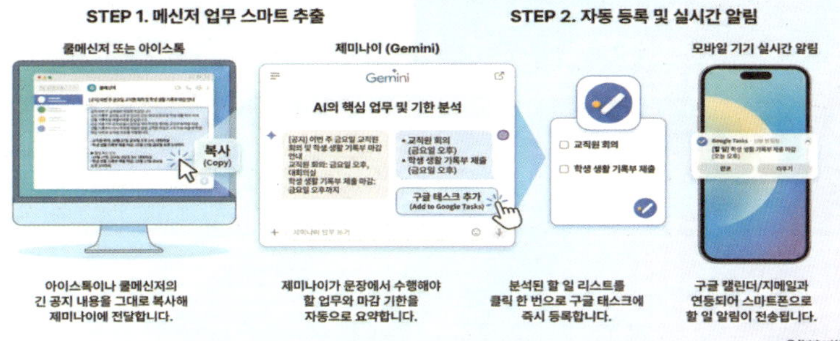

차근차근 따라하기

먼저, 학교 메신저를 통해 전달받은 공지 내용을 복사합니다. 제미나이를 실행한 뒤, 제미나이 입력창에 ❶@를 입력하고, ❷구글 태스크를 선택합니다. 그리고 복사한 메신저의 내용을 입력창에 붙여 넣고, 구글 태스크 할 일 목록에 추가해 줄 것을 요청합니다.

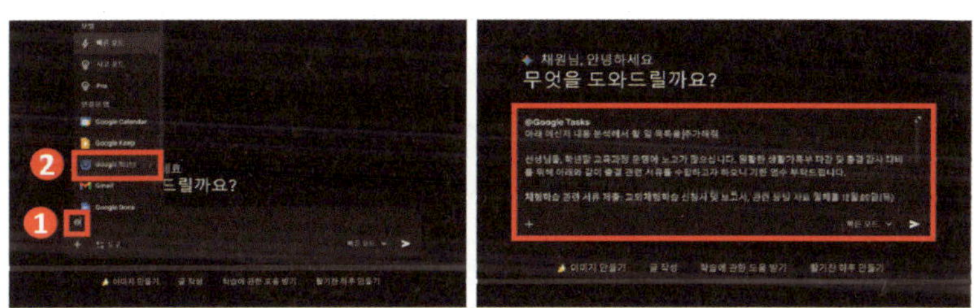

제미나이가 메신저 내용에서 할 일과 기한을 분석하고, 구글 태스크에 추가할 할 일 목록을 보여주며 생성 여부를 묻습니다. 이때 ❸"생성"이라고 입력하면, 완료되었다는 멘트와 함께 구글 태스크에 자동으로 할 일 목록이 추가됩니다.

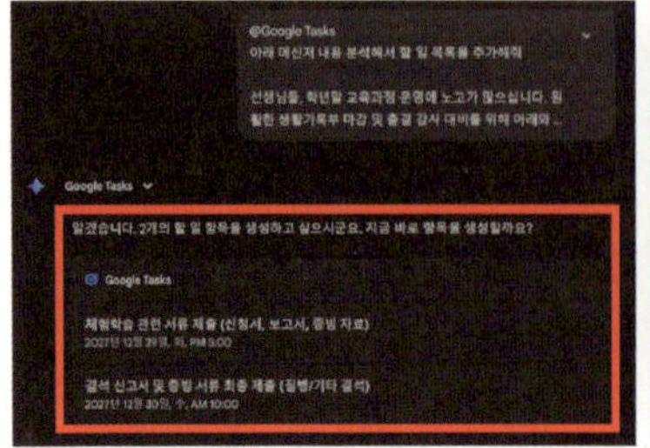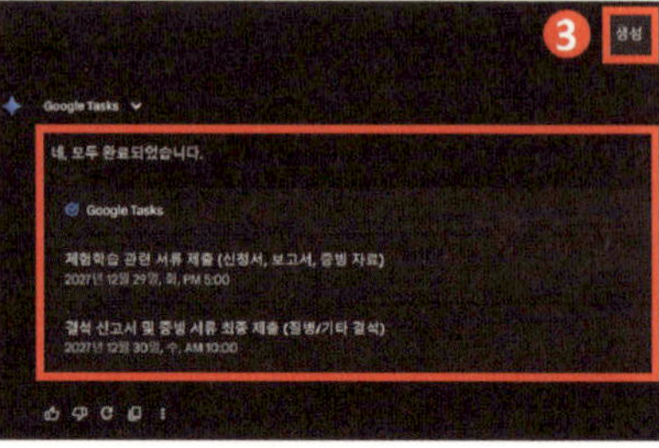

추가된 할 일 목록은 PC와 모바일 기기에서 확인 가능하며, 특정 목록을 클릭하면 진행 상태가 '완료'로 변경됩니다. 모바일 기기에서는 바탕화면에 위젯을 추가하면 더욱 직관적으로 할 일을 파악할 수 있습니다.

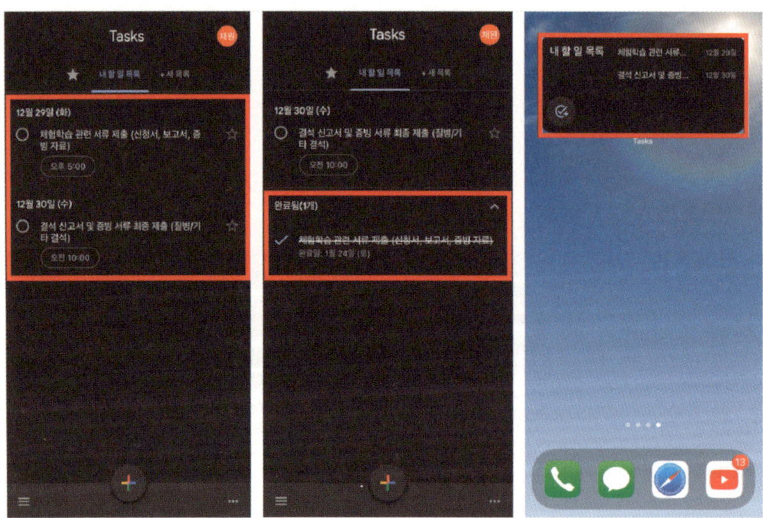

제미나이와 구글 태스크는 바쁘게 돌아가는 학교 현장에서 처리해야 할 여러 가지 업무를 놓치지 않게 도와주는 든든한 비서가 됩니다.

- 학부모 메신저 내용의 즉각적인 기록: 클래스팅, 하이톡 등 학급 소통 메신저로 전달되는 여러 가지 요청 사항(예: "병원 방문으로 2교시 후 조퇴시켜주세요.", "내일 방과 후에 상담을 신청합니다.")을 복사해 제미나이에게 전달하면, 바쁜 일과 중에도 수많은 요청 사항들을 잊지 않고 챙길 수 있습니다.

- 잊기 쉬운 반복 루틴 업무 자동화: 매주 또는 매달 반복되는 행정 업무(예: 주간학습안내 업로드, 출결 서류 마감 등)를 구글 태스크로 관리해보세요. 제미나이에게 "매주 금요일 오후 2시에 주간학습안내 업로드 업무를 반복 추가해줘."라고 요청하면 자동으로 할 일 목록을 생성하고 반복 설정을 도와주어, 정신없는 학기 말에도 루틴 업무를 놓치는 실수를 방지할 수 있습니다.

구글 캘린더와 연동: 구글 태스크는 구글 캘린더와 실시간으로 연동되어, 내가 등록한 할 일이 캘린더 상단에 날짜별로 표시됩니다. 이는 단순한 기록을 넘어 수업 시간표, 교직원 회의, 학교 행사 등 다양한 일정과 내 업무를 하나의 화면에서 유기적으로 관리할 수 있게 해줍니다. 덕분에 전체적인 일정을 고려하여 업무의 우선순위를 조정하거나, 비어 있는 시간을 활용해 효율적으로 할 일을 처리하는 지능적인 시간 설계가 가능해집니다.

구글 킵: 데이터 기반 학급 관리하기

구글 킵은 스마트폰과 PC 어디서든 즉각적으로 메모를 남길 수 있는 구글의 대표적인 메모 서비스입니다. 단순히 글자를 적는 것을 넘어 음성 녹음, 사진 촬영 등 다양한 방식으로 학생의 변화를 기록할 수 있으며, 라벨 기능을 통해 수많은 기록을 체계적으로 분류해 줍니다. 특히 제미나이와 간단하게 연동되어 별도의 복사나 붙여넣기 없이도 누적된 메모를 분석할 수 있어, 교사의 업무를 획기적으로 줄여주는 효율적인 기록 플랫폼이라 할 수 있습니다. 이제 나이스에 접속해 매번 누가기록을 남겨야 하는 번거로움에서 벗어날 수 있습니다. 언제 어디서든 구글 킵으로 학생의 모습을 가볍게 기록해 두면, 제미나이가 누적된 데이터를 분석해 체계적인 기록물로 완성해 줍니다.

 한눈에 맛보기

나이스를 켜지 않고도 구글 킵을 활용해 학생들의 모습을 발견하는 즉시 기록으로 남깁니다. 이렇게 쌓인 메모는 제미나이에서 한 번에 불러와 학생별로 정교하게 분석할 수 있습니다. 번거로운 복사나 붙여넣기 과정 없이도 누가기록이 자동으로 분석되어, 학생들의 변화를 한눈에 파악하고 효율적으로 관리하는 지능형 학급 경영이 가능해집니다.

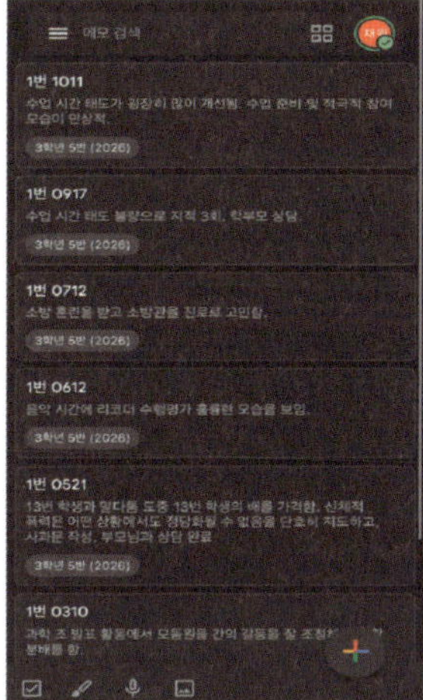
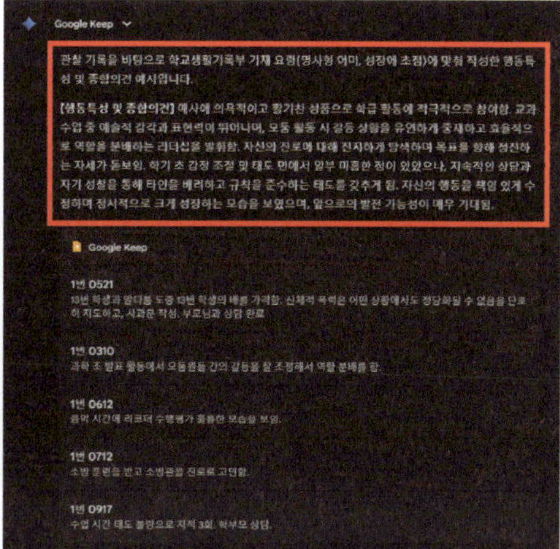

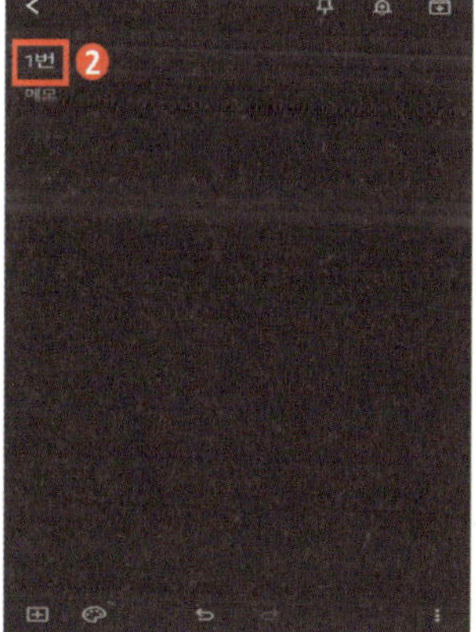

차근차근 따라하기

먼저, 스마트폰이나 태블릿에서 구글 킵을 실행하고, ❶우측 하단의 플러스 버튼을 눌러 새 메모를 시작합니다. 메모의 제목은 ❷학생 번호로 설정하겠습니다.

❸좌측 하단의 플러스 버튼을 누르면 ❹사진이나 그림, 체크박스 등을 추가하거나 음성 녹음 메모를 남길 수 있습니다.

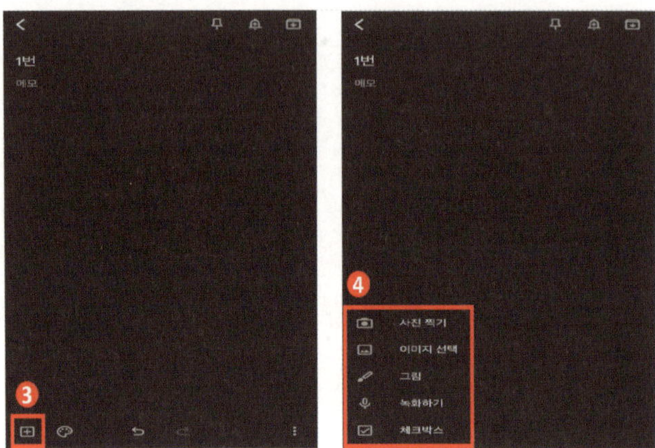

❺우측 하단의 더보기(점 세 개) 버튼을 눌러 라벨을 설정합니다. ❻라벨은 학급명(년도)로 설정해보도록 하겠습니다.

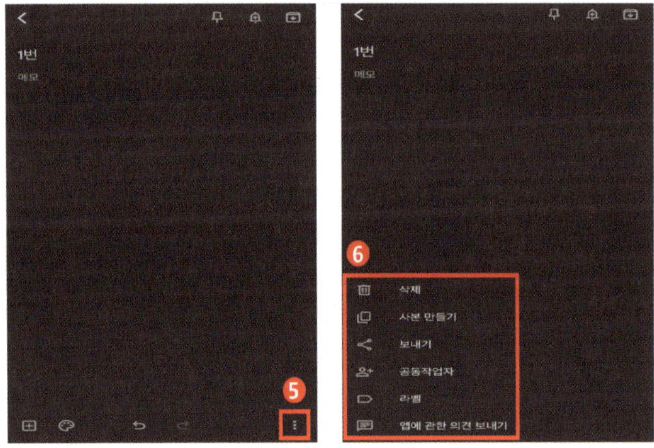

제미나이 입력창에 ❼@를 입력하고, ❽구글 킵을 선택합니다. 프롬프트에 원하는 작업을 구체적으로 작성합니다. 예를 들어, "[3학년 5반 (2026)] 라벨의 '1번' 학생 관찰 기록을 분석하고, 이를 바탕으로 학교생활기록부 기재 요령(명사형 어미 등)에 맞는 행동발달특성을 작성해줘. 긍정적인 형용사를 활용하여 전반적인 학생의 성품, 학업, 교우관계 등에 대해 서술하되 성장에 초점을 두어서 300자 내외로 작성해줘. 사실을 기반으로 작성하되 구체적인 사건을 언급하지는 않도록 해."와 같이 누가기록을 바탕으로 한 행동발달특성 작성을 요청할 수 있습니다.

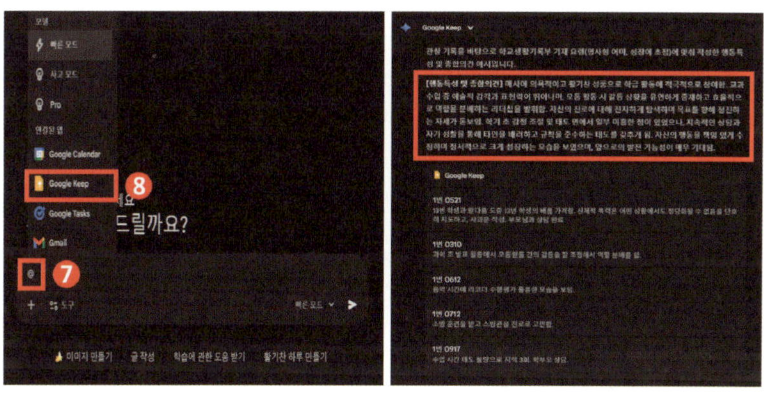

업무에 활용하기

구글 킵에 누적된 관찰 기록은 제미나이와 결합하여 다음과 같이 다양한 용도로 활용할 수 있습니다.

- 생활기록부 행동특성 초안 생성: 구글 킵에서 학생 이름을 검색해 나온 메모들을 제미나이에 전달하여, 기재 요령에 맞는 정교한 문장으로 자동 변환합니다.

- 데이터 기반 맞춤형 학부모 상담: 상담 전, 구글 킵의 메모를 바탕으로 학생의 강점과 변화 과정을 분석합니다. 막연한 칭찬이 아닌 구체적인 사례를 근거로 제시해 상담의 신뢰도를 높입니다.

- 생활지도 및 갈등 관리: 학생 간의 갈등 상황이나 지도 내용을 날짜별로 즉시 기록해 두면, 추후 제미나이를 통해 객관적인 사실 위주의 경위서나 상담 일지로 요약하여 체계적인 지도 및 증빙이 가능해집니다.

깊이 더보기

- 개인 정보 보호를 위한 '교육용 계정 활용': 교육용 구글 계정 (gclass)로 제미나이를 사용할 때 입력하는 대화 내용은 AI 모델 학습에 사용되지 않습니다. 따라서, 학생들의 개인 정보를 보호하기 위해서는 교육용 계정을 활용하는 것이 좋습니다. 더불어, 실명보다는 출석 번호 등의 정보를 기준으로 기록한다면 더욱 안전하게 개인 정보를 보호할 수 있습니다.

- 즉각적인 기록을 위한 '작업 표시줄' 고정: PC 작업 표시줄이나 스마트폰 홈 화면에 구글 킵을 고정해 보세요. 기록을 위한 접근 단계를 최소화하면 수업 중이나 쉬는 시간에 포착한 학생의 결정적 순간을 놓치지 않고 즉시 남길 수 있습니다.

- 직접 입력 대신 '음성 메모' 활용: 텍스트 입력이 어려운 상황이라면 음성 메모 기능을 활용하세요. 목소리를 실시간으로 텍스트로 변환해 줄 뿐만 아니라 녹음 파일도 함께 저장되어, 나중에 제미나이와 분석할 때 당시의 생생한 상황을 복기하기 좋습니다.

구글 어스: 나만의 디지털 지도 만들기

구글 어스는 전 세계를 3D로 탐험할 수 있는 강력한 공간 정보 서비스입니다. 특히, 구글 어스의 '프로젝트' 기능을 활용하면 단순히 지도를 보는 것을 넘어 특정 장소에 나만의 설명 창을 추가할 수 있습니다. 이때 제미나이의 도움을 받으면 복잡한 코딩 지식 없이도 다양한 컨텐츠와 인터랙티브 요소를 포함한 지도 콘텐츠 제작이 가능합니다.

 한눈에 맛보기

학생들은 지리, 역사, 과학 등 교과 주제에 맞는 장소를 구글 어스에서 선정합니다. 그리고 해당 장소와 관련하여 소개하고 싶은 정보(텍스트, 이미지, 영상 링크 등)와 디자인 형식 등을 제미나이에게 말하면, 구글 어스에 바로 적용 가능한 HTML 코드를 즉석에서 짜줍니다. 구글 어스의 프로젝트 편집기에 이 코드를 붙여넣기만 하면, 내가 소개하고 싶은 다양한 정보가 담긴 '나만의 디지털 지도'가 완성됩니다.

차근차근 따라하기

구글 어스에 접속한 뒤 ❶신규 버튼을 클릭하고, ❷새 지도를 클릭하여 나만의 지도 프로젝트를 생성합니다. 생성된 지도 프로젝트는 구글 드라이브에 자동으로 저장됩니다.

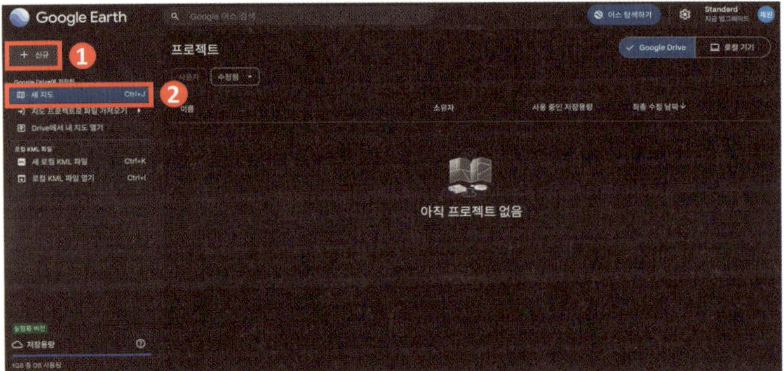

우측 상단에서 프로젝트의 제목을 설정하고, ❸돋보기 모양의 검색창에 탐색하고자 하는 장소명을 입력합니다.

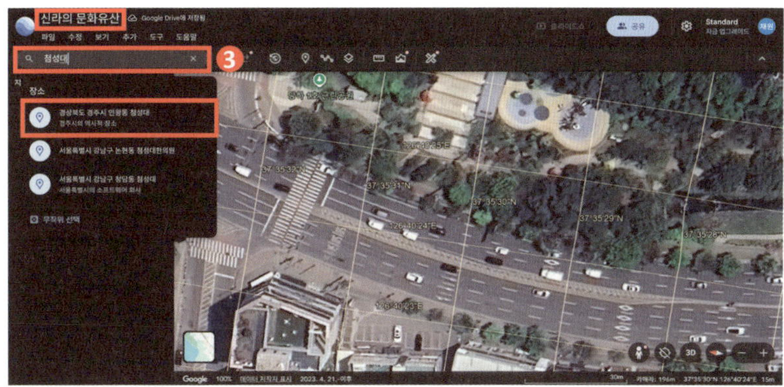

원하는 장소명을 클릭하면 우측에 해당 장소에 대한 정보를 담은 팝업 창이 뜹니다. ❹프로젝트에 저장 버튼을 클릭하면 내 프로젝트에 해당 장소가 저장됩니다. 그리고 팝업 창 상단에 뜨는 ❺업데이트 버튼을 클릭하면 장소에 대한 정보를 자유롭게 수정할 수 있습니다.

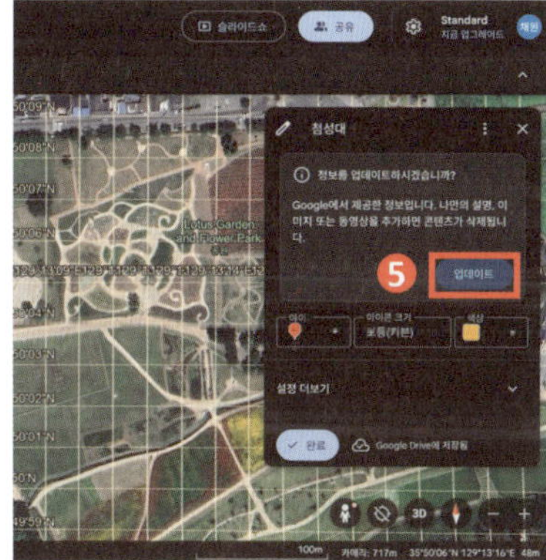

❻설명 버튼을 클릭하여 HTML 코드를 추가하면 설명과 미디어를 하나의 화면에 자유롭게 배치할 수 있습니다.

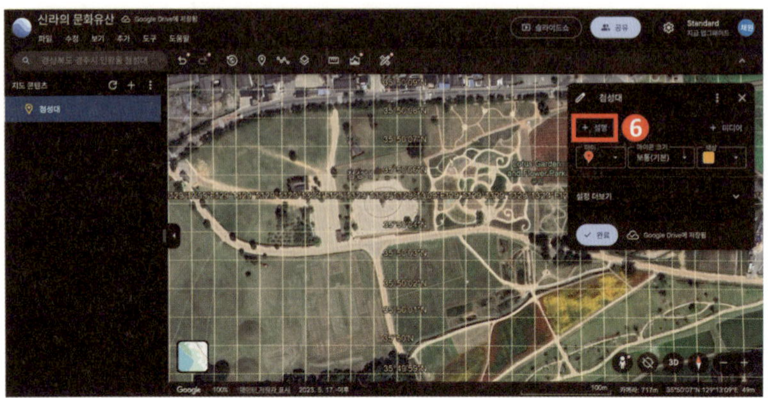

제미나이를 실행하고, 구글어스에 추가할 장소 설명 HTML 코드 작성을 요청합니다. 예를 들어 "구글어스 프로젝트에 첨성대에 대한 설명을 추가하려고 해. 첨성대 관련 영상 또는 사이트 URL과 간단한 퀴즈(토글 형식)를 포함해서 HTML 코드 작성해 줘."와 같은 프롬프트를 입력할 수 있습니다.

제미나이가 코드를 완성해주면 ❼코드 창 우측 상단의 복사 버튼을 클릭해 코드를 복사합니다. 그리고 구글 어스로 돌아가 ❽HTML 코드 버튼을 클릭하고 하단의 박스에 코드를 붙여 넣은 뒤, ❾팝업 창 하단의 완료 버튼을 클릭하면 나만의 디지털 지도가 완성됩니다.

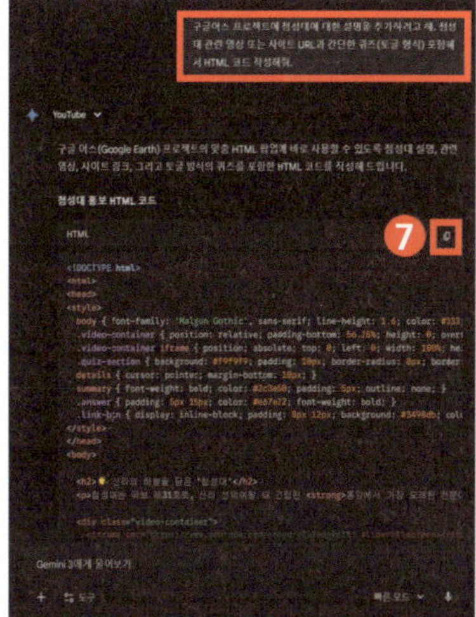
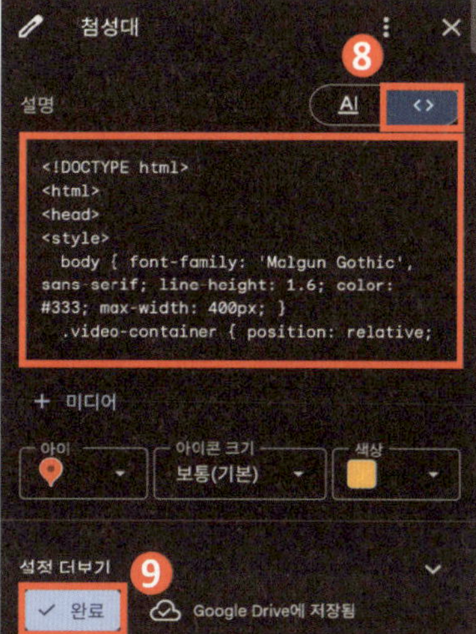

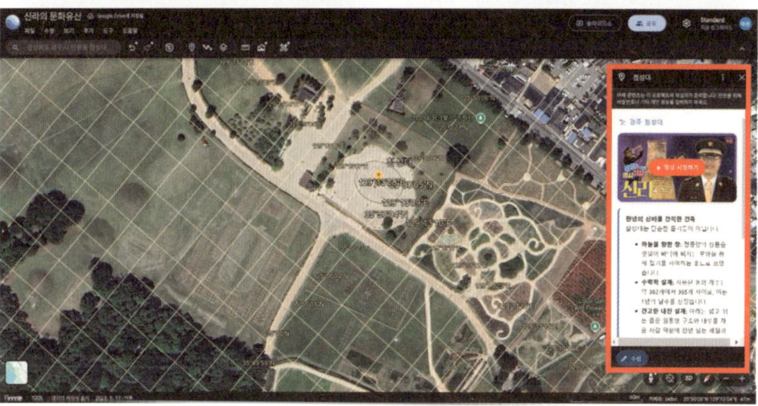

수업에 활용하기

제미나이로 생성한 HTML 코드를 구글 어스에 결합하면 지리적 탐구를 넘어 창의적인 디지털 콘텐츠 제작 수업이 가능해집니다.

• 우리 마을 지도 만들기: 학생들이 직접 우리 마을의 여러 장소를 탐구해보고, 관련 자료를 조사합니다. 제미나이에게 조사한 글과 사진

을 자연스럽게 배치한 HTML 코드를 요청해 입력하면, 우리 마을만의 특색이 담긴 '디지털 마을 지도'가 완성됩니다.

- 세계 여러 나라의 모습 비교: 세계 여러 나라의 서로 다른 환경에 대해 학습한 뒤, 제미나이에게 "이 나라의 기후를 보여주는 자료(기온 그래프 등)와 문화를 보여주는 자료(전통의상 등)를 포함한 HTML 코드를 짜줘."라고 요청합니다. 생성된 코드를 구글 어스에 추가하면 다양한 나라의 환경 차이를 직관적으로 탐구할 수 있습니다.

- 현장체험학습 온라인 답사: 제미나이를 활용하여 체험학습 장소별 기본 정보와 안전 수칙 퀴즈 등을 포함한 HTML 팝업을 만듭니다. 체험학습을 떠나기 전, 지도를 따라가며 미션을 수행하는 사전 답사 활동을 통해 효과적으로 현장체험학습을 준비할 수 있습니다.

깊이 더보기

구글 어스의 '슬라이드 쇼'와 '스트리트 뷰'를 활용하면 보다 실감나는 체험이 가능합니다. ❶페이지 우측 상단의 슬라이드 쇼 버튼을 클릭하면 발표용 화면으로 전환됩니다. ❷우측 하단의 사람 모양 아이콘을 클릭하면 스트리트 뷰가 활성화됩니다.

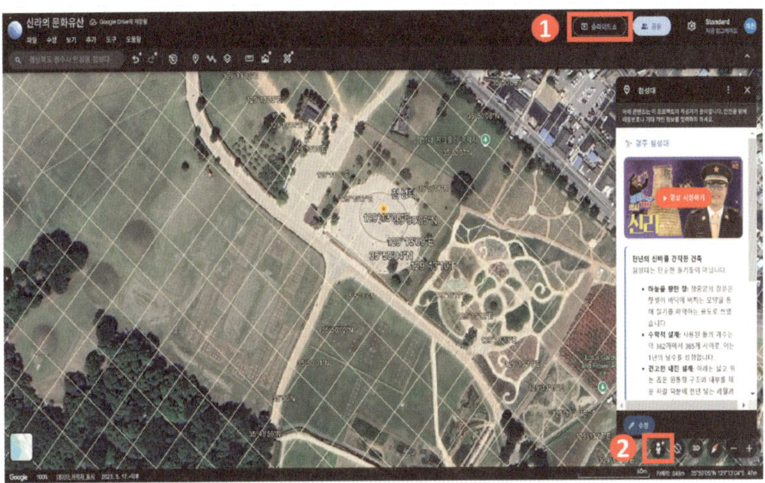

스트리트 뷰를 활성화하면 지도상에 파란 선이 그려지고, 선 위의 한 지점을 클릭 시 해당 지점에서 바라본 장소의 모습을 실감나게 확인할 수 있습니다.

SynthID: AI 콘텐츠 판별하기

SynthID는 구글 딥마인드가 개발한 '보이지 않는 디지털 워터마크' 기술입니다. AI가 생성한 이미지, 영상, 오디오, 텍스트의 픽셀이나 데이터 속에 인간의 눈으로는 볼 수 없는 고유한 패턴을 심어둡니다. 이 기술은 파일의 크기를 줄이거나 필터를 입히는 등 일부 수정을 거쳐도 사라지지 않아, 해당 콘텐츠가 인공지능에 의해 만들어진 것인지 판별해 주는 디지털 지문 역할을 합니다.

 한눈에 맛보기

제미나이에서 SynthID를 활용하면 육안으로 식별하기 어려운 이미지나 비디오의 AI 생성 여부를 쉽고 명확하게 판별할 수 있습니다. 학생들이 직접 다양한 콘텐츠를 수집하고 SynthID로 검증해 보는 활동을 통해 정보의 출처를 비판적으로 살피는 태도를 기르는 것은 물론, 인공지능 워터마크와 같은 장치의 중요성을 자연스럽게 깨닫게 됩니다.

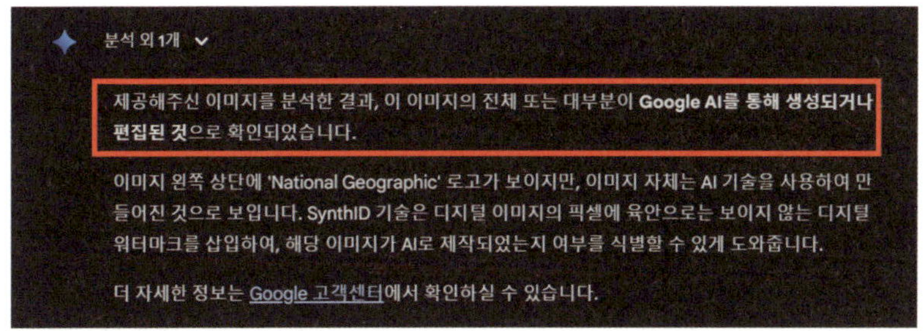

차근차근 따라하기

먼저, 제미나이를 활용하여 AI 이미지를 생성합니다. 제미나이 입력창 하단의 ❶도구 버튼을 클릭한 뒤, ❷이미지 생성하기를 선택합니다. 그리고 입력창에 생성하고 싶은 이미지를 설명하는 프롬프트를 작성합니다.

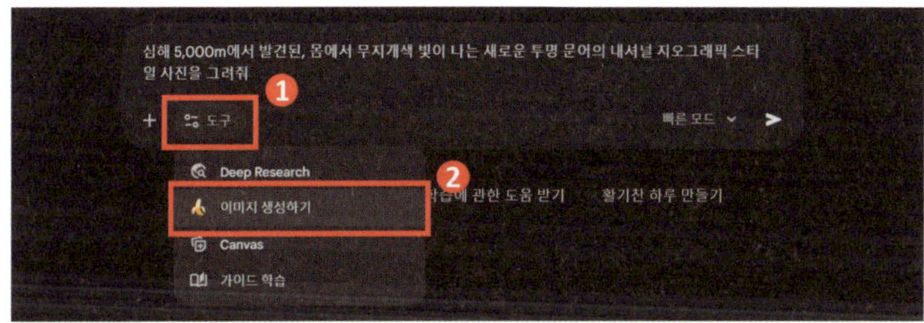

예를 들어, "심해 5,000m에서 발견된, 몸에서 무지개색 빛이 나는 새로운 투명 문어의 내셔널 지오그래픽 스타일 사진을 그려줘."와 같은 프롬프트를 입력하면 나노 바나나가 AI 이미지를 생성합니다.

제미나이 입력창에 ❸@를 입력하고, ❹Synth ID를 선택합니다. 제미나이로 생성한 AI 이미지를 업로드하고, 입력창에 "이 이미지는 AI로 만들어진 이미지인가요?"와 같이 AI 활용 여부를 묻는 프롬프트를 입력합니다. 그러면 Synth ID가 자동으로 연결되며 이미지 속에 숨겨져 있는 디지털 워터마크를 확인하고, AI 활용 여부를 판별해줍니다.

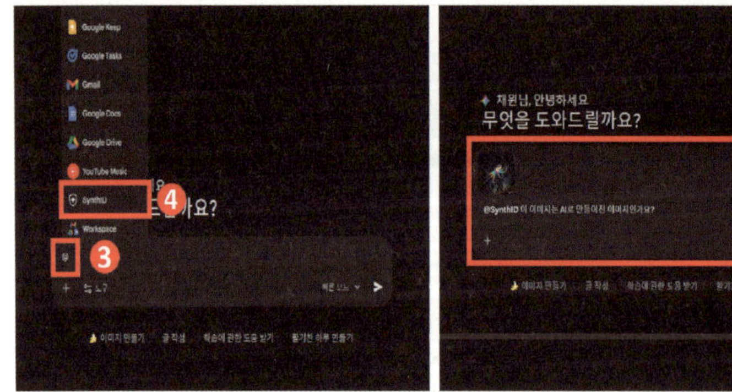

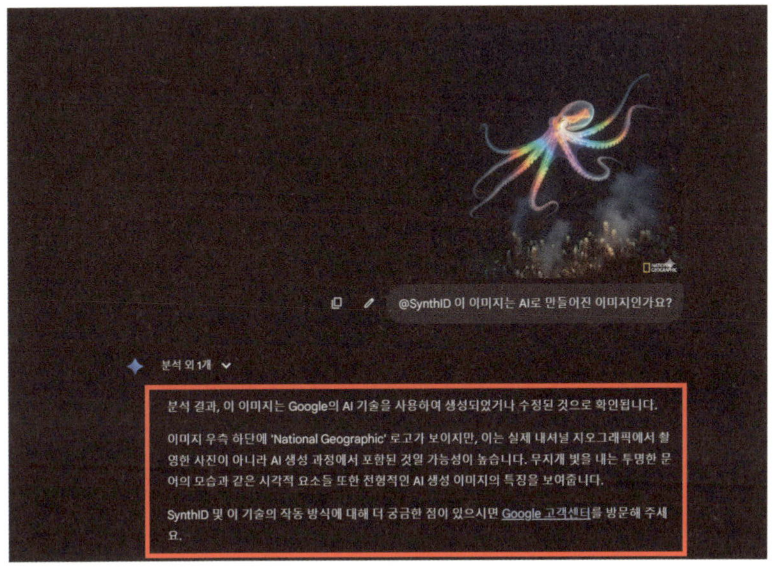

🖍️ 수업에 활용하기

AI가 생성한 이미지나 텍스트에 눈에 보이지 않는 디지털 표식을 남기는 SynthID 기술은 효과적인 디지털 문해력 교육 도구입니다.

- 디지털 콘텐츠 윤리 및 출처 교육: 학생들이 AI로 과제물이나 이미지를 생성했을 때, SynthID와 같은 기술이 어떻게 출처를 증명하는지 실습합니다. 무분별한 복제나 도용이 아닌, 'AI와 협업한 결과물'임을 명시하는 태도를 기릅니다.

- 딥페이크 및 가짜 뉴스 판별 수업: 육안으로 구분하기 어려운 정교한 AI 생성 이미지도 SynthID 검사기를 통해 식별할 수 있음을 보여줍니다. 이를 통해 온라인상의 정보를 비판적으로 수용하고 진위 여부를 확인하는 '팩트체크' 역량을 키워줍니다.

- 가공 후에도 남아 있는 디지털 표식: SynthID의 가장 큰 특징은 이미지의 색상을 바꾸거나, 크기를 조절하거나, 필터를 입히는 등의 편집을 거쳐도 그 표식이 쉽게 지워지지 않는다는 점입니다. 파일의 압축이나 형식 변환에도 견디는 강력한 내구성을 통해 AI 생성물의 출처를 끝까지 추적합니다.

- 정확도를 높이는 '교차 검증': Synth ID는 강력하지만 만능은 아닙니다. 구글 외의 다른 도구로 만든 AI 이미지는 판별이 어려울 수 있다는 점을 안내하여, 기술적 검증뿐만 아니라 맥락을 살피는 인간의 비판적 분석이 항상 병행되어야 함을 교육합니다.

구글 스프레드시트:
시트로 손쉽게 수합하기

구글 스프레드시트는 실시간 협업과 데이터 관리에 탁월한 도구이지만, 매번 서식을 만들고 필터나 함수 등을 설정하는 초기 세팅 과정에는 의외로 많은 시간이 소요됩니다. 특히 다양한 정보를 주기적으로 취합해야 하는 학교 행정 업무에서 제미나이를 활용하면, 필요한 항목만 말해도 최적화된 시트 구조를 즉시 설계할 수 있습니다.

 한눈에 맛보기

학습 준비물 신청이나 각종 연수 결과 취합처럼 반복되는 업무를 처리할 때, 시트 내에 탑재된 제미나이를 활용해 보세요. 사용자의 요청에 따라 제미나이가 최적화된 표 형식을 제안하며, 클릭 한 번으로 생성한 결과를 구글 시트에 즉시 삽입해 줍니다. 선생님은 완성된 시트의 공유 링크만 전달하면 모든 수합 준비가 완료됩니다.

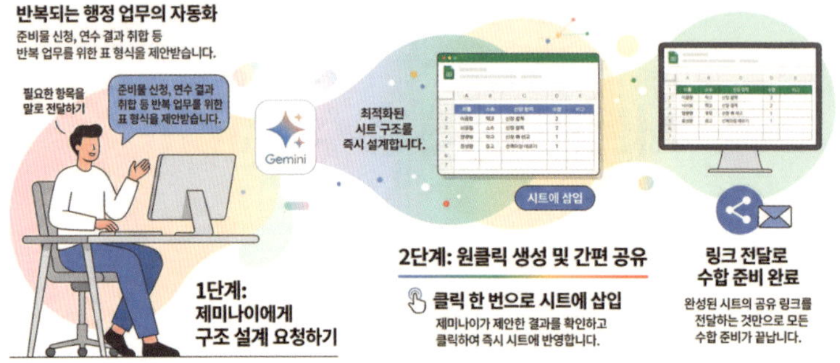

차근차근 따라하기

먼저, 구글 스프레드시트에서 빈 스프레드시트를 생성합니다. 우측 상단의 ❶제미나이 아이콘을 클릭하면 화면 우측에 팝업창이 뜹니다. ❷팝업창의 '표 생성 지원 기능' 버튼을 클릭하면 팝업창이 제미나이 대화창으로 전환됩니다.

제미나이에게 원하는 작업을 구체적으로 요청합니다. 예를 들어 학습 준비물 수합용 시트를 제작하는 경우, ❸"학습준비물 수합 시트를 만들거야. 1-15행까지 만들고 열에는 상품명, 규격, 단가, 수량, 금액, 링크가 포함되도록 해줘. 각 행의 내용은 공백으로 둬."와 같이 요청할 수 있습니다. 프롬프트를 입력하면 제미나이가 자동으로 요청사항을 반영한 시트 템플릿을 생성하고, 좌측 화면에 템플릿의 형태를 띄워줍니다. 템플릿의 형태가 만족스러운 경우 ❹삽입 버튼을 클릭해 템플릿을 삽입합니다.

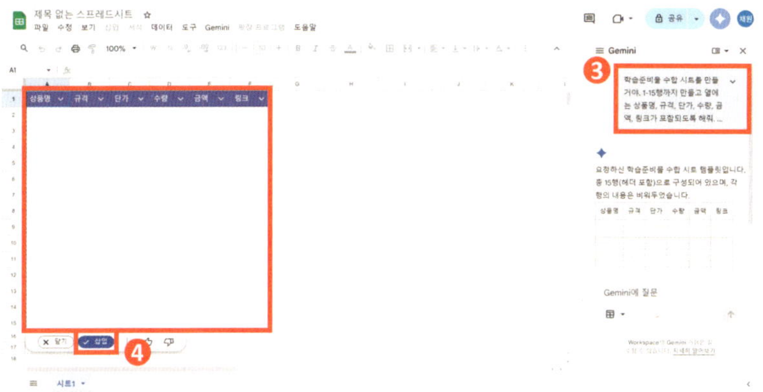

❺ 자동 계산 기능 등의 추가 요청 사항을 입력하면 제미나이가 요청 사항을 분석하여 적절한 함수를 설정해줍니다.

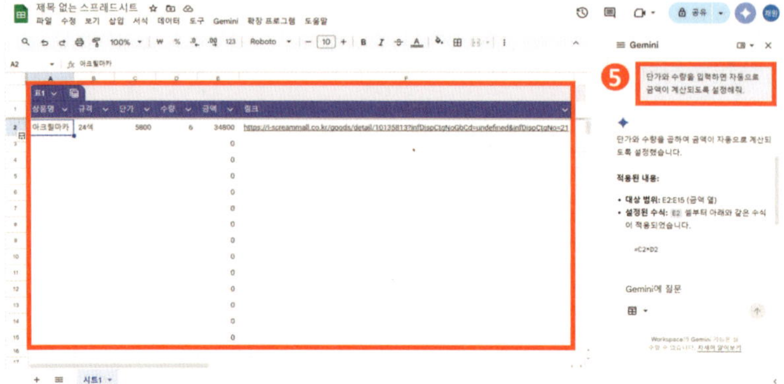

수합된 데이터를 바탕으로 필요한 결과값도 즉시 계산할 수 있습니다. ❻"총 예산은 400만원이야. 잔액이 표 하단에 자동으로 표시되도록 해줘."와 같이 요청하면, 제미나이가 자동으로 하단에 셀을 추가하고 적절한 수식을 적용하여 잔액을 표시해줍니다.

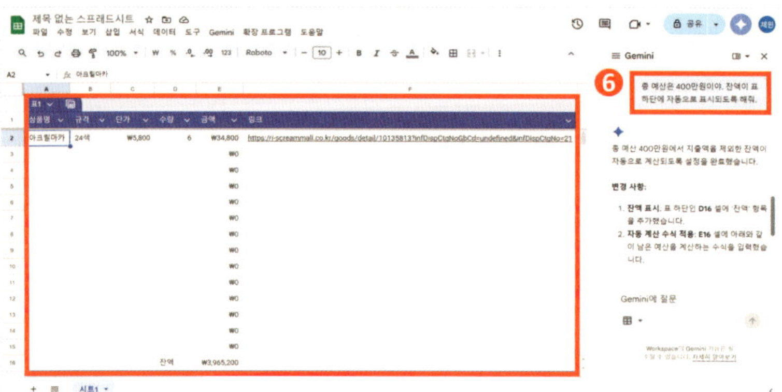

 구글 스프레드시트: 시트로 손쉽게 수합하기

📝 수업 또는 업무에 활용하기

제미나이를 활용하면 스프레드시트의 복잡한 기능을 일일이 공부하지 않아도, 데이터를 체계적으로 구조화하고 반복되는 계산 과정을 자동화할 수 있습니다.

- 성취기준 기반의 평가 결과 기록: 단원별 성취기준을 반영하여 평가 결과를 한눈에 파악할 수 있는 최적화된 템플릿을 생성합니다. 학생별 성취 수준과 세부 항목, 종합 의견 칸이 유기적으로 배치된 구조를 통해 학생의 성장 과정을 체계적으로 관리할 수 있습니다.

- 정밀한 예산 집행 및 잔액 관리: 학급 운영비나 부서 예산 관리를 위한 지출 시트를 정교하게 구축합니다. 품목 입력 시 지출액이 자동 계산되고 실시간 잔액이 표시되도록 수식을 적용하여 예산 흐름을 오차 없이 완벽하게 파악할 수 있습니다.

- 지능형 데이터 검증 및 자동 편집: 방대한 수합 자료 속에서 중복된 항목을 찾아내거나, 특정 조건에 맞는 데이터를 자동으로 집계합니다. 하나하나 대조하거나 복잡한 함수를 직접 입력할 필요 없이 데이터 검토와 가공을 정확하게 처리합니다.

🔍 깊이 더보기

구글 스프레드시트나 구글 독스 등 구글 도구 내에서 제미나이를 바로 사용하는 기능은 원래 유료 요금제 구독 시에만 제공되지만 '구글 워크스페이스 랩스(Google Workspace Labs)'에 가입하면 이러한 기능을 무료로 경험해 볼 수 있습니다. 구글 워크스페이스 랩스란, 새로운 AI 기능을 정식 출시하기 전, 사용자들에게 미리 제공하고 피드백을 받는 베타 테스터 프로그램입니다. 만 18세 이상의 구글 계정 사용자라면 클릭 몇 번으로 누구나 쉽게 가입할 수 있습니다.

구글 워크스페이스 랩스 가입 방법은 다음과 같습니다. 먼저, 가입할 구글 계정으로 로그인한 상태에서 구글 검색창에 'Google Workspace labs'를 검색합니다. 검색 결과 상단의 ❶Sign in - Google Accounts를 클릭하면 구글 워크스페이스 랩스 가입 페이지(https://workspace.google.com/labs-sign-up/u/4/join) 로 연결됩니다.

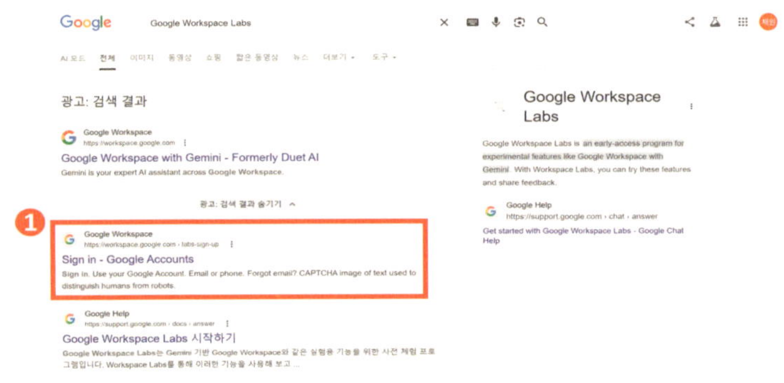

스크롤을 아래로 내려 ❷세 가지 동의 항목에 체크한 뒤 ❸제출 버튼을 누르면 가입 완료 화면이 뜨며 즉시 액세스 권한이 주어집니다. 이제 구글의 다양한 도구 내에서 바로 제미나이를 사용할 수 있습니다.

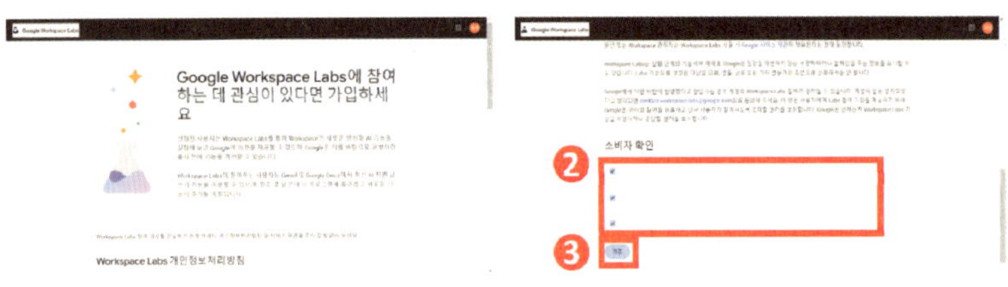

구글 드라이브:
나만의 지능형 업무 비서 만들기

구글 드라이브는 방대한 수업 및 업무 자료를 안전하게 보관하고 공유할 수 있는 공간입니다. 하지만 자료가 쌓일수록 필요한 파일을 찾느라 여러 폴더를 뒤지거나, 내용을 확인하기 위해 파일을 일일이 열어보는 데 많은 시간을 쓰게 됩니다. 이때 제미나이를 활용하면 드라이브 속 문서 내용을 깊이 있게 분석하고, 필요한 정보를 빠르게 찾을 수 있습니다.

 ## 한눈에 맛보기

전임자로부터 많은 양의 파일을 인계받아 막막할 때, 제미나이에게 "작년 업무 자료를 바탕으로 시기별 주요 업무와 우선순위를 정리해 줘."라고 요청해 보세요. 제미나이가 드라이브 내 문서를 빠르게 분석해 업무의 타임라인을 정리해 줍니다. 과거 자료를 하나하나 대조할 필요 없이, 지능형 업무 비서의 도움으로 즉시 업무에 적응할 수 있습니다.

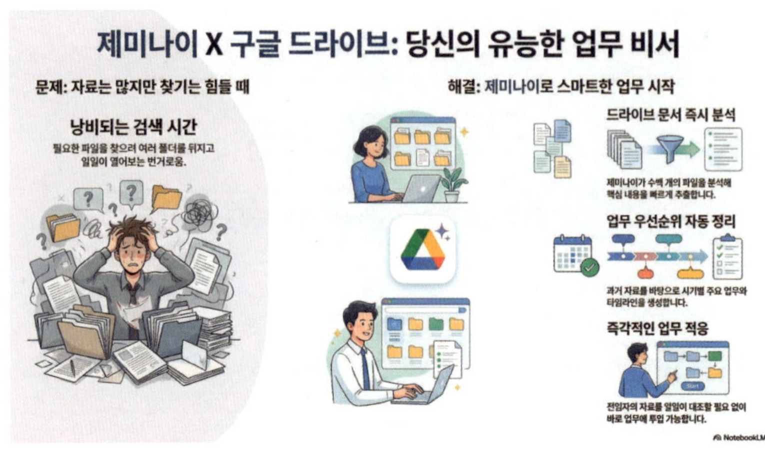

차근차근 따라하기

구글 드라이브에 접속한 뒤 화면 좌측 상단의 ❶신규 버튼을 클릭하고, ❷새 폴더를 선택해 업무용 폴더를 생성합니다. 생성한 폴더에 업무와 관련된 자료(작년도 공문, 인수인계 자료 등)를 업로드합니다.

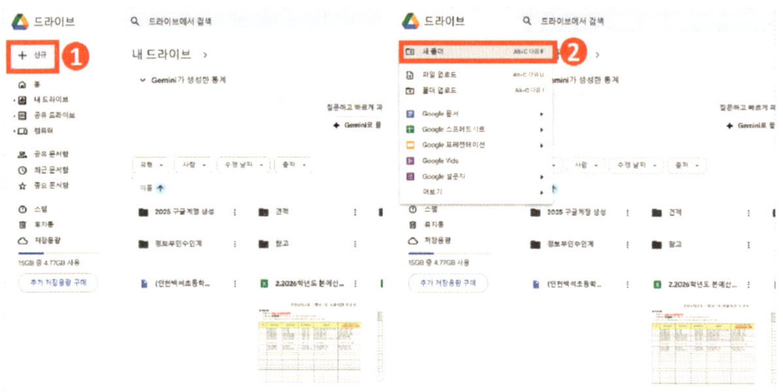

파일을 업로드하면 구글 드라이브 내 제미나이가 실시간으로 파일을 분석하여 주요 내용을 하이라이트로 정리해줍니다. 하이라이트 팝업창의 ❸더보기 버튼을 클릭하면 더 자세한 내용을 확인할 수 있습니다.

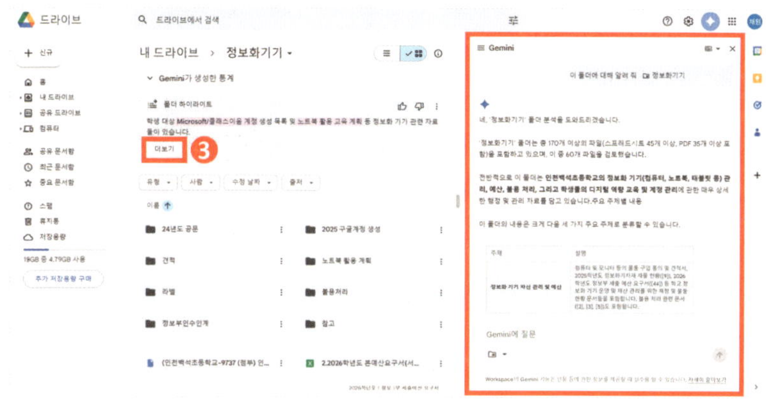

이번에는 제미나이 사이트에서 구글 드라이브의 내용을 불러와 보겠습니다. 제미나이 대화창에 ❹@를 입력하고, ❺구글 드라이브를 선택합니다. 그 후 원하는 작업을 요청합니다. 예를 들어, "정보화기기 폴더의 파일들을 바탕으로 정보화기기 업무의 주요 업무 및 가이드라인을 꼼꼼히 정리해줘."와 같은 프롬프트를 입력할 수 있습니다.

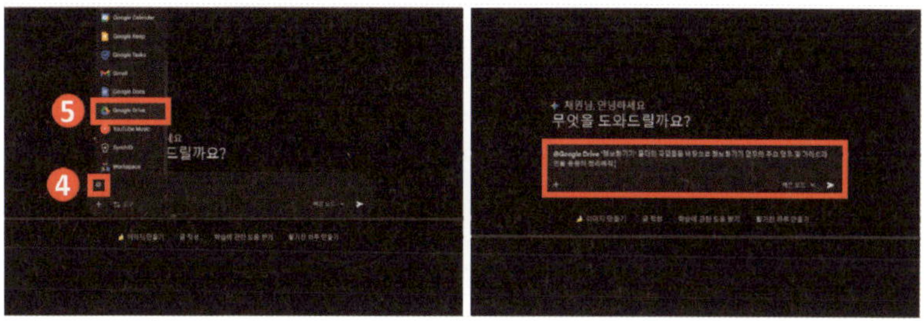

프롬프트를 입력하면 제미나이가 구글 드라이브의 수많은 파일을 빠르게 분석하여 주요 업무와 가이드라인을 세분화하여 제시해줍니다.

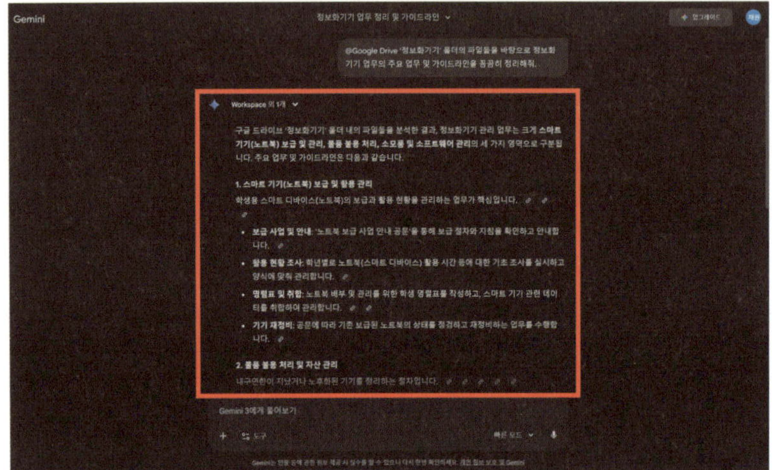

대략적인 업무의 성격을 이해했다면, 시기별 업무 처리 과정을 살펴보겠습니다. ❻"주기적으로 처리해야 하는 업무나, 월별로 처리해야 하는 업무를 분석해서 업무 타임라인을 만들어줘."와 같은 프롬프트를 입력한 뒤, 해당 내용을 표로 정리해달라고 요청합니다. 제미나이가 제시한 표 좌측 하단에 ❼Sheets로 내보내기 버튼을 클릭하면 제미나이가 즉시 새로운 구글 스프레드시트를 생성하고 시기별로 처리해야 할 업무와 참고 사항 등을 이해하기 쉽게 정리해 줍니다.

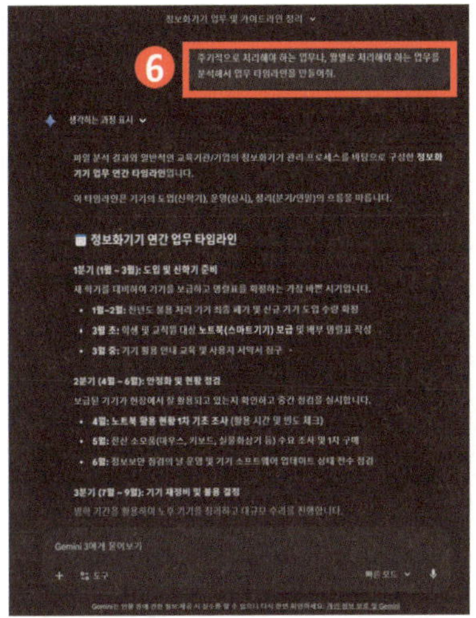

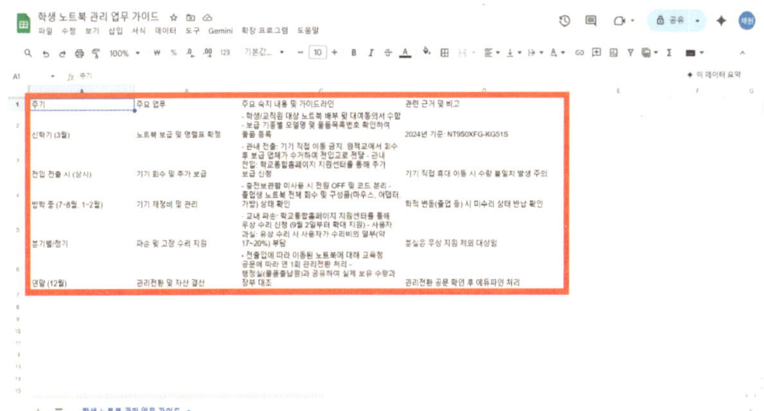

학생 노트북 관리 업무 가이드

주기	주요 업무	주요 숙지 내용 및 가이드라인	관련 근거 및 비고
신학기 (3월)	노트북 보급 및 명렬표 확정	- 학생/교직원 대상 노트북 배부 및 대여동의서 수합 - 보급 기종별 모델명 및 물품목록번호 확인하여 물품 등록	2024년 기준: NT950XFG-KG51S
전입 전출 시 (상시)	기기 회수 및 추가 보급	- 관내 전출: 기기 직접 이동 금지. 원적교에서 회수 후 보급 업체가 수거하여 전입교로 전달 - 관내 전입: 학교통합홈페이지 지원센터를 통해 추가 보급 신청	기기 직접 휴대 이동 시 수량 불일치 발생 주의
방학 중 (7~8월, 1~2월)	기기 재정비 및 관리	- 충전보관함 미사용 시 전원 OFF 및 코드 분리 - 졸업생 노트북 전체 회수 및 구성품(마우스, 어댑터, 가방) 상태 확인	학적 변동(졸업 등) 시 미수리 상태 반납 확인
분기별/정기	파손 및 고장 수리 지원	- 교내 파손: 학교통합홈페이지 지원센터를 통해 무상 수리 신청 (9월 2일부터 확대 지원) - 사용자 과실: 유상 수리 시 사용자가 수리비의 일부(약 17~20%) 부담	분실은 무상 지원 제외 대상임
연말 (12월)	관리전환 및 자산 결산	- 전출입에 따라 이동된 노트북에 대해 교육청 공문에 따라 연 1회 관리전환 처리 - 행정실(물품출납원)과 공유하여 실제 보유 수량과 장부 대조	관리전환 공문 확인 후 에듀파인 처리

구글 드라이브에 자료를 축적하는 것만으로도 나만의 업무 지식 베이스(RAG)를 구축하여 똑똑한 업무 비서를 가질 수 있습니다.

- 업무 규정 및 지침 즉시 확인: 수백 페이지에 달하는 교육청 운영 매뉴얼이나 학교 규칙을 일일이 읽을 필요가 없습니다. 예를 들어, "EVPN 신청 시 결재라인이 어떻게 되지?"라고 질문하면 드라이브 내에서 해당 내용이 포함된 전결 규정 문서를 정확히 찾아 알려줍니다.

- 학급 경영 및 학생 관리 자료 활용: 학년 초나 상담 주간에 흩어져 있는 학생 정보를 한눈에 파악할 수 있습니다. "작년 상담일지와 관찰 기록을 참고해서, 학생의 핵심 특이사항과 지도 시 유의점을 요약해 줘"라고 요청하면 여러 문서에 담긴 정보를 종합하여 브리핑해 줍니다.

깊이 더보기

- 멀티 모달 분석: 단순 텍스트뿐만 아니라, 드라이브에 저장된 이미지나 스캔된 PDF 속의 표와 수식을 데이터로 변환하는 것 또한 가능합니다. 예를 들어, 사진으로 찍어둔 예산 영수증들이나 복잡한 통계표를 드라이브에 모아두면 제미나이가 이를 읽고 수치를 합산하거나 항목별로 재분류해 줍니다.

- 지능형 파일 분류 및 구조화: "내 드라이브에 흩어져 있는 '기초학력' 관련 파일들을 찾아서 각각 어떤 내용인지 한 문장으로 요약하고, 이를 바탕으로 파일 정리용 폴더 구조를 제안해 줘."라고 요청해 보세요. 무질서하게 쌓인 파일들에 메타데이터를 부여하고 관리 체계를 세우는 데 도움을 줍니다.

구글 설문지:
말 한마디로 뚝딱 완성하기

학교에서 자주 만드는 가정통신문이나 단원 평가 설문지, 매번 빈 화면부터 시작하기 막막하셨나요? 구글 설문지(Google Forms)에서 제미나이(유료 버전)을 활용해 보세요. 만들고 싶은 설문지를 제미나이에게 대화하듯 설명하면, 적절한 질문과 보기를 갖춘 초안을 순식간에 제안하여 고민하는 시간과 에너지를 획기적으로 줄여줍니다.

 한눈에 맛보기

학교 현장에서는 다양한 설문지가 필요하지만, 빈 화면을 보며 질문을 일일이 구성하고 적절한 문항 유형을 고민하는 일은 늘 번거롭고 시간이 걸립니다. 하지만 구글 설문지 속 '제미나이'를 활용하면 단 한 마디로 이 과정을 해결할 수 있습니다. 만들고 싶은 주제나 내용을 입력하기만 하면, 제미나이가 맥락을 파악해 객관식, 주관식, 체크박스 등 최적의 형식을 갖춘 설문지 초안을 순식간에 만들어 줍니다.

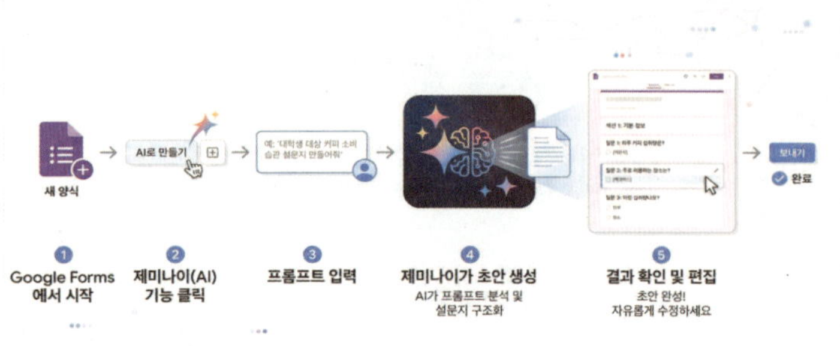

차근차근 따라하기

구글 설문지(Google Forms)에 접속합니다. 새 양식 시작하기 하단의 ❶빈 양식을 선택하여 새로운 구글 설문지를 만들 수 있는 화면에 접속하게 됩니다.

빈 양식을 선택하고 구글 설문지를 만들 수 있는 화면에 접속하면, 별도의 호출 없이도 화면 중앙에 '콘텐츠를 만들어 보세요'라는 문구와 함께 제미나이 입력창이 나타납니다. ❷입력창에 "모둠 프로젝트 후 친구를 칭찬하는 동료 평가지를 만들어 줘."와 같이 만들고 싶은 설문지의 목적과 내용을 입력하고 ❸만들기 버튼을 클릭합니다.

잠시 후 제미나이가 제안한 설문지 초안이 나타나면 질문 구성을 확인한 뒤 새로운 초안을 받아보고 싶다면 ❹다시 시도 버튼을 클릭하고, 초안이 마음에 든다면 ❺양식 만들기 버튼을 클릭합니다.

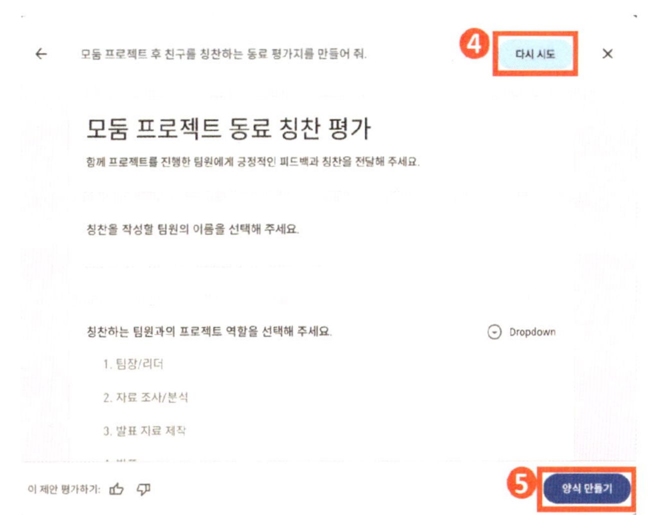

자동 생성된 설문지의 질문을 수정하거나 옵션을 수정하여 설문지를 최종 완성하고 학생과 학부모에게 배포합니다. 화면 오른쪽 위에 있는 ❻ '게시됨' 버튼을 누른 후, 관리 메뉴에서 ❼응답자 보기를 '링크가 있는 모든 사용자'로 선택합니다.

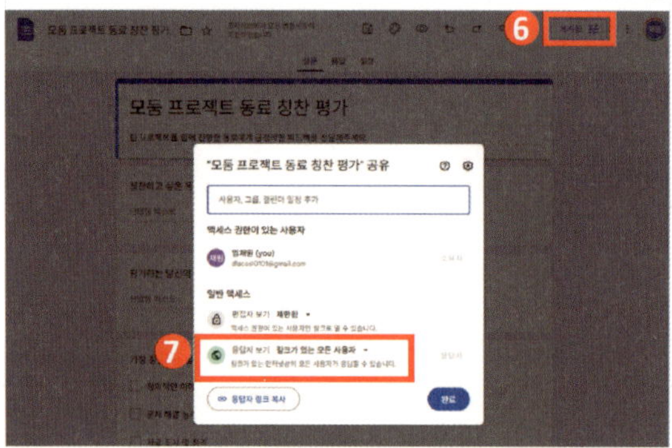

설문지 작성 및 배포 관리가 완료되면 ❽응답자 링크 복사 버튼을 클릭하여 설문지 주소를 복사하고 목적에 따라 학생과 학부모 또는 동료 교사에게 공유할 수 있습니다. 이때 'URL 단축'을 선택하면 긴 주소를 보기 좋게 줄일 수 있습니다.

설문지를 배포한 후 구글 설문지의 응답 탭에서 설문 링크를 받은 응답자의 응답 현황을 확인할 수 있습니다. 또는 응답 탭 오른쪽 위의 ❾Sheet에 연결 버튼을 눌러 구글 시트에 응답 결과를 자동으로 연동하여 한 눈에 결과를 확인하는 것도 가능합니다.

업무에 활용하기

'제미나이로 구글 설문지 만들기'를 업무에서 다음과 같이 활용할 수 있습니다.

- 반복되는 행정 업무의 획기적 단축: 학부모 상담 신청이나 의견 수렴 등 필요한 내용을 말로 입력하면, 제미나이가 객관식·그리드 등 상황에 딱 맞는 질문 유형을 자동으로 배치해주어, 복잡한 편집 수고 없이 커피 한 잔 마실 시간이면 완벽한 양식을 완성할 수 있습니다.

- 수준별 형성 평가 및 퀴즈 즉석 제작: 지문을 처음부터 창작하는 부담 없이 AI가 생성한 초안을 바탕으로 우리 반 학생 수준에 맞춰 난이도만 살짝 조절하면, 수업 직후 배움을 확인하는 훌륭한 단원 평가 자료를 즉석에서 만들어 배포할 수 있습니다.

구글 설문지:
학생 기초 조사서 설문지 만들기

매년 학기 초마다 반복되는 학생 기초조사 업무를 이제 제미나이 프롬프트 한 줄로 끝내보세요. 사용하던 PDF 양식을 업로드하고 구글 앱스 스크립트 코드를 요청하기만 하면 됩니다. 이렇게 생성된 구글 설문지를 활용하면 조사부터 통계까지 모든 과정을 한 번에 해결할 수 있습니다.

 **한눈에 맛보기**

제미나이를 활용해 제작한 학생 기초 조사 설문지 예시입니다. 구글 설문지를 학기 초에 활용해 보세요. 업무 효율이 올라갑니다.

https://bit.ly/2026학생기초조사

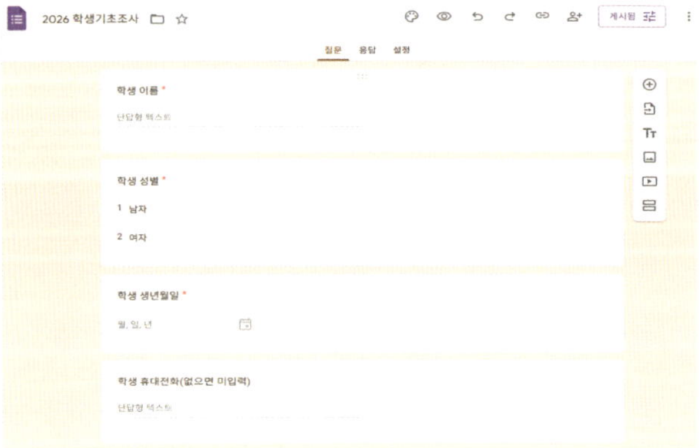

먼저 학교에서 사용하는 학생 기초 조사서 파일을 준비합니다. 한글(HWP) 파일이라면 PDF로 변환하여 저장해 주세요. 그래야 제미나이가 문항 구조를 정확하게 파악합니다.

학생 교육 기초 조사

◆ 작성자 (성명 :   , 관계 :   )
◆ 질문이 많으므로 꼼꼼히 읽어보신 후, 답하실 수 있는 질문에는 구체적으로 답변해주시기 바랍니다.
◆ 제공해주신 정보는 학생 및 보호자 상담에 활용될 수 있으며, 학생 교육 관련으로만 사용됩니다.

학생	이름		생년월일	(양 / 음) 년 월 일
	학년		집 전화	
	반	번호	휴대전화 (학생)	
	주소 (도로명)			

함께 사는 식구	관계	이 름	생년월일	휴대전화 번호 (비상 연락망 확보를 위해 보호자는 2인 이상 적어주세요)
	부			
	모			

우리 학교에 다니고 있는 형제 또는 자매	이 름	학년·학반	우리 아이는
		·	( )남 ( )녀 가운데
		·	( )째
		·	

다니고 있는 학원, 공부방, 학습지 등		학원,공부방,학습지 이름	흥미와 소질	
	1		잘 하는 과목	
	2		어려워하는 과목	
	3		잘 하는 것(특기)	
	4		즐겨하는 것(취미)	
아이가 바라는 장래희망			친한 친구들 이름	
부모님이 바라는 아이 장래희망			피해야 할 음식 (알러지 포함)	
신체 관련 알아야 할 사항				

| 아이는 보통 ( )시 ( )분에 일어납니다. | 아이는 보통 ( )시 ( )분에 잠이 듭니다. |

제미나이를 열고 입력창 옆의 플러스(+) 버튼을 클릭합니다. ❶'파일 업로드' 아이콘을 눌러 준비한 PDF 파일을 업로드한 뒤, 아래 ❷프롬프트를 입력하여 'Google Apps Script' 코드를 생성합니다.

이 기초조사서 파일 내용을 토대로 구글 설문지를 만들어 주는 앱스 스크립트(Google Apps Script) 코드를 짜 줘.

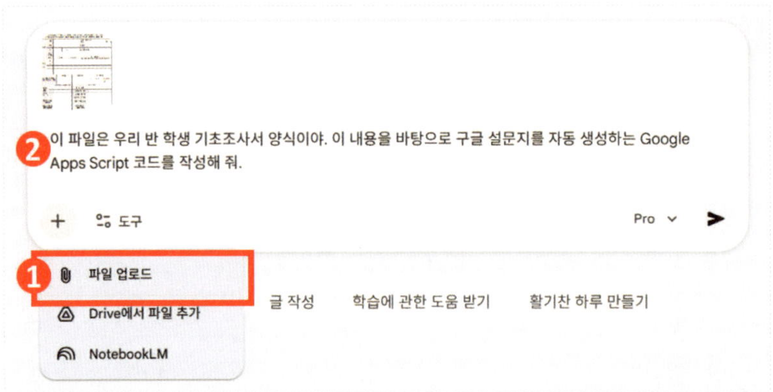

제미나이가 코드를 생성하면 코드 박스 오른쪽 상단의 복사 버튼을 누릅니다.

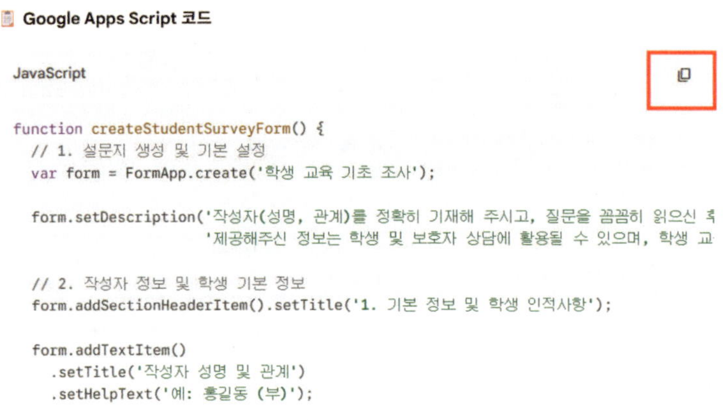

Google Apps Script 코드

```javascript
function createStudentSurveyForm() {
  // 1. 설문지 생성 및 기본 설정
  var form = FormApp.create('학생 교육 기초 조사');

  form.setDescription('작성자(성명, 관계)를 정확히 기재해 주시고, 질문을 꼼꼼히 읽으신 흑
                      '제공해주신 정보는 학생 및 보호자 상담에 활용될 수 있으며, 학생 교

  // 2. 작성자 정보 및 학생 기본 정보
  form.addSectionHeaderItem().setTitle('1. 기본 정보 및 학생 인적사항');

  form.addTextItem()
    .setTitle('작성자 성명 및 관계')
    .setHelpText('예: 홍길동 (부)');
```

이제 구글 드라이브로 이동합니다. 좌측 상단 '+신규' 메뉴를 누른 뒤
'더보기' 항목에 있는 ❸'Google Apps Script'를 클릭합니다.

스크립트 편집기 화면에 적힌 ❹기본 내용을 모두 지우고 복사해온 코
드를 붙여 넣습니다(Ctrl + V). 상단 디스크 모양의 ❺'저장' 버튼을 누른
뒤 ❻'실행' 아이콘을 클릭합니다. 처음 실행할 때는 권한 검토 팝업이 뜨
는데, 본인 계정을 선택하고 '허용'을 눌러 승인하면 됩니다.

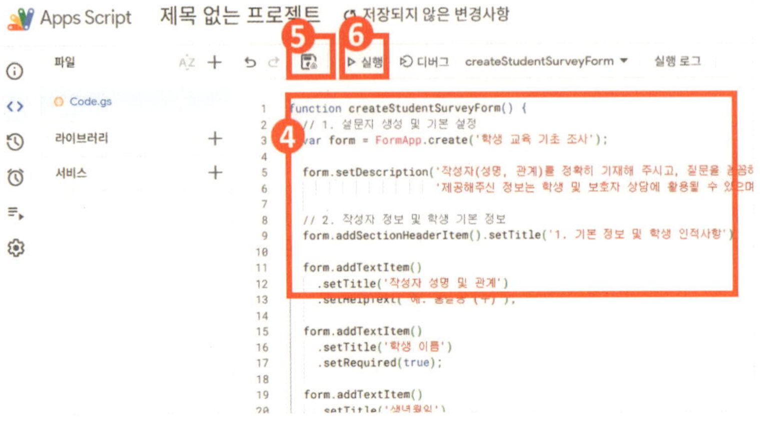

실행이 끝나면 내 구글 드라이브에 새로운 설문지 파일이 생성됩니다. 파일을 열어 학생 기초조사서 문항이 빠짐없이 들어갔는지 확인하고, 어색한 부분은 직접 수정합니다.

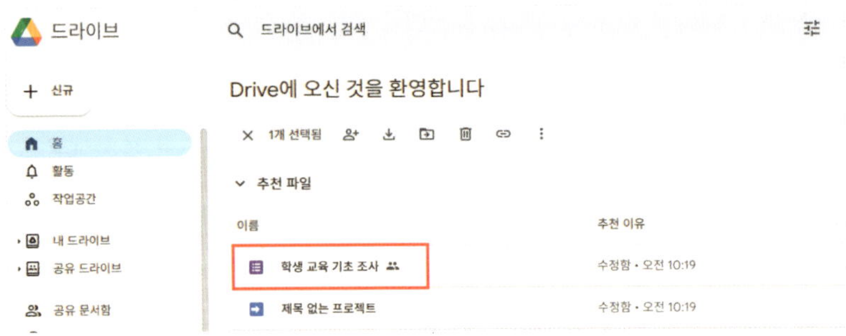

설문지가 완성되었다면 이제 학생들에게 배포할 차례입니다. 화면 우측 상단의 ❼ '게시됨' 버튼을 누른 후, '관리' 메뉴에서 '응답자 보기'를 클릭합니다. 여기서 ❽ '링크가 있는 모든 사용자'를 선택해야 권한 제한 없이 누구나 자유롭게 응답할 수 있습니다.

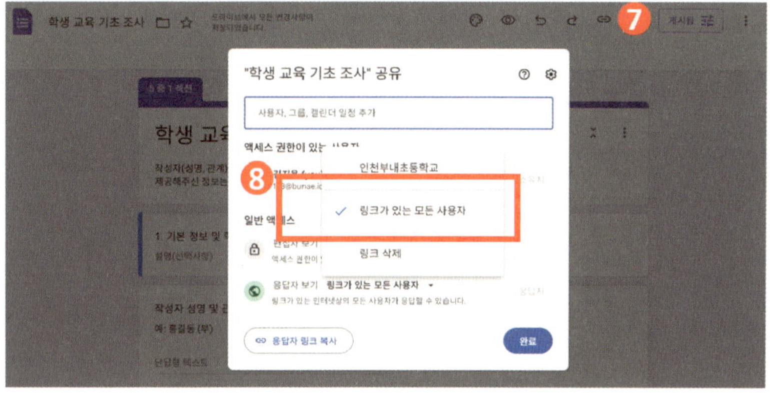

‘응답자 링크 복사’를 선택하여 설문지 주소를 복사하고, 알림장이나 학급 메신저로 공유하세요.

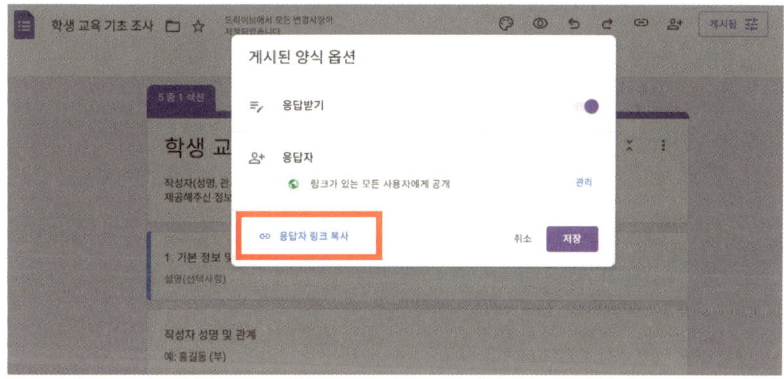

학부모님들의 응답이 시작되면 설문지의 ‘응답’ 탭에서 현황을 확인할 수 있습니다. 우측 상단 초록색 아이콘인 ❾‘sheets에 연결’을 눌러서 구글 시트를 만듭니다. 자동화의 핵심은 설문 응답 이후 시트에 정리된 자료를 검색하고 활용하는 데 있습니다.

업무에 활용하기

학생 기초 조사서 응답이 자동으로 정리된 구글 시트는 학기 초 선생님의 시간을 획기적으로 아껴줍니다.

- 신속한 정보 검색: 구글 시트에서 단축키(Ctrl + F)로 학생 이름을 검색하면 비상 연락망이나 주소 등을 즉시 확인할 수 있어, 종이 서류를 찾는 번거로움이 사라집니다.

- 간편한 상담 자료 준비: 학생의 데이터 행을 복사하여 상담 일지에 붙여넣기만 하면 준비가 완료됩니다. 학부모의 요청 사항과 가정 환경을 한눈에 파악할 수 있어 효율적입니다.

- 즉각적인 학생 안전 관리: 급식 지도 시 알레르기 정보나 건강 특이 사항 확인이 필요할 때, 검색 기능(Ctrl + F)을 통해 해당 학생을 바로 식별하고 신속하게 대처할 수 있습니다.

구글 설문지:
우리 반 친구 관계 알아보기

교사가 가장 알고 싶지만 쉽게 파악하기 어려운 것은 학생들 사이의 관계입니다. 겉으로 보이는 모습만으로는 친구 관계의 흐름을 알기 어렵습니다.

 **한눈에 맛보기**

교육·상담 이론에 근거한 친구 관계 설문 문항을 제미나이로 생성하고, 구글 설문지를 통해 응답 데이터를 수집·분석하여 우리 반의 관계 구조를 파악하는 방법을 소개합니다.

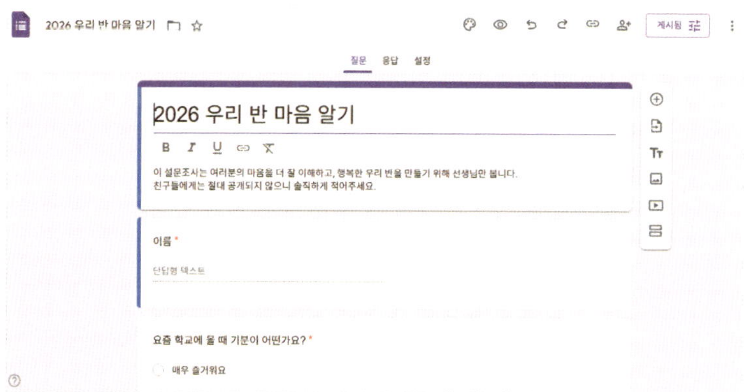

좋은 설문지는 질문의 수준에서 결정됩니다. '누구랑 친하니?' 같은 직접적인 질문은 아이들에게 부담을 주고 진짜 마음을 가리게 합니다. 먼저 '학생들에게 무엇을 물어볼 것인가'부터 제미나이와 함께 설계합니다. 제미나이에게 다음과 같이 프롬프트를 입력해 보겠습니다.

> 너는 교육 심리 및 상담 전문가야. 초등학교 5학년 학생들의 교우 관계와 성격 유형을 파악할 수 있는 설문 문항을 만들고 싶어. 소외되는 학생을 파악할 수 있는 사회성 관련 질문과 개인의 성향을 알 수 있는 질문을 섞어서 10개 정도 만들어 줘. 아이들이 상처받지 않도록 부드럽고 간접적인 표현을 사용해 줘.

> 너는 교육 심리 상담 전문가야. 초등학교 5학년 학생들의 교우 관계와 성격 유형을 파악할 수 있는 설문 문항을 만들고 싶어. 소외되는 학생을 파악할 수 있는 사회성 관련 질문과 개인의 성향을 알 수 있는 질문을 섞어서 10개 정도 만들어 줘. 아이들이 상처받지 않도록 부드럽고 간접적인 표현을 사용해 줘.
>
> ＋   도구   빠른 모드 ∨   ➤

잠시 후 제미나이는 점심시간에 함께 시간을 보내고 싶은 친구, 모둠 활동에서의 역할 성향 등 교육적으로 타당하고 정서적으로 안전한 질문 목록을 제시합니다. 이 중 마음에 드는 문항을 선택하거나 학급 상황에 맞춰 수정하여 질문을 완성합니다.

5학년 우리 반 마음 알기 설문 (예시)

1. **[학교 생활/관계]** 쉬는 시간이 되면 주로 누구와 무엇을 하며 시간을 보내는 것이 가장 편한가요? (혼자 책 읽기, 단짝 친구와 대화, 여러 친구들과 운동 등)

2. **[사회적 지지 기반]** 학교에서 아주 재미있는 일이나 신나는 일이 생겼을 때, 우리 반에서 가장 먼저 달려가서 이야기하고 싶은 친구가 있나요?

3. **[성향/에너지]** 주말이나 방학이 되었을 때, 집에서 혼자 조용히 쉬는 것과 친구들을 만나 밖에서 노는 것 중 무엇이 더 즐겁게 느껴지나요?

4. **[대인 관계 불안/소외]** 가끔 친구들이 자기들끼리 귓속말을 하거나 웃고 있을 때, 혹시 내 이야기를 하는 건 아닐까 걱정된 적이 있나요?

5. **[모둠 활동/리더십]** 수업 시간에 모둠 활동(조별 과제)을 하게 되었을 때, 친구들을 이끄는 역할과 친구들의 의견을 따르는 역할 중 어느 쪽이 마음이 더 편한가요?

질문이 확정되었다면 제미나이가 만든 질문을 활용해서 설문지를 제작할 차례입니다. 제미나이에게 다음과 같이 프롬프트를 입력하여, 앱스 스크립트(Apps Script) 코드를 요청합니다.

방금 네가 만들어 준 질문들을 그대로 사용해서 구글 설문지를 자동으로 생성하는 앱스 스크립트(Apps Script) 코드를 작성해 줘. 질문 성격에 맞게 주관식, 객관식, 체크박스를 적절히 섞어 주고 설문지 제목은 '2026 우리 반 마음 알기'로 해 줘.

제미나이는 질문의 의도를 분석해 단답형이 적절한지, 선택형이 적절한지를 스스로 판단하여 가장 알맞은 설문 구조를 구현합니다. 코드 상단의 복사 버튼을 눌러서 코드를 복사합니다.

이 코드는 구글 설문지를 자동으로 생성하고, 질문을 배치해 줍니다.

```javascript
function createStudentSurveyForm() {
  // 1. 설문지 기본 설정
  var form = FormApp.create('2026 우리 반 마음 알기');

  form.setDescription('이 설문은 정답이 없어요. 여러분의 마음을 더 잘 이해하고, 즐거운 ㅇ
      .setConfirmationMessage('설문에 참여해줘서 고마워요! 여러분의 이야기를 잘 들었습니

  // 0. 기본 정보 (이름)
  form.addTextItem()
      .setTitle('이름')
      .setRequired(true);
```

이후 구글 드라이브에서 'Google Apps Script'를 선택하여 제미나이가 생성한 ❶코드를 붙여 넣고, ❷저장한 뒤 ❸실행합니다. 처음 실행 시 권한 승인 팝업이 뜨면 본인 계정을 선택하고 '허용'해 주세요.

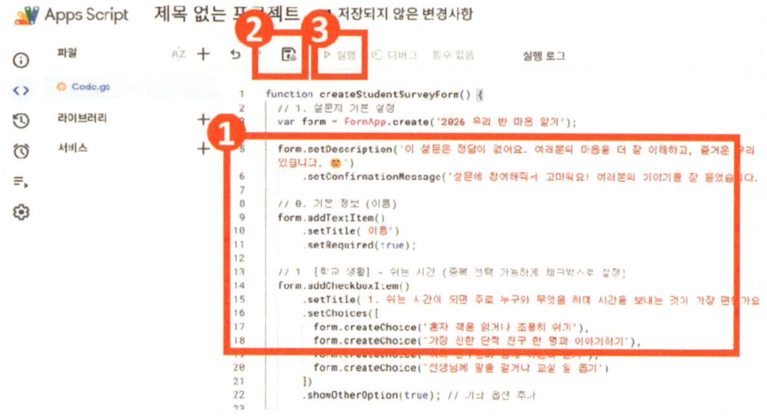

실행이 완료되면 내 구글 드라이브에 '2026 우리 반 마음 알기' 설문지가 자동으로 생성됩니다. 완성된 설문지는 링크나 QR 코드로 학생들에게 배포합니다.

학생들이 응답을 마치면, 해당 설문지 ❹'응답' 탭에서 결과를 확인합니다. 우측 상단 초록색 아이콘인 ❺'sheets에 연결'을 누르면 구글 시트가 만들어집니다. 생성된 구글 시트의 데이터를 분석하면 복잡한 교우 관계 흐름을 한눈에 파악할 수 있습니다.

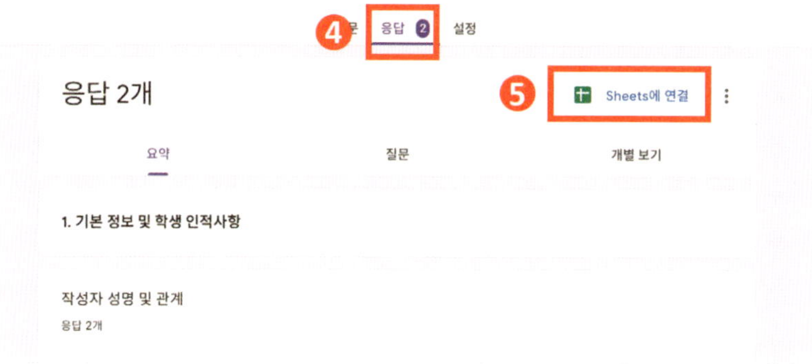

　학생들의 관계와 성향이 담긴 설문 결과는 막연한 추측이 아닌, 객관적인 학급 운영의 핵심 근거가 됩니다.

- 갈등 없는 자리 배치: 선호하는 친구 데이터를 기반으로 상호 관계를 고려하여 안정적인 학습 분위기를 조성합니다.

- 균형 잡힌 모둠 활동: 성격 유형의 조화를 고려한 모둠 구성으로 학생들의 협력과 참여를 이끌어냅니다.

- 사각지대 없는 생활지도: 눈에 보이지 않는 소외 학생을 미리 발견하여 학기 초부터 세심한 생활지도가 가능해집니다.

NotebookLM

유튜브: 내용 요약하기

"영상 1시간? 요약은 3초. 시간 낭비 없이 핵심만 챙기세요."

수업에 활용할 좋은 영상을 찾았지만, 내용이 너무 길어 망설였던 적 있나요? 이제 영상을 끝까지 볼 필요는 없습니다. 유튜브 링크만 제미나이에게 전달하면, 긴 영상 속에서 핵심 내용, 주요 타임라인, 수업에 필요한 키워드를 선별해 한눈에 정리된 요약 노트로 제공합니다.

유튜브는 전 세계의 지식과 정보를 영상으로 생생하게 접할 수 있는 구글의 대표적인 동영상 플랫폼입니다. 단순히 영상을 시청하는 것을 넘어, 수업 주제와 관련된 방대한 콘텐츠를 선별하고 정보를 비판적으로 수용하는 등 다양한 방식으로 학습의 깊이를 확장해 줍니다. 특히 제미나이와 간단하게 연동하여 타임라인별 내용 요약부터 사실 여부 검증까지 별도의 필기나 추가 검색 없이도 즉시 분석할 수 있어, 교사의 수업 준비 부담은 줄이고 학생의 탐구 능력은 높여주는 효율적인 미디어 학습 도구라 할 수 있습니다.

 ## 한눈에 맛보기

영상 링크를 복사(Ctrl+C)해서 제미나이에 붙여넣기(Ctrl+V) 하는 단 3초의 동작이면 충분합니다. 영상을 재생할 필요도 없습니다. 링크를 입력하자마자 제미나이가 영상 속 음성을 텍스트로 변환하고 분석하여, 전

체 줄거리 요약은 물론 중요한 내용이 나오는 시간대(타임스탬프)까지 정리해 줍니다.

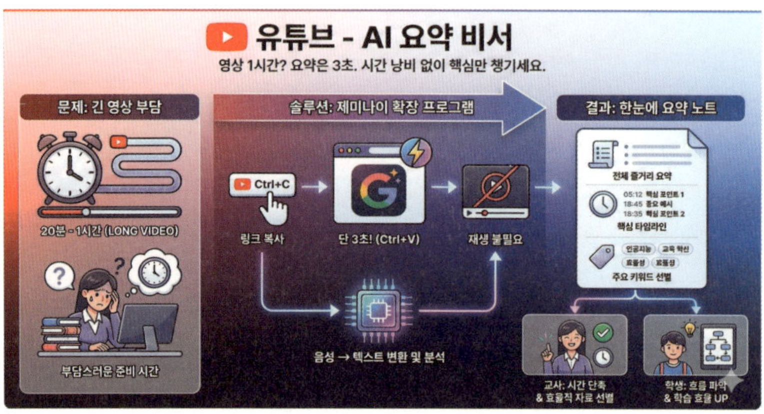

차근차근 따라하기

수업에 활용하고 싶은 유튜브 영상의 링크(URL)를 ❶복사합니다.

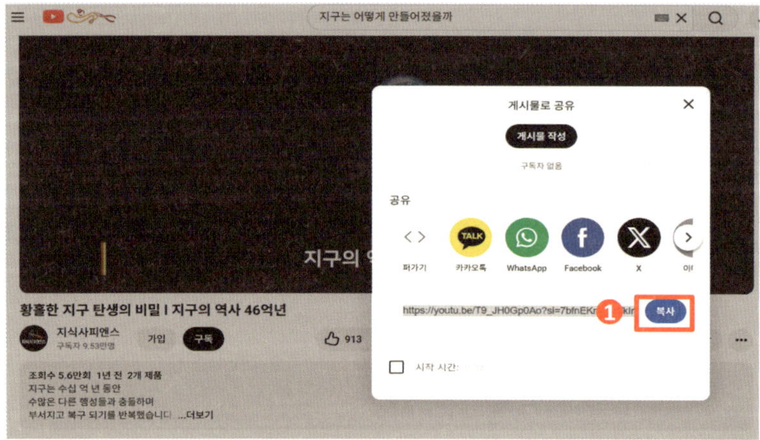

제미나이 입력창에 ❷링크를 붙여 넣고, 목적에 맞는 ❸명령어를 입력합니다.

YouTube ∨

지구 탄생부터 현대 인류의 발전까지 다룬 영상의 주요 내용을 타임라인별로 정리해 드립니다.

1. 지구와 행성의 탄생 (약 45억 년 전 ~)

- **태양계의 시작 [00:44]**: 성간 가스와 먼지 구름(분자 구름)이 압축되어 핵융합을 시작하며 아기 태양이 탄생했습니다.
- **행성의 형성 [01:27]**: 태양 주위의 물질들이 중력으로 뭉쳐 수금지화 목토천해 행성들이 만들어졌습니다. 태양과 가까운 곳은 단단한 암석 행성이, 먼 곳은 가스와 얼음 행성이 되었습니다.
- **달의 탄생 (거대 충돌 가설) [02:11]**: 원시 지구에 화성 크기만한 행성 '테이아'가 충돌했고, 이때 흩어진 파편들이 지구 주위를 돌며 달이 되었습니다.

https://youtu.be/T9_JHOGpOAo?si=7bfnEKr4F1WkInO- 이 영상을 학생들이 볼 거야. 영상 내용을 바탕으로 [타임라인별 소주제]를 정리해 줘. 각 시간대별로 [학생들에게 꼭 설명해야 할 핵심 개념]도 한 줄씩 덧붙여 줘.

학생들이 지구의 방대한 역사를 쉽고 체계적으로 이해할 수 있도록, 영상의 흐름에 맞춰 **[타임라인별 소주제]**와 **[핵심 개념]**을 정리해 드립니다.

🌏 지구의 역사 46억 년 학습 가이드

타임라인	소주제	학생들을 위한 핵심 개념 설명
[00:00:44]	태양계와 아기 지구의 탄생	우주 먼지와 가스가 중력으로 뭉쳐 태양과 지구를 포함한 행성들이 만들어졌습니다.
[00:02:42]	거대 충돌과 달의 기원	원시 지구와 행성 '테이아'의 충돌로 튕겨 나간 파편들이 모여 우리의 밤하늘을 비추는 달이 되었습니다.
[00:03:40]	원시 바다의 형성	뜨거웠던 지구가 식으면서 내린 비가 수백 년간 모여 생명 탄생의 요람인 바다가 되었습니다.

요약된 내용을 훑어보며 수업 목표에 맞게 전략적으로 활용합니다.

제미나이의 유튜브 요약 기능은 단순 시청을 넘어 수업 설계 전반과 결합되어 다음과 같이 교사의 전략적 수업 운영을 돕는 보조 역할을 수행합니다.

- 학습 목표 중심 핵심 구간 큐레이션: 요약된 텍스트로 영상의 전체 구조를 빠르게 파악한 뒤, 수업 주제와 직접 연결되는 핵심 개념이 등장하는 구간만 선별해 제시하세요. 불필요한 시청 시간을 줄이고, 학생들의 주의와 몰입을 학습 목표에 정확히 맞출 수 있습니다.

- 사전 학습을 돕는 플립드 러닝 내비게이터: 본 수업 전 요약본을 먼저 제공해 학생들이 전체 맥락과 흐름을 선이해하도록 유도하세요. 핵심을 알고 영상을 접하게 되어, 수업 시간에는 심화 질문과 활동에 더 집중할 수 있습니다.

- 토론과 사고를 여는 수업 분기점 설계: 요약 내용 중 쟁점이 되거나 깊은 사고가 필요한 지점을 미리 표시해 두고, 해당 구간 재생 직후 퀴즈·질문·토론을 진행하세요. 영상이 '보는 자료'를 넘어 '생각을 여는 촉매'로 작동합니다.

🔍 **깊이 더보기**

영상 속 '특정 정보'만 검색하기: 요약뿐 아니라, 마치 문서에서 '찾기(Ctrl+F)'를 하듯 영상 속 특정 내용을 검색할 수 있습니다. 1시간짜리 한국사 특강 영상이라면 이렇게 명령해 보세요. "이 영상에서 '병자호란'에 대해 언급된 부분들을 모두 찾아줘. 각 장면의 핵심 요약과 함께, 클릭하면 해당 시간으로 즉시 이동하는 '재생 링크'를 타임라인 형태로 정리해 줘."
→ 제미나이가 알려준 시간을 클릭하면 해당 장면으로 즉시 이동합니다.

유튜브: 팩트체크하기

"3초 안에 주워 먹으면 괜찮다?", "이 음악을 들으면 머리가 좋아진다?" 흥미롭지만 의심스러운 주장들입니다. 제미나이에게 영상 링크를 주면, 영상 속 주장을 추출하고 전 세계의 논문과 기사를 찾아 과학적 검증 결과를 표로 정리해 줍니다. 믿을지 말지, AI와 함께 수사해 보세요.

 ## 한눈에 맛보기

자극적인 썸네일이나 '카더라' 정보에 휘둘리지 않고, 제미나이에게 즉시 질문하여 진실을 파헤칩니다. 영상 속 화자의 주장과 구글 검색을 통해 검증된 객관적 근거가 나란히 제시되어 정보의 진위를 가려줍니다. 교사의 개입 없이도 학생 스스로 팩트와 거짓을 구별하고, 근거를 찾아 검증하는 날카로운 미디어 리터러시 역량을 기를 수 있습니다.

사실 확인이 필요한 영상의 링크(URL)를 ❶복사합니다.

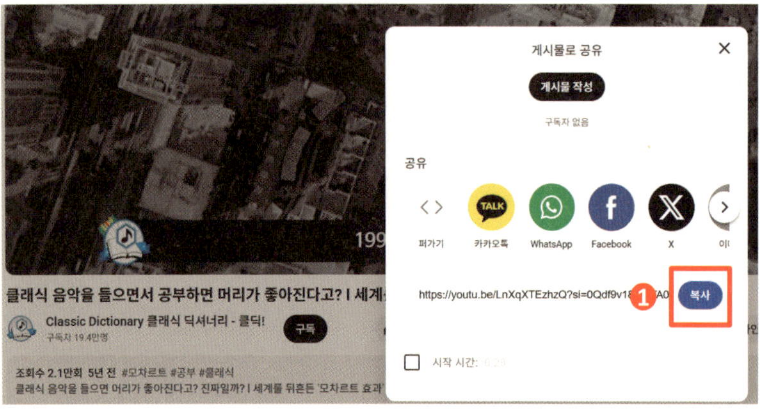

제미나이 입력창에 ❷링크를 붙여넣고, 증거 자료를 요구하는 구체적인 ❸명령어를 입력합니다.

❷ https://www.youtube.com/watch?v=LnXqXTEzh ❸ 이 영상 링크에서 주장하는 핵심 내용을 뽑아줘. 그리고 각 주장이 과학적으로 입증된 사실인지 구글 검색을 통해 검증하고, 근거가 되는 [뉴스나 논문 링크]를 포함하여 [표]로 정리해 줘.

✦ YouTube ⌄

제시하신 유튜브 영상 **<클래식 음악을 들으면서 공부하면 머리가 좋아진다고? | 세계를 뒤흔든 '모차르트 효과'>**의 핵심 내용 요약과 이에 대한 과학적 검증 결과입니다.

1. 영상의 핵심 주장 요약

영상은 1993년 네이처(Nature)지에 발표된 연구를 기점으로 전 세계에 불어닥친 '모차르트 효과'의 탄생과 논란을 다루고 있습니다.

- **핵심 주장 1:** 모차르트의 음악(K.448)을 들으면 공간 추리 능력이 일시적으로 향상된다.
- **핵심 주장 2:** 태교나 어린이 학습 시 모차르트 음악을 들려주면 지능(IQ)이 발달한다.

제미나이가 제시한 근거 ❹링크를 클릭하여 확인한 뒤, 이 영상의 신뢰도를 판정합니다.

3. 간질(뇌전증) 치료에 효과가 있다	불충분/부정적	Nature Scientific Reports (2023)
	일부 소규모 연구에서 긍정적 보고가 있었으나, 최근(2023년) 메타분석 결과 **통계적으로 유의미한 치료 효과는 없음**이 입증됨.	Psychiatrist.com 기사
4. 쥐 실험을 통해 뇌 기능 향상이 입증되었다	해석의 오류 가능성	❹ 시사저널: 모차르트 효과의 신화
	로셔 교수의 쥐 실험 결과는 존재하나, 동물의 반응을 인간의 지능 향상으로 직접 연결하기엔 무리가 있으며 **재현성이 낮음**.	자유일보: 실험 설계 오류 지적

3. 종합 결론

영상에서 소개된 '모차르트 효과'는 1993년의 짧은 실험 결과를 대중 매체와 음반 산업이 **과장하여 확대 재생산한 '과학적 미신'**에 가깝습니다. 현대 과학계의 중론은 모차르트 음악이 특별한 지능 상승 효과를 가진 것이 아니라, **본인이 좋아하는 음악을 들을 때 발생하는 심리적 안정과 각성**이 일시적인 집중력 향상을 가져오는 것이라고 보고 있습니다.

'모차르트 효과'는 어 떻게 신화가 되었나

♀ 노순동 기자 (soon@sisapress.com)   ⊙ 승인 2005.08.19 00:00

\+

\− | 미국·스위스 학자 공동 연구…"공교육에 불안 느 끼는 학부모와 언론, 음반 사업자의 합작품" 지적

클래식 작곡가 가운데서도 모차르트의 위치는 독보적이다. 음악이 미치는 좋은 영향은 아예 '모차르트 효과'라고 불린다. 상징적인 이름이 아니다. 음악은 동물, 심지어 식물에게도 행복감과 활력을 주어 지력을 향상시키고 생장을 촉진하는데, 특히 모차르트 음악이 가장 효과적이라는 것이다.

최근 이 모차르트 효과에 의구심을 품는 연구 결과가 추가되었다. 미국과 스위스의 공동 연구진은 모차르트 효과가 과학적으로 근거가 미약함에도 불구하고 이미 굳건한 신화로 자리 잡았다고 주장하면서 왜 그런 현상이 벌어졌는지 분석한 글을 내놓았다. 스위스 심리학자 아드리안 방제르테 교수와 미국 스탠퍼드 비즈니스 대학원 연구원 칩 히스는 공교육 체계에 대한 불신이 높은 곳일수록, 모차르트 효과에 관한 믿음이 널리 퍼져 있다고 주장했다.

제미나이의 실시간 정보 검증 및 분석 기능은 단순한 진위 판별을 넘어 비판적 사고 훈련을 할 수 있도록 도와줍니다.

- 정보 신뢰도의 직관적 시각화 및 정량화: 제미나이에게 조사된 근거를 바탕으로 영상의 신뢰도를 점수(예: 100점 만점)나 등급(성적표)으로 매기게 하세요. 모호하게 느껴질 수 있는 정보의 진실성과 편향성을 객관적인 수치로 시각화하여 보여줌으로써, 학생들이 영상의 가치를 직관적으로 판단하는 기준을 확립해 줍니다.

- 비판을 넘어 대안을 만드는 지식 재구성: 팩트체크에서 멈추지 말고, 제미나이에게 검증된 사실을 바탕으로 영상 대본을 올바르게 수정하도록 요청하세요. 잘못된 정보를 비판하는 소극적 활동을 넘어, 참된 지식으로 내용을 고쳐 써보는 경험을 통해 정보를 주체적으로 재구성하고 생산하는 능력을 키워줍니다.

🔍 **깊이 더보기**

구체적 출처를 요구해 검증하기: 단순히 "이거 사실이야?"라고만 물으면 제미나이도 인터넷에 떠도는 일반적인 글을 요약해 줄 수 있습니다. 이때 "정확한 논문 제목 알려줘", "연구한 교수 이름 찾아줘" 같이 구체적인 증거 키워드를 프롬프트에 섞어보세요. '미국의 한 연구 결과'라는 모호한 표현을 '2018년 OO대학 OO교수의 연구'라는 확실한 근거로 바꿔주어 정보의 투명성을 확보해 줍니다.

제미나이 바이브 코딩

바이브 코딩은 복잡한 프로그래밍 문법을 배우지 않고도 자연어로 자신의 아이디어를 표현하면 AI가 이를 실행 가능한 코드로 변환해 주는 새로운 코딩 방식입니다. "게임을 만들고 싶어", "이런 기능을 추가해 줘"처럼 대화하듯 요구사항을 전달하면 제미나이가 즉시 코드를 생성해주어, 코딩을 모르는 사람도 기술적 장벽 없이 창의적인 아이디어를 구현할 수 있습니다.

크기가 같은 분수 찾기 게임 웹 앱 만들기

분수에서 분모와 분자에 같은 수를 곱하거나 나누면 크기가 같음을 학습하고 게임으로 확인해 보는 웹 앱입니다.

 한눈에 맛보기

분수의 기본 성질인 '분모와 분자에 같은 수를 곱하거나 나누어도 크기가 같다'는 개념은 초등 수학에서 매우 중요합니다. 하지만 단순히 개념만 이해하고 충분히 연습하지 않으면 통분, 약분, 분수의 사칙연산 등 후속 학습에서 지속적인 어려움을 겪을 수 있습니다.

'크기가 같은 분수 찾기' 웹 앱은 제시된 분수와 크기가 같은 분수를 찾는 게임 활동을 통해 학생들은 수동적 암기가 아닌 능동적 탐구를 체험하게 될 것입니다. 또한, 전자칠판을 활용하여 모둠별 대항전을 진행한다면 협업 능력도 향상될 것으로 기대됩니다.

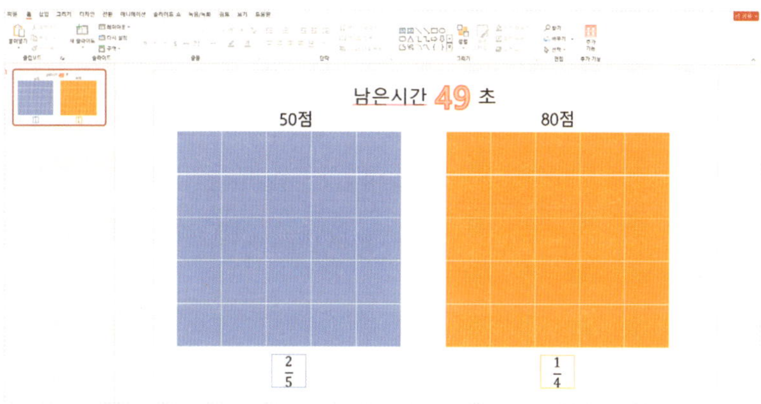

차근차근 따라하기

웹 앱의 화면 구성을 어떻게 할 것인지 파워포인트 등을 이용하여 미리 만들어 보면 시행착오를 줄일 수 있습니다.

이렇게 만든 슬라이드를 이미지로 저장합니다. 프롬프트와 함께 저장한 이미지를 첨부하면 코드의 오류를 줄일 수 있기 때문입니다.

제미나이의 Pro 모드에서 앞에서 만든 이미지를 첨부하고 프롬프트를 아래와 같이 입력합니다. 프롬프트의 내용이 같지 않아도 됩니다. 사용자가 구현하고 싶은 내용을 자연어로 잘 서술하면 됩니다. 분수 타일의 숫자를 바꾸거나 배점을 달리하거나 다른 기능 구현도 추가할 수 있습니다. 이 프롬프트에서 중요한 것은 html 코드로 작성해 달라는 요청입니다.

태블릿 PC나 전자칠판을 이용하여 학생들이 크기가 같은 분수를 찾는 연습할 수 있는 2인용 게임 웹앱을 html 코드로 작성해 줘. 60초 동안 제시된 분수와 크기가 같은 분수를 25칸의 분수 타일에서 빠르게 찾는 게임이야.

화면의 위쪽 가운데에는 남은 시간을 표시해 줘. 화면의 가운데는 2분할하여 왼쪽과 오른쪽의 학생이 대결해야 해. 각각의 학생에게는 5X5의 25칸 타일이 보이고 타일 안에는 겹치지 않는 분수가 제시되어야 해. 타일의 아래에는 기약분수가 제시되어야 하고 타일에는 기약분수와   크기는 같지만 숫자가 다른 분수 3개를 포함하여 랜덤한 분수 25개를 배치해 줘. 제시된 분수와 크기가 같은 분수를 터치하거나 클릭하면 30점씩 가산하고 크기가 다른 분수를 터치하거나 클릭하면 10점씩 점수가 깎여야 해. 크기가 같은 분수 3개를 모두 찾으면 다른 문제가 제시되도록 만들어 줘.

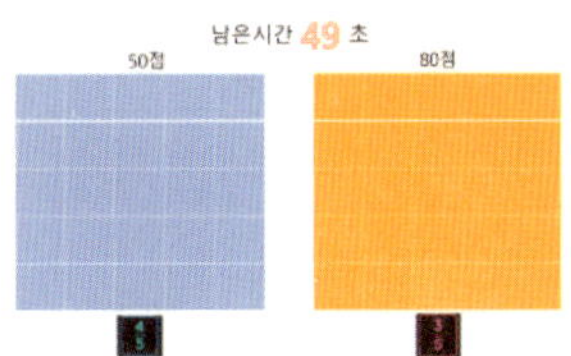

프롬프트 입력을 마치면 제미나이가 HTML 코드를 작성합니다. 이 후 코드 창의 복사 아이콘을 클릭하여 코드를 모두 복사합니다.


```html
<!DOCTYPE html>
<html lang="ko">
<head>
    <meta charset="UTF-8">
    <meta name="viewport" content="width=device-width, initial-scale=1.0, maximum
    <title>분수 크기 찾기 대결</title>
    <style>
        /* 기본 스타일 및 레이아웃 설정 */
```

메모장을 열고 복사한 코드를 붙여 넣고 파일메뉴의 '저장' 을 눌러 파일을 저장합니다. 이때 저장 창이 뜨면 파일 이름의 확장자를 html로 수정해야 합니다. 파일의 형식은 '모든 파일'로 수정해야 합니다. 인코딩 방식은 기본값인 UTF-8로 두면 되며 기본값이 다를 경우 UTF-8로 변경하여 저장합니다.

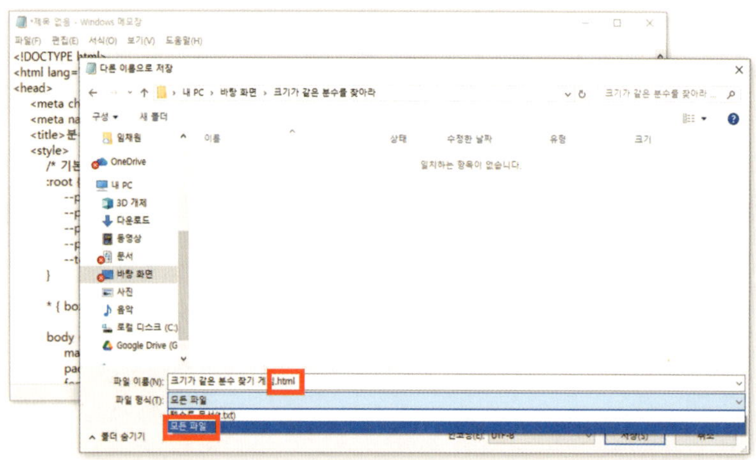

수업에 활용하기

- 웹 앱 공유 및 실행하기: HTML 코드로 제작된 게임 웹 앱은 별도 설치가 필요 없으므로, 학급 패들렛이나 구글 클래스룸 등으로 파일을 공유해 학생 기기에서 바로 실행합니다.

- 개인 연습으로 개념 익히기: 먼저 혼자 연습하는 시간을 주어, 기준 분수와 같은 크기의 분수를 찾으며 정답(30점)과 오답(10점 감점) 피드백을 통해 개념을 자연스럽게 체화하도록 합니다.

- 개인 연습으로 개념 익히기: 먼저 혼자 연습하는 시간을 주어, 기준 분수와 같은 크기의 분수를 찾으며 정답(30점)과 오답(10점 감점) 피드백을 통해 개념을 자연스럽게 체화하도록 합니다.

- 짝 활동으로 흥미 높이기: 태블릿 PC 한 대를 사이에 두고 화면을 좌우로 나누어 두 학생이 동시에 대결하는 방식을 통해, 실시간 점수 경쟁을 하며 게임의 재미를 높입니다.

- 모둠 대항전으로 협업하기: 전자칠판에 웹 앱을 띄워 모둠 대표가 대결하고, 나머지 모둠원들은 함께 답을 찾고 응원하며 학급 전체가 참여하는 역동적인 수업을 만듭니다.

- 전략 토의 및 심화 학습하기: 게임 후 발견한 규칙이나 전략을 발표하며 수학적 사고를 언어화하고, 빠르게 마친 학생에게는 동치분수 쓰기와 같은 심화 과제를 제시합니다.

깊이 더보기

- 프롬프트로 기능 추가하기: 바이브코딩의 장점을 살려, 복잡한 지식 없이도 제미나이에게 자연어로 원하는 변경 점을 요청해 즉시 기능을 구현하고 개선할 수 있습니다.

- 역동적인 게임으로 변형하기: 정적인 타일 방식 대신 자동차나 비행기가 지나가는 애니메이션 요소를 넣어, 움직이는 대상 중 정답을 찾는 방식으로 흥미를 높일 수 있습니다.

- 다른 수학 개념 적용하기: 분수 게임의 기본 구조를 유지한 채, 제시된 숫자의 약수나 배수 찾기 등 다른 수학 개념을 학습하는 게임으로 변경할 수 있습니다.

- 난이도 및 시간 설정하기: 학생 수준에 맞춰 타일 개수를 조절하거나, 제한 시간을 60초 고정 대신 90초, 120초 등 사용자가 선택할 수 있도록 옵션을 추가합니다.

- 시각적 효과 강화하기: 정답 및 오답 시 타일 색상을 변화시키거나 남은 시간을 막대 형태로 표시하는 등 시각적 피드백을 추가해 학생들의 집중도를 높일 수 있습니다.

학급일지 웹 앱 만들기

이번 장에서는 제미나이가 작성해 준 코드를 복사하고 붙여넣는 과정만으로 업무 환경에 꼭 맞는 나만의 학급일지 웹 앱을 제작하는 방법을 소개합니다. 우리에게는 제미나이가 있기 때문에 코딩을 전혀 몰라도 괜찮습니다.

 ## 한눈에 맛보기

PC와 스마트폰 환경을 모두 지원하는 학급일지 웹 앱을 직접 제작해 봅니다. 장소에 구애받지 않고 언제 어디서나 자유롭게 기록할 수 있으며 입력된 데이터는 구글 시트에 실시간으로 동기화되어 즉시 검색하고 활용할 수 있습니다.

차근차근 따라하기

가장 먼저 할 일은 제미나이에게 어떤 앱을 만들고 싶은지 명확하게 말해주는 것입니다. 다음과 같이 프롬프트를 입력해 보겠습니다.

> 너는 구글 앱스 스크립트 전문 웹 개발자야. 교사가 매일 업무를 기록하는 '학급일지 웹 앱'을 만들어 줘. 화면은 좌우로 분할하여 왼쪽에는 날짜를 선택하는 달력을, 오른쪽에는 수업 계획, 오늘의 할 일, 알림장, 그리고 오늘의 기록을 입력하는 폼을 배치해 줘. 달력에서 날짜를 클릭하면 저장된 데이터를 불러오고 내용을 입력하면 구글 시트에 자동 저장되는 기능을 구현해줘. 구글 시트에 바로 붙여넣기할 수 있도록 백엔드(Code.gs)와 프론트엔드(Index.html) 코드를 각각 작성해 줘.

제미나이는 두 개의 코드를 생성합니다.

1) 백엔드 코드 (Code.gs) : 데이터 저장과 처리를 담당하는 서버 코드

2) 프론트엔드 코드(Index.html) : 화면에 보이는 입력창과 버튼을 담당하는 화면 코드

이 두 파일이 바로 우리 앱의 설계도입니다. 생성된 두 가지 코드를 복사해 둡니다. 제미나이를 활용한 코딩은 단 한 번의 명령으로 완성되지 않을 수도 있습니다. 초기 코드를 기반으로 실행 결과를 확인하고, 오류 수정이나 기능 개선을 요청하는 반복적인 최적화 과정이 필요합니다. 이러한 피드백 과정을 거쳐야 비로소 사용자의 의도와 요구사항에 완벽하게 부합하는 학급일지 앱을 완성할 수 있습니다.

본격적으로 앱을 만들어 보겠습니다. 구글 드라이브에서 ❶'Google 스프레드시트'를 클릭합니다. 시트 제목을 '2026 학급 일지'로 정한 뒤, 상단 메뉴에서 '확장 프로그램'을 클릭하고 ❷'Apps Script'를 선택합니다. 이곳이 바로 우리가 앱을 만들 작업실입니다.

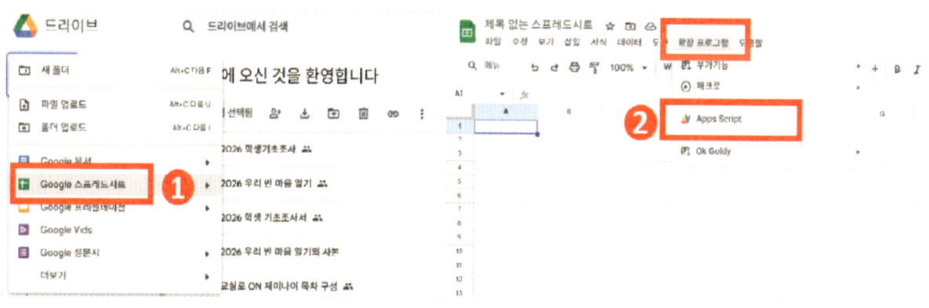

제미나이가 제공한 두 가지 코드를 각각의 파일에 적용하는 단계입니다. 편집기 화면에 기본적으로 열려 있는 ❸'Code.gs' 파일의 기존 내용을 모두 삭제합니다. 제미나이가 작성해 준 백엔드 코드(Code.gs)를 붙여넣은 후 상단 메뉴의 디스크 모양 아이콘을 눌러 저장합니다.

화면 왼쪽의 파일 목록 옆에 있는 플러스 버튼을 클릭하고 HTML을 선택합니다. 파일 이름을 ❹'Index'로 지정하여 새 파일을 생성합니다. 생성된 빈 파일에 제미나이가 제공한 프론트엔드(Index.html) 코드를 붙여 넣고 저장 버튼을 누릅니다.

작성된 Index.html 파일은 앱의 입력창과 버튼 등 사용자 인터페이스와 디자인 요소를 담당합니다.

이제 이 코드를 실제 인터넷 주소(URL)를 가진 앱으로 만들어야 합니다. '새 배포' 버튼을 누른 뒤, 왼쪽 톱니바퀴 아이콘을 눌러 ❺'웹 앱'을 선택합니다.

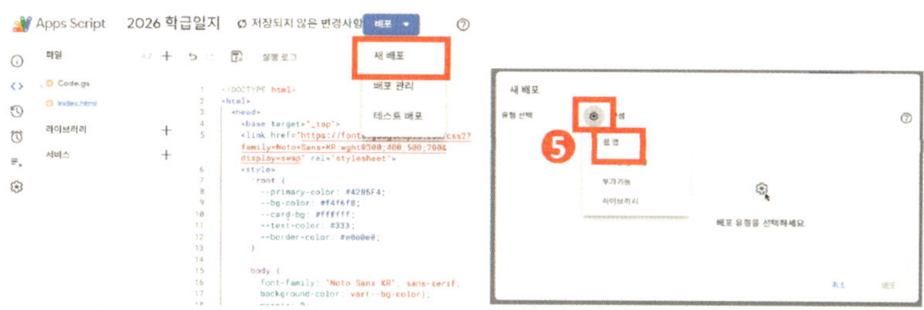

액세스 권한은 '나만'으로 설정하고 ❻'배포' 버튼을 클릭합니다. 처음 배포할 때는 보안 절차가 필요합니다. '액세스 승인' 버튼을 누르고 본인 구글 계정을 선택합니다.

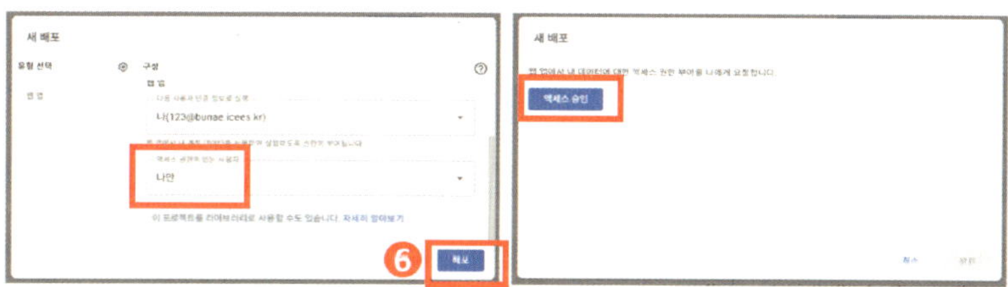

배포가 완료되면 화면에 ❼웹 앱 URL이 표시됩니다. 이 주소가 바로 완성된 학급일지 앱의 접속 경로입니다. URL을 복사하여 학교 컴퓨터나 스마트폰의 웹 브라우저에서 접속하면 언제 어디서든 학급일지 앱을 활용할 수 있습니다.

업무에 활용하기

학급일지 웹 앱은 단순한 기록 도구를 넘어, 기록부터 평가까지 교사의 업무 전반을 효율적으로 혁신합니다.

- 생활지도의 즉시성 확보: 복도나 급식실 등 언제 어디서나 스마트폰으로 입력할 수 있어 PC 접근의 제약이 없습니다. 기억에 의존할 때보다 훨씬 정확하고 구체적인 기록 관리가 가능합니다.

- 학부모 상담의 객관적 자료: 별도의 파일을 뒤질 필요 없이 구글 시트에서 학생 이름을 검색(Ctrl + F)하면 연간 생활 기록을 한눈에 확인할 수 있습니다. 구체적인 날짜와 사실에 기반한 상담은 학부모와의 신뢰를 높여줍니다.

- 근거 기반의 평가 체계 구축: 3월부터 축적된 데이터를 일괄 확인하여 학기 말 학생 평가에 활용할 수 있습니다. 주관적 기억이 아닌 명확한 데이터에 근거하여 공정한 평가가 가능해집니다.

만약 직접 만드는 과정이 부담스럽다면, 완성된 코드가 적용된 템플릿을 복사하여 바로 활용할 수도 있습니다. 먼저 저자가 제공하는 학급일지 예시 파일에 접속합니다.

https://bit.ly/2026학급일지

파일을 열면 '보기 전용' 상태이므로 입력이나 수정이 불가능합니다. 이 파일을 내 구글 드라이브로 가져와야 합니다. 왼쪽 상단 파일 메뉴에서 ❽'사본 만들기'를 클릭합니다. 파일 이름은 '2026 학급일지'로 변경합니다.

사본 만들기가 완료되면 내 구글 드라이브에 수정 가능한 학급일지 파일이 생성됩니다. '확장 프로그램' 메뉴에서 'Apps Script'를 클릭합니다.

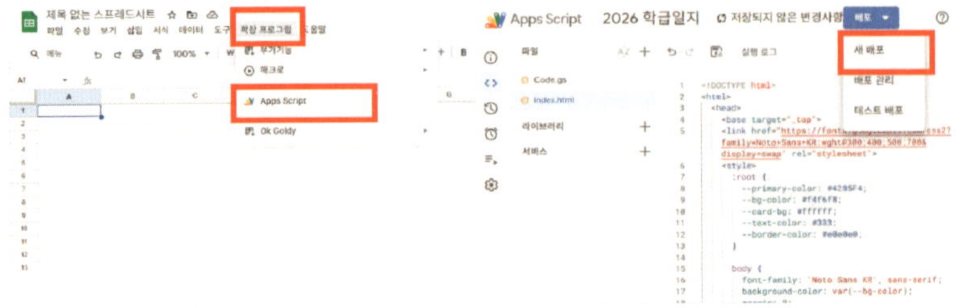

필요한 코드가 이미 사본 파일에 포함되어 있으므로 별도의 앱스 스크립트 작성 없이 바로 '새 배포' 버튼을 클릭하여 나만의 학급일지 웹 앱 URL을 생성할 수 있습니다. 배포 및 권한 승인 절차는 앞서 설명한 과정과 동일합니다.

액세스 권한은 '나만'으로 설정하고, 배포가 완료되면 생성된 URL을 통해 학교와 가정에서 학급일지 앱을 활용할 수 있습니다.

수행평가 기록 웹 앱 만들기

이번 장에서는 구글 스프레드시트와 앱스 스크립트를 활용하여 '수행평가 기록 앱'을 제작합니다. 교사가 평가 업무를 체계적으로 수행할 수 있는 도구를 만드는 과정을 다룹니다.

 ## 한눈에 맛보기

이 앱은 교실 PC와 교사 스마트 기기에서 모두 사용할 수 있습니다. 앱을 실행하고 학생 성적을 입력하면 과목별로 구분되어 구글 시트에 자동 저장됩니다.

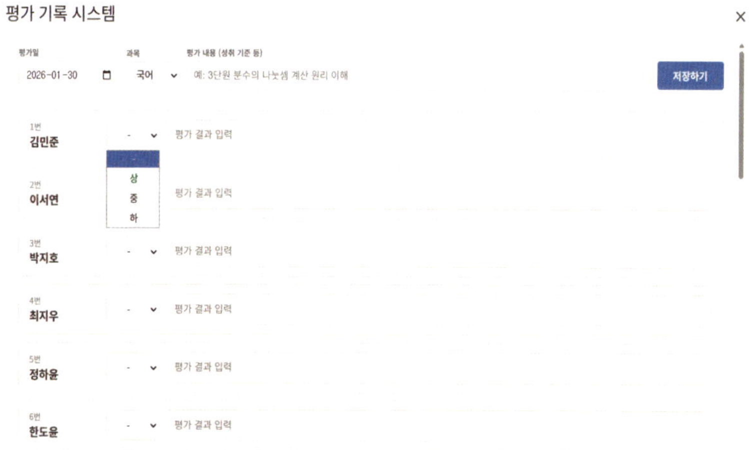

앱 개발의 핵심은 '요구사항 정의'입니다. 백엔드(데이터 처리)와 프론트엔드(화면 구성)의 기능을 명확히 구분하여 제미나이에게 전달해야 합니다. 아래의 프롬프트를 복사하여 제미나이 대화창에 입력합니다.

> 너는 구글 스프레드시트와 앱스 스크립트 전문 개발자야. 교사가 학생 평가를 관리하는 '수행평가 기록 웹 앱'을 만들어 줘.
>
> 백엔드 시트 구조야. 첫 시트는 '명렬표'(번호, 이름)로 하고, 국어, 영어, 수학, 사회, 과학, 도덕, 음악, 미술, 체육, 실과 시트를 자동 생성해 줘. 중요한 점은 동기화야. 모든 과목 시트가 '명렬표'의 데이터를 수식으로 참조하게 해서, 이름이 바뀌면 자동으로 반영되게 해 줘. 데이터는 해당 과목 시트의 우측에 새로운 열을 추가해서 저장해 줘.
>
> 프론트엔드 화면 구성이야. 화면을 좌우로 분할해 줘. 왼쪽 사이드바에는 학생 번호와 이름을 리스트로 고정해 줘. 오른쪽 메인에는 평가 입력 폼을 배치해 줘. 상단에는 날짜, 과목 선택(드롭다운), 평가 주제를 입력하게 해 줘. 각 학생 이름 옆에는 성취도(상/중/하)와 서술형 평가를 입력하는 칸을 만들어 줘.
>
> 바로 복사해서 쓸 수 있도록 백엔드(Code.gs)와 프론트엔드(Index.html) 코드를 각각 작성해 줘.

제미나이가 생성한 두 가지 코드(백엔드, 프론트엔드)를 복사해서 구글 시트에 각각 저장하겠습니다.

구글 드라이브에서 ❶'Google 스프레드시트'를 신규 생성하고 제목을 '2026 수행평가 기록'으로 지정합니다. 생성한 구글 시트를 열어서 상단 '확장 프로그램' 메뉴의 ❷'Apps Script'를 실행합니다.

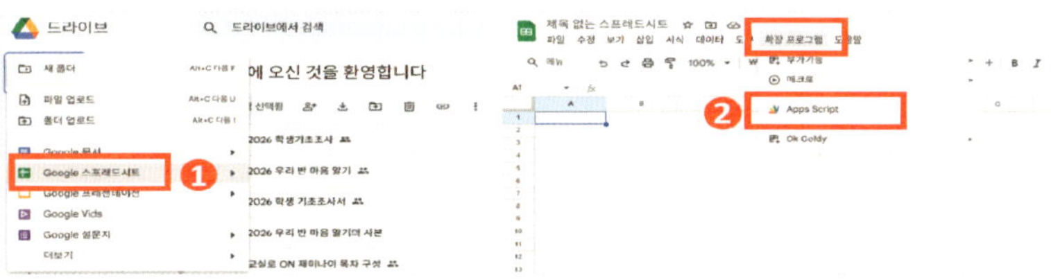

스크립트 편집기가 실행되면 기본 파일인 ❸'Code.gs'의 내용을 모두 삭제하고, 제미나이가 생성한 백엔드 코드를 붙여 넣은 뒤 저장합니다.

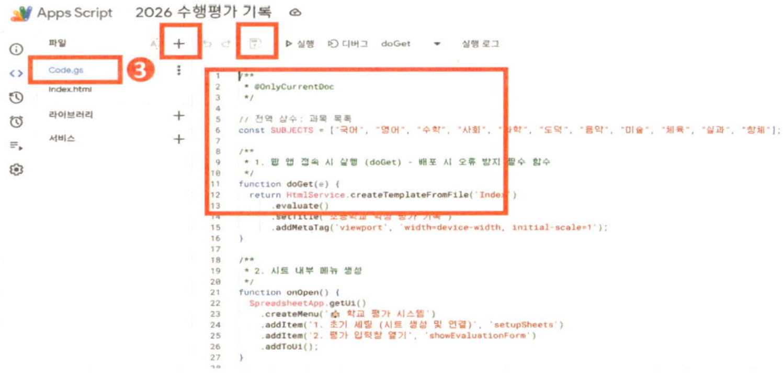

좌측 파일 목록에서 '+' (파일 추가) 버튼을 클릭하여 HTML을 선택합니다. 파일명을 ❹'Index'로 입력하여 생성한 뒤, 제미나이가 제공한 프론트엔드 코드를 붙여 넣고 저장합니다. 이때 파일명은 대소문자를 구분하므로 정확히 'Index'로 입력해야 합니다.

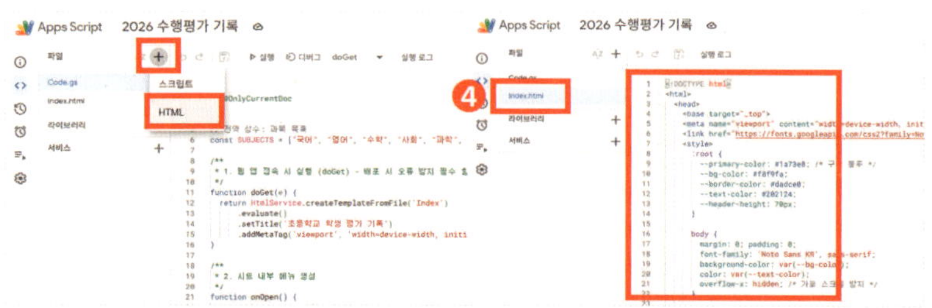

코드 작성이 완료되면 배포를 진행합니다. 우측 상단의 '새 배포' 버튼을 클릭하고 설정 아이콘(톱니바퀴)을 눌러 ❺'웹 앱'을 선택합니다.

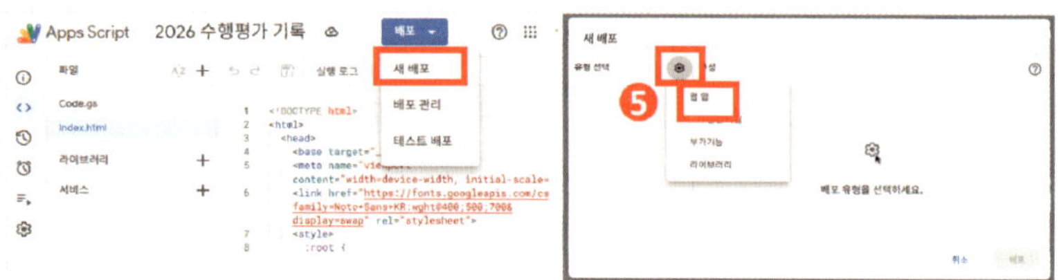

액세스 권한 설정은 보안을 위해 '나만'으로 지정합니다. ❻'배포' 버튼
을 클릭하면 권한 검토 창이 나타납니다. 본인의 구글 계정을 선택하고,
'고급' 설정에서 스크립트 실행을 승인합니다.

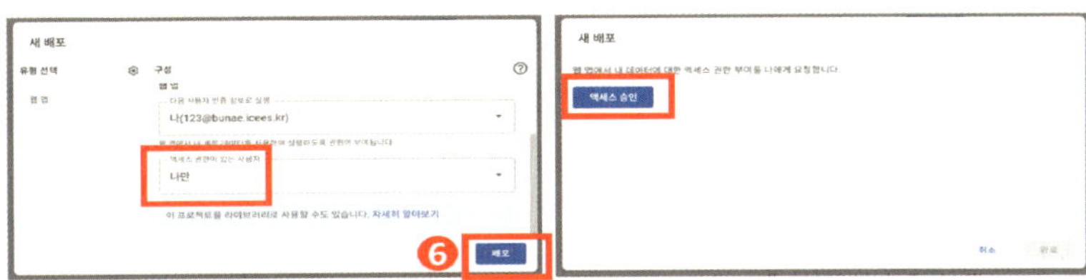

배포가 완료되면 ❼웹 앱 URL이 생성됩니다. 이 주소로 접속하면 수행
평가 기록 앱이 실행되며, 기록한 내용은 내 구글 드라이브의 시트에 자
동으로 저장됩니다.

업무에 활용하기

수행평가 기록 웹 앱은 평가 기록의 물리적 제약을 없애고 데이터 관리의 효율성을 극대화합니다.

- 모바일 기반의 즉시 기록: 스마트폰이나 태블릿만 있으면 교실, 체육관 등 장소에 구애받지 않고 평가할 수 있습니다. 종이 명렬표를 챙기거나 기억에 의존해 나중에 입력하는 번거로움이 사라집니다.
- 심층적인 성장 과정 기록: 직관적인 드롭다운(상, 중, 하)으로 빠르게 체크하고, 서술형 입력란에 학생의 행동 특성을 구체적으로 남길 수 있어 과정 중심 평가의 충실한 근거 자료가 됩니다.
- 데이터 통합 및 관리 자동화: 모든 기록은 구글 시트에 과목별로 자동 축적되어 검색(Ctrl + F)과 활용이 쉽습니다.

깊이 더보기

직접 앱을 만드는 과정이 부담스러운 분들을 위해, 미리 완성된 템플릿을 복사하여 바로 사용하는 방법을 소개합니다.

아래 링크를 통해 저자가 제작한 수행평가 기록 시트에 접속합니다.

https://bit.ly/2026수행평가

파일이 열리면 좌측 상단 '파일' 메뉴에서 ❽'사본 만들기'를 클릭하여 본인의 구글 드라이브로 복제합니다.

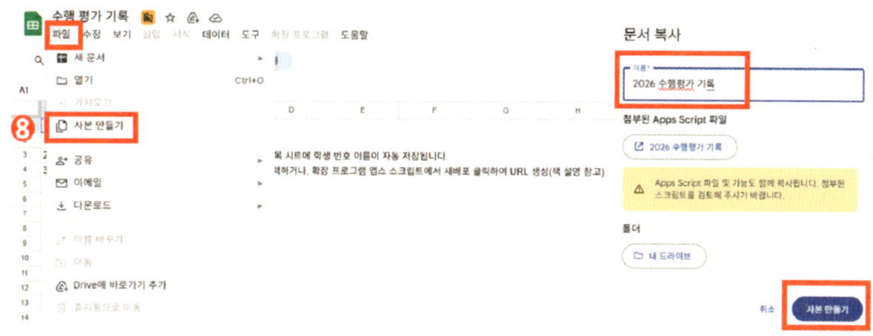

사본 만들기가 완료되면 내 구글 드라이브에 수정 가능한 '**구글 시트**' 파일이 생성됩니다. 수행평가 기록 앱에 입력한 평가 기록은 이 구글 시트에 자동으로 저장됩니다.

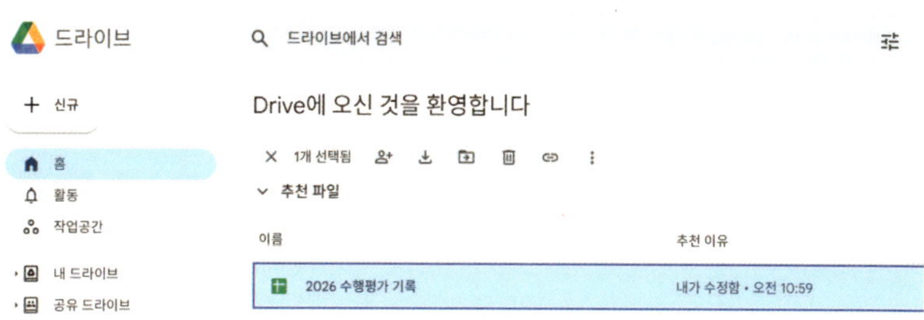

앱을 실행하기 전, 구글 시트의 '명렬표' 탭에 우리 반 학생 명단을 먼저 입력해야 합니다. 하단 탭을 클릭하여 기존 예시를 지우고 실제 이름을 적어주세요. 명렬표의 이름만 바꾸면 나머지 모든 과목 탭에도 자동으로 반영됩니다.

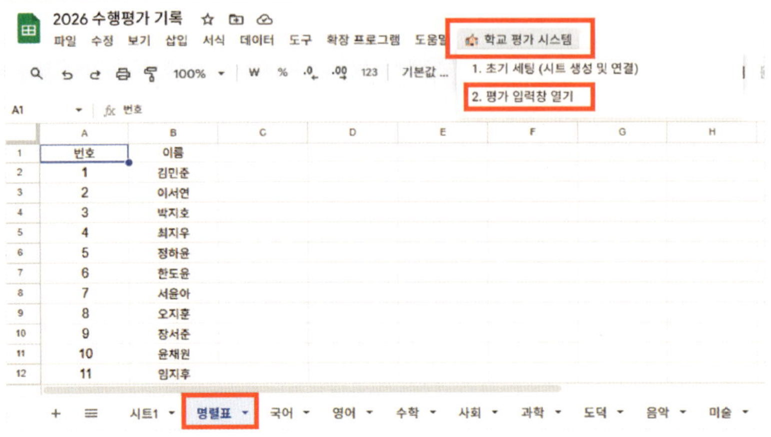

수행평가 기록은 상단의 '학교 평가 시스템' 메뉴의 '평가 입력창 열기' 버튼을 눌러서 평가 내용을 입력할 수 있습니다.

나만의 수행평가 앱 URL 생성을 위해서는 웹 앱 배포 과정이 필요합니다. 구글 시트 상단 메뉴의 '확장 프로그램'에서 'Apps Script'를 클릭합니다.

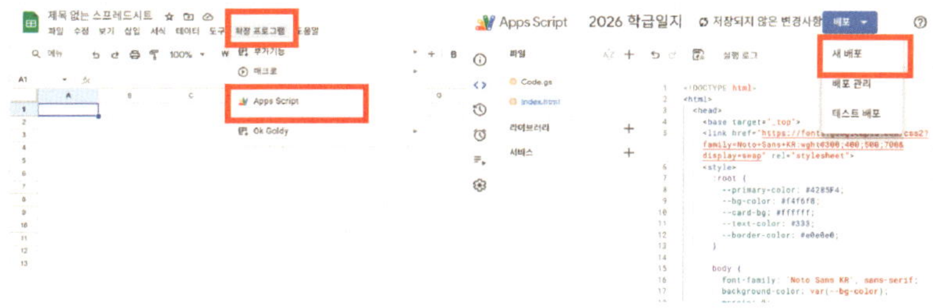

사본에는 코드가 이미 포함되어 있으므로 별도의 작성 과정 없이 우측 상단의 '새 배포' 버튼을 눌러 '웹 앱'으로 배포합니다. 액세스 권한을 '나만'으로 설정하고 배포 버튼을 누른 뒤 승인 절차를 진행합니다.

배포가 완료되면 나만의 수행평가 기록 웹 앱 URL이 생성됩니다. 스마트폰이나 태블릿으로 접속하면 교실, 체육관 등 장소에 상관없이 학생 수행평가 내용을 자유롭게 기록할 수 있습니다.

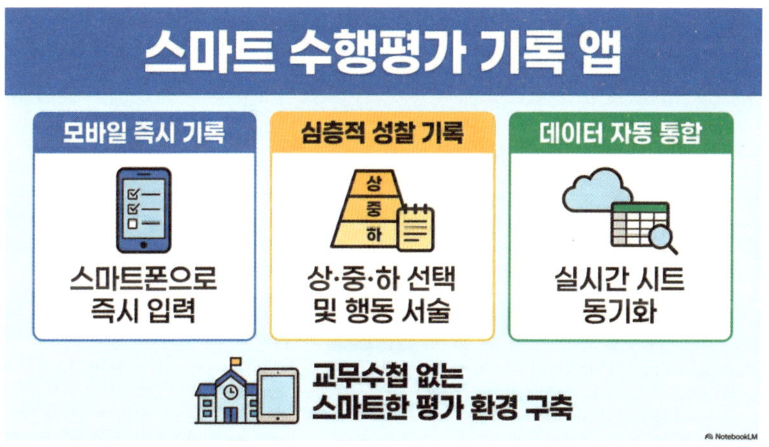

나이스 API로 우리 학교 급식 알리미 만들기

나이스 API를 연결해 학교 검색부터 급식·영양 정보까지 한 화면에서 확인하는 웹앱을 만들 수 있습니다.

 ## 한눈에 맛보기

API 키는 외부 서비스의 데이터를 안전하게 불러오기 위해 발급받는 '접속 비밀번호' 같은 값으로, 나이스 API 키를 준비해 두면 학교 급식·영양·원산지 정보를 매번 찾아 복사하지 않아도 필요한 데이터를 자동으로 가져올 수 있습니다. 한 번 연결해 두면 같은 구조를 유지한 채 학교와 날짜만 바꿔 반복 활용할 수 있어, 생활 안내나 학급 공유 자료를 만들 때 준비 시간을 크게 줄일 수 있습니다. 나이스 API키를 활용해 '우리 학교 급식 알리미' 웹 앱을 만들고, 학교 검색과 날짜 선택만으로 오늘의 급식 메뉴와 관련 정보를 한 화면에 깔끔하게 보여주는 흐름을 구현해 봅니다.

차근차근 따라하기

❶나이스 교육정보 개방 포털 홈페이지에 접속해 로그인합니다. 상단 메뉴에서 활용가이드를 선택한 뒤, 하위 메뉴의 ❷인증키 신청을 클릭합니다.

인증키 신청서를 양식에 맞게 작성해 제출한 뒤, 상단 마이페이지에서
❸인증키 발급을 클릭해 발급된 API 키를 확인합니다.

❹데이터셋 탭에서 ❺급식식단정보를 선택한 뒤, 화면의❻Open API
버튼을 클릭합니다. 이어서 제공되는 명세서에서 요청 주소와 파라미터
를 확인합니다.

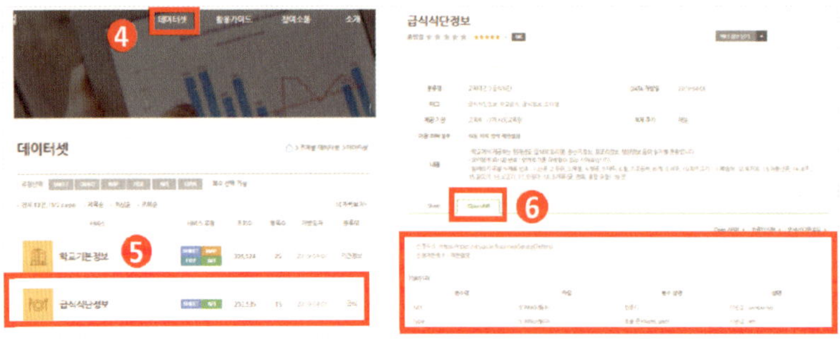

제미나이에서 Canvas를 선택한 뒤, 급식식단정보 Open API 명세서
와 발급받은 나이스 API 키, 그리고 만들고자 하는 급식 앱의 구성·기능
설명을 함께 입력합니다. 그러면 제미나이가 해당 정보를 바탕으로 급식
식단을 조회할 수 있는 웹 앱을 자동으로 만들어 줍니다.

 ## 업무에 활용하기

'API키를 활용한 급식 알리미'를 다음과 같이 활용할 수 있습니다.

- 급식 안내 자료 자동 생성: 학교와 날짜만 선택하면 급식 메뉴·영양 정보·원산지 정보를 한 화면에 정리해 보여주도록 구성할 수 있어, 가정통신문·학급 안내·학교 홈페이지 게시용 자료를 빠르게 준비할 수 있습니다.

- 반복 안내 업무 간소화: 급식 정보를 확인할 때마다 포털을 다시 검색하거나 내용을 옮겨 적지 않아도, 같은 화면에서 날짜만 바꿔 연속으로 조회·정리할 수 있습니다.

 ## 깊이 더보기

API 키를 활용하면 나이스뿐 아니라 지도·날씨·번역·문서 등 다양한 외부 서비스의 데이터를 불러와 앱 기능을 더 넓게 확장할 수 있습니다. 다만 API 키는 서비스 이용을 위한 인증 정보이므로, 외부에 노출되지 않도

록 보관·공유에 각별히 주의해야 합니다. 특히 제미나이 캔버스로 만드는 웹 앱은 구조상 API 키가 프론트엔드 코드에 포함되기 쉬워, 공유·배포 시 노출 위험이 커집니다. 따라서 이 방식은 흐름을 빠르게 검증하는 테스트·프로토타입 용도에 적합하며, 실제 운영 단계에서는 API 키를 서버(백엔드)에서만 보관하고 앱은 서버를 통해 요청하도록 구성하는 것이 안전합니다.

iframe 활용해 가상현실 구현하기

iframe을 활용하면 가상현실 같은 콘텐츠도 제미나이에 요청해 훨씬 간단하게 웹 앱 형태로 구현할 수 있습니다.

 한눈에 맛보기

iframe은 '인라인 프레임(Inline Frame)'의 줄임말로, 지금 보고 있는 웹페이지 안에 다른 웹페이지를 그대로 끼워 넣을 수 있는 HTML 태그입니다. 이 기능을 활용하면 이미지·동영상은 물론, 가상현실처럼 무거운 콘텐츠도 외부에서 불러와 내 웹 앱 화면 안에서 자연스럽게 보여줄 수 있습니다. FrameVR에서 가상현실 공간을 만든 뒤, 이를 iframe으로 불러와 제미나이 캔버스에서 함께 즐기는 레이싱 웹 앱을 구성해 봅니다.

bit.ly/VR러닝

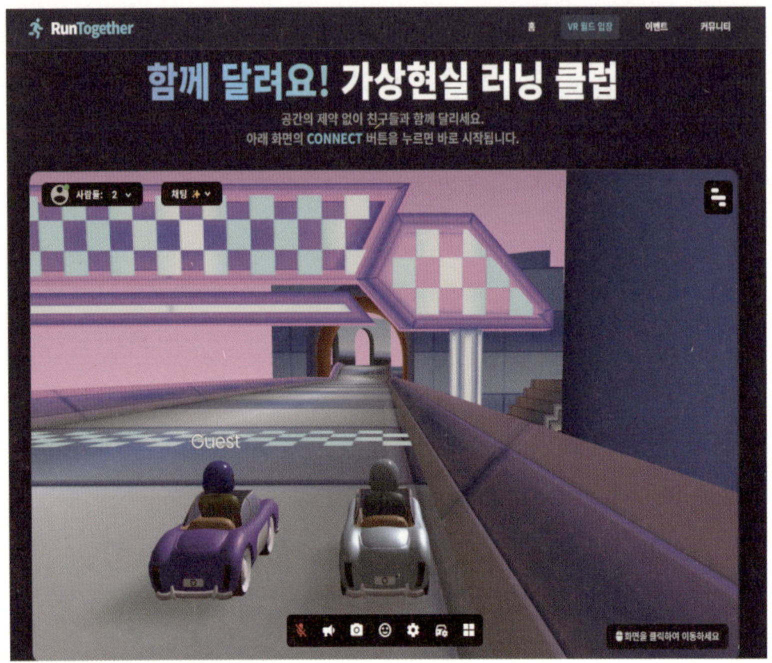

차근차근 따라하기

'https://framevr.io/'에 접속해 로그인한 뒤, ❶[+ FRAME 생성]을 클릭합니다. 이어서 ❷프레임 명을 입력하고 Environment에서 원하는 가상현실 공간을 선택합니다. 마지막으로 ❸[FRAME 생성] 버튼을 눌러 가상현실을 만듭니다.

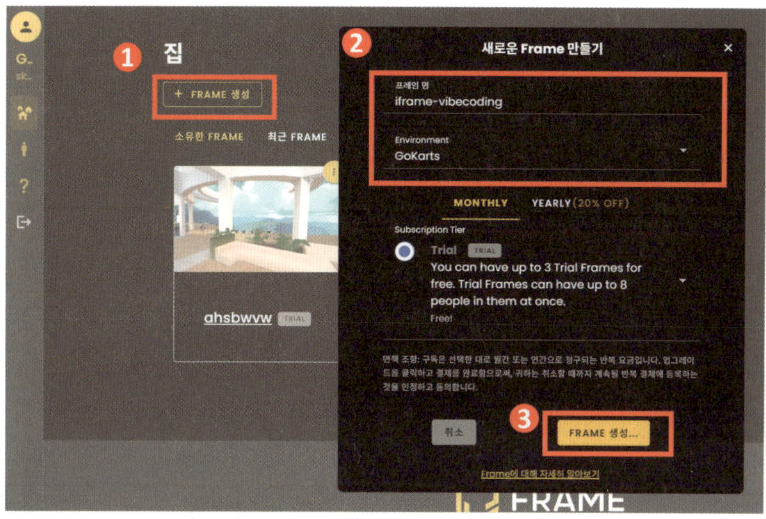

생성된 가상현실 공간을 목적에 맞게 간단히 편집한 뒤, 화면의 ❹톱니바퀴 아이콘을 클릭합니다. 이어서 ❺Embed Code 영역에서 [COPY]를 눌러 임베드 코드를 복사하고, 이를 제미나이 캔버스에서 만들 앱에 붙여 넣을 준비를 합니다.

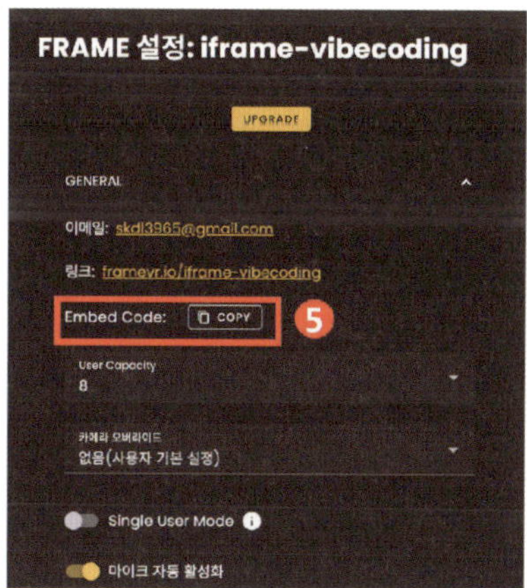

제미나이에서 ❻도구를 열어 ❼Canvas를 선택합니다. 그다음 만들 앱에 대한 간단한 설명을 적고, 앞에서 복사한 ❺임베드 코드(iframe)를 붙여 넣어 제미나이에게 가상현실 웹 앱을 요청합니다. 마지막으로 구성이 완료되면 ❽공유 버튼을 눌러 웹 앱 형태로 배포합니다.

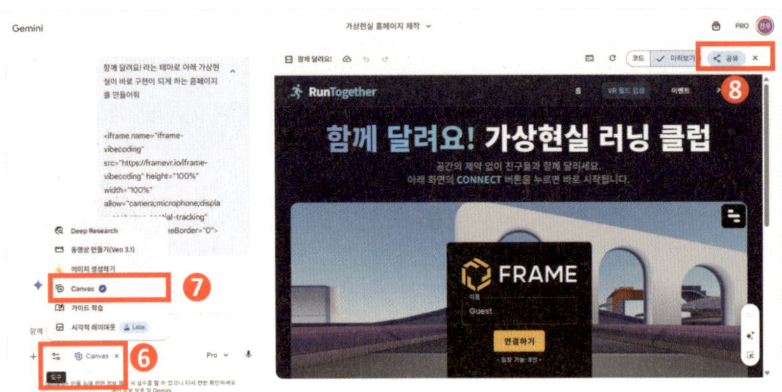

'iframe 활용한 가상현실'을 활용하여 다음 수업이 가능합니다.

- '나만의 역사 유적지(전시관) 만들기' 활동: 가상현실 공간을 수업용 웹앱 안에 담아 두고, 단원에서 다룬 유적·인물·사건을 '전시 코너'처럼 구성해 소개하게 할 수 있습니다. 링크를 옮겨 다니지 않아도 한 화면에서 자료 제시와 설명이 이어져 발표 흐름을 안정적으로 운영할 수 있습니다.

- '발표 자료를 가상현실로 꾸미기' 프로젝트: 모둠 발표 자료(사진, 설명, 핵심 문장)를 가상현실 공간에 배치한 뒤, 이를 웹앱 형태로

정리해 공유할 수 있습니다. 수업 주제만 바꾸면 과학 전시, 책 소개, 진로 박람회 등으로 확장해 여러 단원에 반복 적용할 수 있습니다.

 **깊이 더보기**

iframe으로 앱 확장하기: 제미나이 캔버스로 웹 앱을 제작할 때, 이미지나 동영상 같은 파일을 코드 안에 직접 담거나 관리하기 어려워 기능 구현에 제약을 느끼곤 합니다. 반면 iframe을 활용하면 가상현실(VR)뿐 아니라 이미지, 동영상, 지도, 설문, 슬라이드 등 외부에 있는 콘텐츠를 링크 하나로 불러와 '앱의 핵심 부품'처럼 손쉽게 탑재할 수 있습니다. 이 구조를 활용해 제미나이에게 "이 자료를 iframe으로 넣고, 안내 문구와 버튼을 붙여 하나의 페이지로 구성해 줘"라고 요청하면, 복잡한 파일 연동 없이도 목적에 맞는 범용 웹 앱을 빠르게 완성할 수 있습니다.

라이브러리를 활용해
세계 지도 게임 만들기

라이브러리를 활용하면 제미나이 캔버스에서 기능을 손쉽게 확장해 더 완성도 높은 웹 앱을 만들 수 있습니다.

 ## 한눈에 맛보기

라이브러리는 자주 쓰는 기능을 미리 만들어 둔 '도구 묶음'으로, 필요한 기능을 빠르게 붙여 개발 시간을 줄이고 앱의 완성도를 높이는 데 도움이 됩니다. 이번에 사용할 Leaflet.js는 웹에서 지도를 쉽게 띄우고 표시·이동·클릭 같은 인터랙션을 구현할 수 있는 대표적인 지도 라이브러리입니다. 이를 제미나이 캔버스에 적용해 지도를 클릭하면 위도·경도가 표시되도록 구성하고, 제시된 좌표를 찾아 맞히는 '위도·경도 지도 게임' 웹앱을 만들어 봅니다.

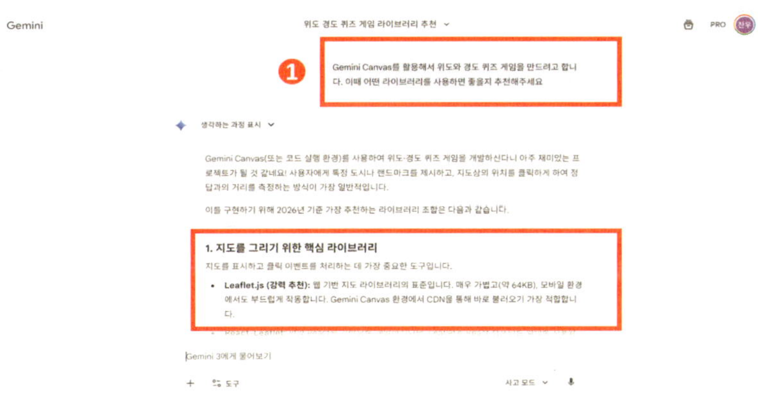

차근차근 따라하기

제미나이 캔버스에서 만들 앱의 기능을 간단히 설명하고, 구현에 도움이 되는 ❶라이브러리를 추천해 달라고 요청합니다.

❷제미나이 캔버스에서 Leaflet.js 라이브러리를 사용해, 이미지의 프롬프트처럼 '위도·경도 탐정 퀴즈' 앱을 만들어 달라고 요청합니다.

수업에 활용하기

'위도와 경도 세계 지도 게임'을 다음과 같이 활용할 수 있습니다.

- 지도 읽기 게임: 단원에서 배운 위도·경도 개념을 간단히 확인한 뒤, 게임으로 좌표를 보고 대륙·나라 위치를 빠르게 찾아보게 합니다. 정답을 확인한 뒤에는 "왜 그 위치가 맞는지" 근거를 말로 설명하게 해 개념 이해를 자연스럽게 점검할 수 있습니다.

- 복습·정리 퀴즈: 단원 학습을 마무리할 때 게임을 짧게 실행해, 좌표를 보고 나라 위치를 다시 떠올리며 핵심 개념을 빠르게 복습합니다. 틀린 문항은 "왜 그 좌표가 그 나라 근처인지"를 한 문장으로 정리하게 해 오개념을 바로잡고 기억을 강화할 수 있습니다.

🔍 깊이 더보기

주의할 점: 라이브러리는 대부분 무료로 쓸 수 있지만, 상용 라이센스나 유료 플랜이 필요한 경우도 있어 사용 조건을 먼저 확인하는 것이 안전합니다. 또한 외부 라이브러리에는 보안 취약점이나 악성 코드가 섞인 사례도 보고되므로, 공식 문서, 배포처, 업데이트 이력 등을 꼼꼼히 확인한 뒤 적용합니다. 특히 제미나이 캔버스와 같은 웹 기반 샌드박스 환경은 패키지 설치나 외부 리소스 로딩, 서버 기능 사용 등에 제약이 따릅니다. 초기 환경이 지원하는 기본 라이브러리나 가벼운 기능 위주로 빠르게 아이디어를 테스트하고, 더 복잡하고 확장된 기능이 필요할 때는 로컬 개발 환경으로 옮겨 npm(Node.js 패키지 관리 도구)을 통해 의존성을 체계적으로 관리하며 완성해 나가는 것을 추천합니다.

소수의 곱셈 달인되기 웹 앱 만들기

학생들이 소수의 곱셈을 학습한 후 연산 연습을 할 수 있는 웹 앱입니다. 교사는 학생들의 연습 상황을 스프레드시트로 확인할 수 있습니다.

 ## 한눈에 맛보기

소수의 곱셈은 초등학교 고학년 학생들이 어려워하는 단원 중 하나입니다. 소수점의 위치를 결정하는 원리를 이해하지 못한 채 기계적으로 계산하다가 실수하는 경우가 많고, 충분한 연습 없이 다음 단계로 넘어가면 분수의 곱셈이나 중학교 수학에서도 지속적인 어려움을 겪게 됩니다. 소수의 곱셈 달인 되기 웹 앱은 학생들이 단계별로 체계적인 연습을 할 수 있도록 돕는 학습 도구입니다. 총 6개의 단계로 구성되어 있어 학생들은 쉬운 단계부터 시작하여 점진적으로 난이도를 높일 수 있습니다.

학생들은 자신의 이름으로 로그인한 후 원하는 단계를 선택하여 10문제를 풀게 됩니다. 각 단계마다 문제가 랜덤으로 생성되어 반복 연습이 가능하며, 학습 기록이 스프레드시트에 자동으로 저장되어 교사는 학생들의 학습 진행 상황과 정답률을 한눈에 파악할 수 있습니다.

구글 스프레드시트와 Apps Script를 활용하여 만들었기 때문에 별도의 서버나 데이터베이스 없이도 학생들의 학습 데이터를 관리할 수 있고, 웹 주소만 공유하면 어디서든 접속하여 사용할 수 있어 학교와 가정에서 모두 활용 가능합니다.

제미나이의 Pro 모드에서 만들고자 하는 웹 앱을 자세하게 프롬프트로 작성합니다.

학생들이 소수의 곱셈을 학습한 후 연습하는 웹앱 "소수의 곱셈 달인되기"를 구글 스프레드시트와 앱스 스크립트로 만드는데 tailwind css를 적용하여 깔끔하고 보기 좋게 디자인해 줘.

스프레드시트에는 학생들의 명단이 있어. 앱을 실행하면 드롭다운 메뉴에서 학생들은 자신의 이름을 선택하여 로그인을 해. 학습 단계 선택 화면에서는 "소수X자연수 1", "소수X자연수 2", "자연수X소수 1", "자연수X소수 2", "소수X소수 1", "소수X소수 2" 이렇게 총 6개의 단계 중에 하나를 선택하도록 버튼을 만들어 줘. 아래에는 "단계를 선택하고 시작하세요"라는 버튼을 만들어서 학생들이 단계를 선택한 후 다음 활동으로 넘어갈 수 있어야 해. 1단계는 1미만 소수 * 10미만 자연수, 2단계는 1~10미만 소수 * 10미만 자연수, 3단계는 50미만 자연수 * 1미만 소수, 4단계는 10미만 자연수 * 1~10미만 소수, 5단계는 1미만 소수 * 1미만 소수, 6단계는 10미만 소수 * 10미만 소수 문제가 각각 10문제씩 제시되어야 해. 학생들은 답안을 작성하고 제출하기 버튼을 눌러서 답안을 제출해. 모든 문제를 풀면 학습결과 화면에 총 점수가 제시되고, 아래에는 표의 형태로 사용자가 푼 문제의 번호, 문제, 나의 답, 정답, 결과가 나오도록 만들어 줘. 학생의 활동 결과는 구글 스프레드시트에서 학생의 이름으로 시트가 생성되고 학습날짜, 단계, 점수가 누적되어 기록이 되도록 코드를 작성해 줘.

프롬프트 입력을 마치면 제미나이가 어떻게 해야 하는지 제시하는 안내대로 실행하면 됩니다.

먼저 새 구글 스프레드시트를 생성하고 첫 번째 시트의 이름을 학생명단으로 변경합니다. A열에 학생들의 이름을 입력합니다.

1. 스프레드시트 준비

1. 새 구글 스프레드시트를 생성합니다.
2. 첫 번째 시트의 이름을 **"학생명단"**으로 변경합니다.
3. **A열**에 학생들의 이름을 쭉 입력합니다 (예: A1: 김철수, A2: 이영희...).
4. **확장 프로그램 > Apps Script**를 클릭하여 스크립트 에디터를 엽니다.

제미나이가 작성한 서버 측 코드 (Code.gs)를 복사합니다. 스프레드시트로 이동하여 확장프로그램-Apps Script를 선택합니다. 제목 없는 프로젝트 창이 열리면 Code.gs에 기존의 내용을 모두 삭제하고 제미나이가 작성한 코드를 붙여 넣습니다.

다시 제미나이로 돌아와서 클라이언트 측 코드 (Index.html)를 복사합니다. 스프레드시트의 Apps Script에서 '+' 버튼을 눌러 파일을 추가합니다. 이 때 HTML을 선택합니다.

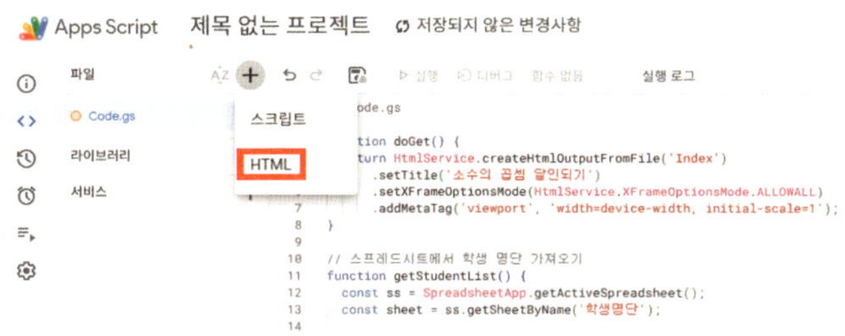

새로운 파일이 열리면 파일의 이름을 제미나이가 제시한대로 변경합니다. 보통 index 또는 Index입니다. 대소문자를 구별하여 정확하게 입력해야 합니다. 파일이 생성되면 기본 코드가 들어가 있는데 이 코드를 모두 선택하여 삭제하고 제미나이가 작성한 코드를 붙여 넣습니다.

화면 우측 상단의 배포-새 배포를 누릅니다. 유형 선택 옆의 톱니바퀴를 눌러 웹앱으로 지정하고 액세스 권한이 있는 사용자를 모든 사용자로 수정하고 배포 버튼을 누릅니다.

최초 배포시에는 액세스 권한 부여를 해야 합니다. 액세스 승인 버튼을 클릭하면 주의 창이 나옵니다. 구글은 이 앱을 인증하지 않았습니다라는 창이 나오면 아래에 작은 글씨로 '고급의' 또는 'Advanced' 링크를 클릭합니다.

아래에 문단이 펼쳐지면서 경고 문구가 나오는데 아래에 제목 없는 프로젝트로 이동(unsafe) 링크를 클릭합니다. 그러면 '제목 없는 프로젝트에서 귀하의 Google 계정에 액세스하려고 합니다.'라는 경고창이 또 나오게 됩니다. 맨 하단의 '계속하다' 버튼을 클릭합니다. 이제 최종 배포 주소가 나옵니다. 이 주소를 복사하여 학생들에게 배포합니다.

새 배포

배포가 업데이트되었습니다.

버전 1(2026. 2. 1., PM 5:16)
배포 ID
AKfycbxSY5i1bXrHyPf9fb8Nk8vG-y1ucZBZdL6uSD3g4MTJksOx5CY3lr5l1F1Ej0hGx48LhA
복사

웹 앱
URL
https://script.google.com/macros/s/AKfycbxSY5i1bXrHyPf9fb8Nk8vG-y1ucZBZdL6uSD3g4MTJksOx5CY3lr5l1F1Ej0hGx...
복사

 **수업에 활용하기**

- 온오프라인 연계 학습하기: 웹 주소를 QR코드나 구글 클래스룸으로 공유하여, 학생들이 교실뿐만 아니라 가정에서도 언제든 접속해 연습할 수 있는 환경을 조성합니다.

- 수준별 단계 연습하기: 교사의 개념 설명 후 학생이 자신의 이름으로 로그인하여, 낮은 단계부터 높은 단계까지 순차적으로 문제를 풀며 실력을 쌓습니다.

- 자동 학습 이력 관리하기: 학생들의 학습 기록(날짜, 단계, 점수)이 구글 스프레드시트의 개인별 시트에 자동으로 누적 저장되어 체계적인 관리가 가능합니다.

- 데이터 기반 피드백하기: 누적된 데이터를 분석해 개별 학생의 성실도를 파악하거나, 다수의 학생이 어려워하는 단계를 찾아 해당 개념을 보충 지도합니다.

소수의 곱셈 달인되기

파일　수정　보기　삽입　서식　데이터　도구　확장 프로그램　도움말

	A	B	C	D	E
1	학습날짜	단계	점수		
2	2026-2-1 16:32	소수 × 자연수 1	100		
3	2026-2-12 19:22	소수 × 자연수 1	90		
4	2026-2-12 19:25	소수 × 자연수 2	90		
5	2026-2-12 19:27	자연수 × 소수 1	100		
6	2026-2-12 19:27	소수 × 소수 1	80		
7	2026-2-12 19:28	소수 × 소수 2	90		
8	2026-2-12 19:29	소수 × 소수 2	100		
9	2026-2-12 19:30	자연수 × 소수 2	100		
10	2026-2-12 19:31	자연수 × 소수 2	80		
11	2026-2-12 19:32	자연수 × 소수 2	100		
12	2026-2-12 19:32	자연수 × 소수 2	90		
13	2026-2-12 19:33	자연수 × 소수 1	90		
14	2026-2-12 19:33	자연수 × 소수 2	100		
15	2026-2-12 19:33	자연수 × 소수 1	90		
16					
17					
18					
19					

＋　≡　학생명단 ▼　강낭콩 ▼　이영희 ▼　김철수 ▼　홍길동 ▼

 **깊이 더보기**

- 다양한 연산 도구로 확장하기: 프롬프트 수정만으로 구구단, 분수 계산, 혼합 계산 등 다른 연산 영역의 학습 도구로 손쉽게 변형할 수 있습니다.

- 동기 부여 기능 추가하기: 명예의 전당이나 개인 학습 통계, 게이미피케이션 요소를 추가하여 학생들의 건전한 경쟁과 학습 의욕을 고취시킵니다.

- 심화 및 복습 기능 구현하기: 시간 제한 기능을 넣어 도전적인 환경을 만들거나, 틀린 문제 다시 풀기 기능을 추가해 학습 효과를 높일 수 있습니다.

- 교사 관리 도구 개선하기: 스프레드시트에 직접 접속하지 않고도 학급 전체의 학습 현황을 한눈에 파악할 수 있는 관리자 대시보드 기능을 추가합니다.

학습 단계 선택

○ 소수 × 자연수 1   ○ 소수 × 자연수 2

○ 자연수 × 소수 1   ○ 자연수 × 소수 2

○ 소수 × 소수 1   ○ 소수 × 소수 2

단계를 선택하고 시작하세요

행복 네 컷 웹 앱 만들기

우리들의 일상생활에서 행복한 모습을 사진으로 찍고 배경 이미지에 바로 합성하는 웹 앱입니다.

한눈에 맛보기

인생네컷이라는 네 컷 사진 포토 부스가 학생들 사이에 인기가 많습니다. 특별한 날 네 컷 사진으로 기념하며 친구들과 우정도 쌓을 수 있기 때문입니다. 지자체의 행사나 학교 축제에서도 포토부스를 대여하곤 하지만 비용이 만만치 않습니다.

바이브코딩으로 만든 행복 네 컷 웹 앱이면 비슷한 기능을 무료로 구현할 수 있습니다. 사용자가 만든 배경 이미지에 웹캠이나 스마트폰으로 촬영한 사진 4장을 자동으로 합성하여 네 컷 사진을 완성합니다.

　먼저 사진 합성에 사용될 배경 이미지부터 만들어야 합니다. 배경 이미지는 포토샵이나 일러스트레이터 등 다양한 도구를 이용하여 만들 수 있지만 미리캔버스의 템플릿을 이용하면 조금만 수정하여도 멋진 배경 이미지를 만들 수 있습니다.

　미리캔버스의 ❶템플릿에서 '네 컷'으로 검색한 후 마음에 드는 템플릿을 선택합니다. ❷배경 메뉴를 선택하여 배경 이미지를 바꾸거나 요소, 텍스트 등을 적절하게 이용하여 배경 이미지를 꾸밉니다. ❸요소에서 사각형 도구를 선택하여 사진이 들어갈 위치에 배치합니다. 이때 색상은 배경 이미지와 완전히 대비되는 색상을 선택하는 것이 좋습니다. 이미지 편집 앱을 이용하여 이 부분은 지워야 하기 때문입니다.

　이렇게 만든 배경 ❹이미지의 파일 형식은 PNG로, ❺크기는 2배로 지정합니다. 1배는 해상도가 다소 낮고, 3배는 용량이 너무 커서 기기에 무리가 가거나 모바일 접속 시 데이터를 많이 소진할 수 있기 때문입니다. ❻이미지를 내려받습니다.

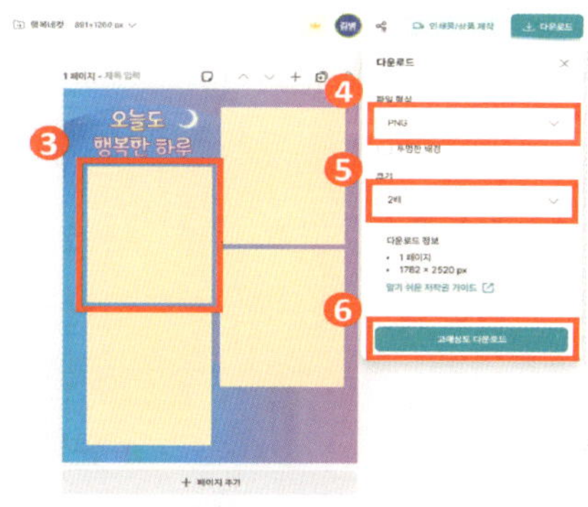

무료 이미지 편집 프로그램 https://pixlr.com/ 에 접속 후 '+ 이미지 열기' 버튼을 눌러 미리캔버스에서 만든 이미지를 불러옵니다. 이때 이미지의 사이즈를 원본으로 선택합니다.

편집 화면에서 마술봉을 선택한 후 사진이 들어갈 슬롯을 클릭하여 영역을 지정하고 delete 키를 눌러 삭제합니다. 파일-내보내기-PNG 레이어로 내보내기를 선택하여 PNG 파일로 저장합니다. 파일의 이름은 임의로 지정할 수 있으나 여기서는 background.png로 지정하였습니다.

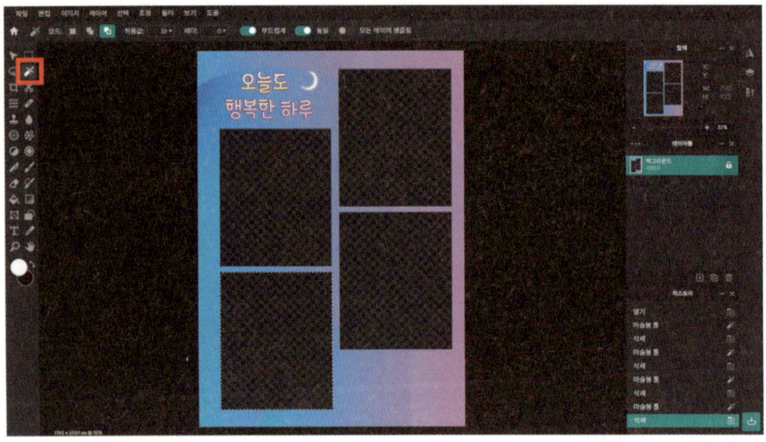

이제 사진이 들어갈 위치값을 지정해야 합니다. 그림판이나 이미지 뷰어 프로그램으로 만든 이미지 파일을 엽니다. ❼사진이 들어갈 슬롯보다 살짝 바깥쪽에 마우스 포인터를 가져가면 하단에 마우스 포인터의 위치값이 픽셀 단위로 나옵니다. 이 수치를 이용하여 X좌표와 Y좌표값을 전체 크기의 비율로 나타내야 합니다. 예를 들어 배경 이미지의 전체 크기는 1782×2520이고 ❽1번 슬롯의 위치는 (133,505) 이므로 X좌표의 비율값은 133/1782≈0.0746 이고 Y좌표의 비율값은 505/2520≈ 0.2004입니다. 슬롯의 크기를 알기 위해서는 첫 번째 슬롯의 오른쪽 하단의 마우스 포인터 위치값을 알아야 합니다. 마우스 포인터를 가져가 본 결과 위치의 값은 (909,1455)입니다. 따라서 슬롯의 크기는 (909-133,1455-505) 이므로 픽셀 값으로 나타내면 (776,950)입니다. 이것을 비율값으로 나타내면 (0.4355,0.3770)입니다. 즉 슬롯의 크기는 배경 이미지 전체의 가로는 약 0.4355배, 세로는 0.377배라는 것을 의미합니다.

이렇게 슬롯 4개의 위치값을 찾아서 정리해 줍니다. 본 이미지에서는 슬롯 1은 (0.0746, 0.2004), 슬롯 2는 (0.0746, 0.5853), 슬롯 3은 (0.5269, 0.0456), 슬롯 4는 (0.5269, 0.4258)입니다.

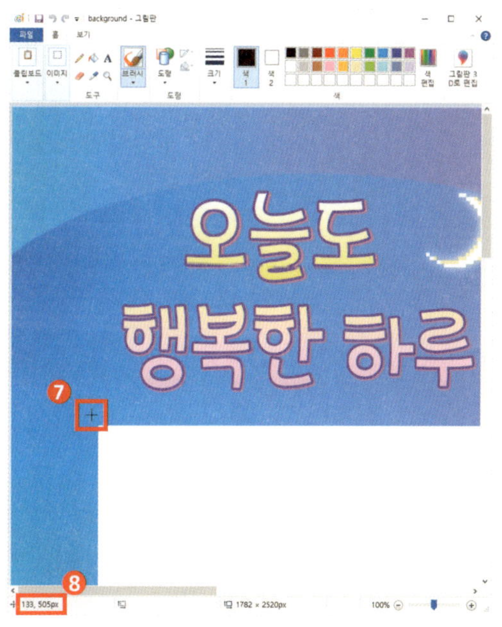

제미나이의 Pro 모드에서 앞에서 만든 배경 이미지를 첨부하고 프롬프트를 아래와 같이 입력합니다.

사용자가 스마트폰이나 웹캠을 이용하여 사진을 찍으면 첨부한 배경 이미지 (background.png)에 자동으로 합성하는 '행복 네 컷' 웹앱을 html 코드로 작성해 줘. 앱을 실행하면 카메라가 활성화되고 사진을 촬영할 수 있도록 만들어 줘. 사진은 총 4장을 촬영하는데 수동촬영/1초 자동촬영/3초 자동촬영 중에 선택할 수 있도록 버튼을 만들어 줘. 수동 촬영 버튼은 누를 때마다 사진이 촬영되는 것이고 자동촬영은 정해진 시간 간격으로 4장의 사진이 자동으로 촬영되는 방식이야. 촬영된 사진 목록은 하단에 나타나면 좋겠어. 4장의 사진이 모두 촬영되면 편집 화면으로 넘어가는데 이 때 배경 이미지 (background.png) 파일에 촬영한 사진을 빈 슬롯에 배치해 줘. 슬롯의 위치를 배경 이미지 크기에 대한 비율로 나타내면 슬롯 1은 (0.0746, 0.2004), 슬롯 2는 (0.0746, 0.5853), 슬롯 3은 (0.5269, 0.0456), 슬롯 4는 (0.5269, 0.4258)이고 모든 슬롯의 크기는 (0.4355,0.3770)이야. 이 때 사진의 위치는 배경 레이어보다 아래쪽에 배치가 되어서 사진은 슬롯에서만 보여져야 해.

편집화면 하단에는 '이미지 다운로드' 버튼과 '다시 촬영' 버튼을 만들어 줘. '다시 촬영'은 촬영 모드로 돌아가는 것이고 '이미지 다운로드' 버튼은 이미지를 합성하여 하나의 파일로 저장해야 해. 파일명은 행복네컷_년월일_시분초.png가 되도록 만들어 줘.

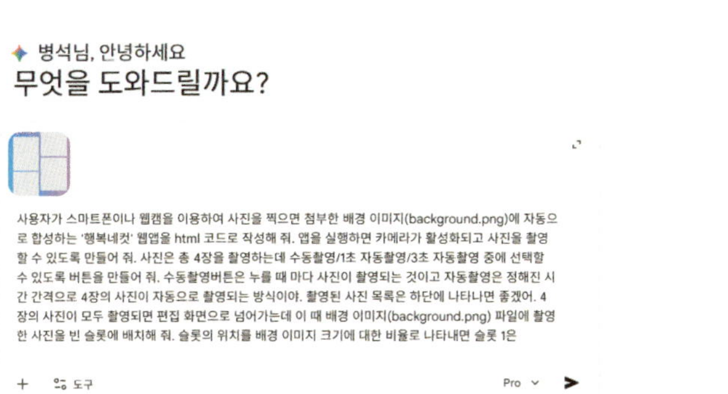

프롬프트 입력을 마치면 제미나이가 HTML 코드를 생성합니다. 완료되면 코드 창의 복사 아이콘을 클릭하여 코드를 모두 복사하여 앞에서와 같이 메모장에 붙인 후 index.html 파일로 저장합니다. index.html 파일과 배경 이미지 파일은 같은 폴더에 있어야 합니다.

```html
<!DOCTYPE html>
<html lang="ko">
<head>
    <meta charset="UTF-8">
    <meta name="viewport" content="width=device-width, initial-scale=1.0">
    <title>행복네컷</title>
    <style>
        body {
            font-family: 'Apple SD Gothic Neo', 'Malgun Gothic', sans-serif;
            background-color: #f0f2f5;
            display: flex;
            flex-direction: column;
```

파일을 실행하면 사진 촬영까지는 잘 되는 것을 볼 수 있습니다. 그러나 이미지 다운로드 버튼은 아무리 눌러도 저장되지 않습니다. 그 이유는 웹 브라우저가 보안상의 이유로 HTML 파일을 컴퓨터에서 더블 클릭하여 열었을 때(file:// 경로), 캔버스에 그려진 이미지를 저장하는 기능을 차단하기 때문입니다. 이 문제를 해결하기 위해서는 사용자의 PC를 Live Server로 사용하는 것입니다. 파이썬을 설치한 후 index.html과 배경 이미지가 있는 폴더의 주소 표시줄에 cmd라고 입력하여 명령 프롬프트가 열리면 python -m http.server 라는 명령어를 한 줄 입력합니다. 크롬 브라우저를 켜고 주소창에 http://localhost:8000 을 입력하면 정상적으로 작동하게 됩니다.

그러나 이 방법은 매번 명령어를 실행해 주어야 하고 스마트폰이나 태블릿 PC와 같은 모바일 기기를 이용하는 것은 제한이 됩니다. 이러한 문제는 깃허브 페이지를 이용하면 쉽게 해결이 됩니다.

깃허브(https://github.com/)에 로그인을 합니다. 계정이 없으면 구글 계정으로 간편하게 로그인을 할 수 있습니다. **Create repository** 버튼을 누르고 Repository name을 입력하여 저장소를 생성합니다. Repository 이름만 입력하고 **Create repository** 을 누르면 저장소는 생성이 됩니다.

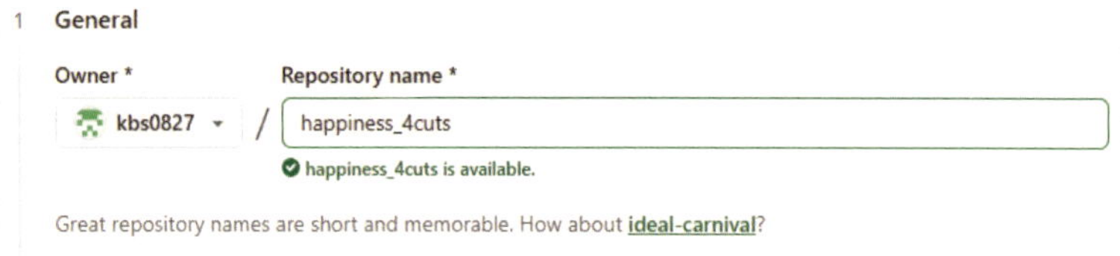

uploading an existing file 링크를 클릭합니다.

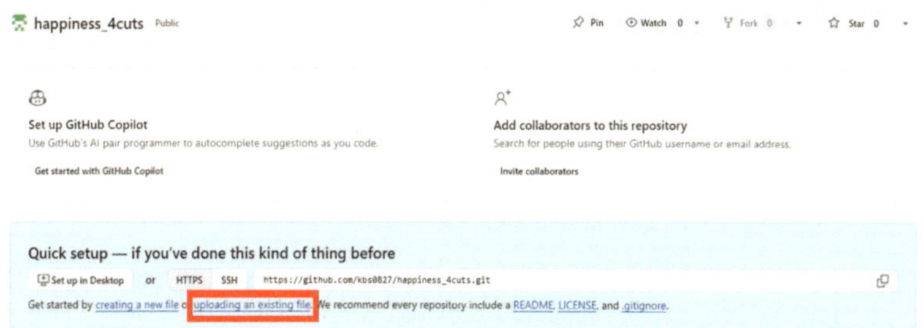

앞에서 생성한 두 개의 파일(index.html, background.png)을 박스에 ❾Drag & Drop로 업로드 하거나 choose your files 링크를 클릭하여 업로드를 합니다. 업로드 후에는 ❿아래의 Commit changes 창에 메시지를 입력하고 ⓫Commit changes 버튼을 눌러 파일을 업로드합니다. 파일을 수정할 때도 동일한 작업을 합니다.

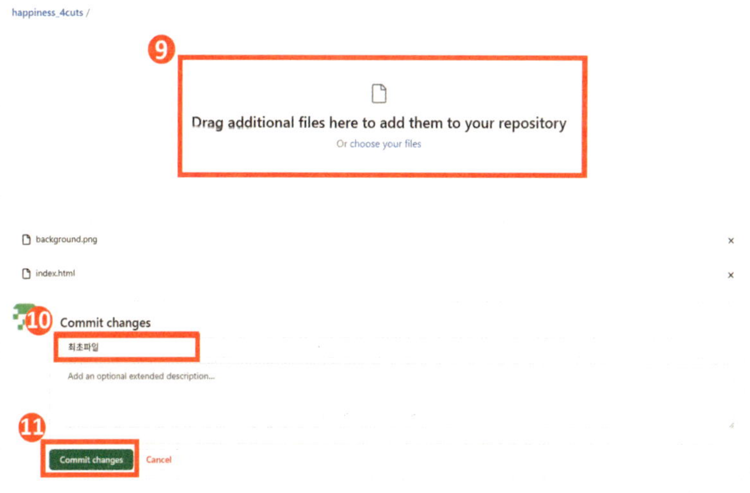

업로드한 파일을 웹에서 볼 수 있는 페이지로 만들기 위해서는 한 가지 작업을 더 해야 합니다. 화면 상단에서 ⓬Settings 를 클릭하면 설정 페이지가 나옵니다. 화면 좌측의 여러 메뉴에서 ⓭Pages를 열고 ⓮Branch 메뉴에서 ⓯None로 되어 있는 것을 main으로 수정하고 ⓰Save 버튼을 눌러 저장합니다.

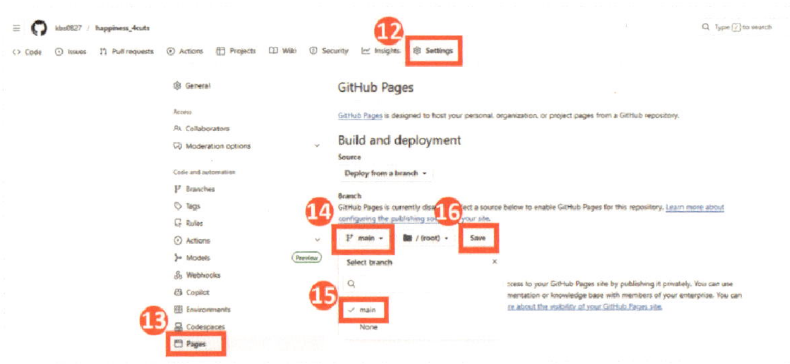

깃허브 페이지의 규칙은 username.github.io/repository name이 됩니다. 본 저자가 만든 페이지는 http://kbs0827.github.io/happiness _4cuts 입니다. 사이트에 접속하면 잘 동작하는 것을 볼 수 있습니다.

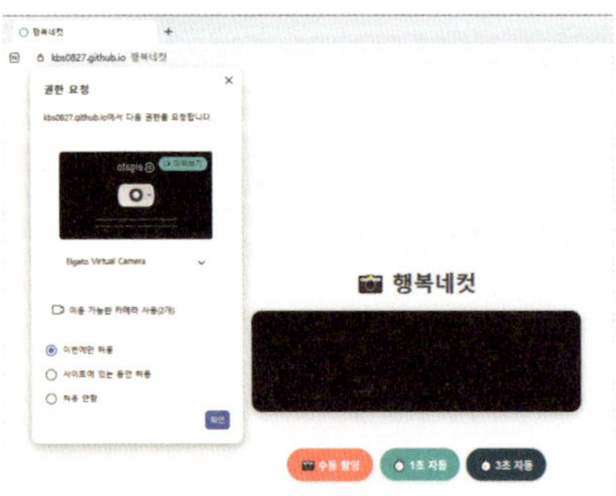

행복 네 컷 웹 앱은 단순히 재미있는 사진 합성 도구를 넘어 교육 현장에서 다양하게 활용할 수 있습니다.

- 학급 공동체 다지기: 학기 초 "우리 반 친구들" 배경으로 짝이나 모둠 친구와 사진을 찍거나, 생일 축하 배경을 활용해 학급 패들렛에 공유하며 소속감을 높입니다.

- 계기 교육 자료로 활용하기: 한글날이나 독도의 날 등 특별한 시기에 주제에 맞는 배경과 소품(손글씨, 피켓 등)을 활용해 사진을 찍고 전시하여 교육적 의미를 되새깁니다.

- 현장 체험 학습 기록하기: 박물관, 과학관 등 방문 장소와 관련된 배경 이미지를 미리 제작해, 현장에서 모둠별로 촬영하며 학습 내용을 생생하게 기록합니다.

- 학교 행사 포토존 운영하기: 운동회, 학예회, 졸업식 등 학교 주요 행사에서 포토부스나 포토존으로 활용해 특별한 추억을 남길 수 있습니다.

행복 네 컷 웹 앱을 만들었다면 제미나이에게 추가 프롬프트를 입력하여 더욱 풍성한 기능을 구현할 수 있습니다.

- 다양한 테마 선택 기능 추가하기: 단일 배경 대신 봄·여름·가을·겨울 같은 계절 테마나 생일·졸업 등 다양한 상황별 배경을 넣어 사용자가 직접 선택하도록 구현합니다.

- 촬영 날짜 자동 표시하기: 사진 합성 결과물에 촬영 날짜가 자동으로 찍히도록 코드를 수정하여, 훗날 언제 찍은 사진인지 쉽게 기억할 수 있게 합니다.

- 나만의 문구 입력하기: 학생들이 사진에 들어갈 문구를 직접 키보드로 입력할 수 있는 기능을 추가해, 사진의 내용과 의미를 더욱 풍성하게 만듭니다.

- 다양한 예시 참고하기: 저자의 블로그(https://tredu.tistory.com/)를 방문해 '일상 네 컷' 등 다양한 네 컷 웹 앱 예시를 확인하고 아이디어를 확장할 수 있습니다.

Tredu – 보물 같은 배움을 만드는 디지털 교육 연구소

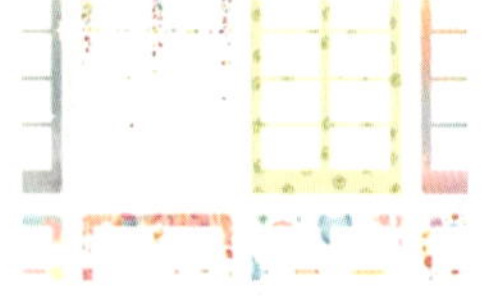

행복네컷2 & 행복네컷2 투게더

행복네컷2 행복네컷2 투게더 기존에 있던 행복네컷 프레임에는 타이틀이 적혀 있어서 사용에 좀 제한이 되는 느낌이 들어 타이...

책사랑 네컷 & 책사랑 네컷 투게더

책사랑네컷 책사랑네컷 투게더 제 아내는 책 읽기를 매우 좋아합니다. 매년 초가 되면 yes24에서 아내에게 도서 구입 데이터를...

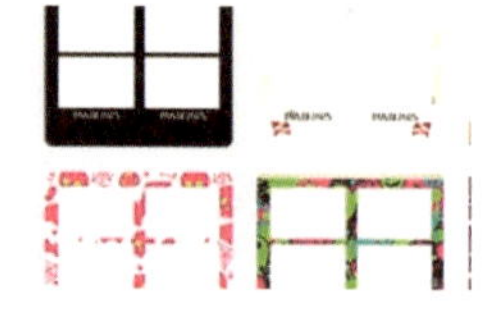

2025 현송중 축제 인생네컷 부스...

현송네컷 현송중학교에서 운영할 인생네컷인 '현송네컷' 입니다. 기존의 네컷에서는 날짜가 기본으로 삽입이 되도록 하였는데 축...

교실로 ON
제미나이